KB147811

간체자 원리사전

簡體字原理辭典

간체자 원리사전 簡體字原理辭典

1판 1쇄 발행 | 2014년 12월 20일
1판 2쇄 발행 | 2015년 2월 27일
1판 3쇄 발행 | 2016년 3월 31일

편저자 | 한학중
고 문 | 김학민
발행인 | 양기원
발행처 | 학민사

등록번호 | 제10-142호
등록일자 | 1978년 3월 22일

주소 | 서울시 마포구 토정로 222 한국출판콘텐츠센터 314호(우편번호 04091)
전화 | 02-3143-3326~7
팩스 | 02-3143-3328

홈페이지 | http://www.hakminsa.co.kr
이메일 | hakminsa@hakminsa.co.kr

ISBN 978-89-7193-223-0 (93720), Printed in Korea

ⓒ 한학중, 2014

• 잘못 만들어진 책은 구입하신 서점에서 바꿔드립니다.
• 저자와 출판사의 허락없이 내용의 일부를 인용하거나 발췌하는 것을 금합니다.
• 책값은 표지 뒷면에 있습니다.

이 도서의 국립중앙도서관 출판시도서목록(CIP)은 e-CIP홈페이지(http://www.no.go.kr/ecip)와
국가자료공동목록시스템(http://nl.go.kr/kolisnet)에서 이용하실 수 있습니다.
(CIP제어번호 : CIP2014029210)

간체자 원리사전

簡體字原理辭典

한학중 韓學重 ● 편저

학민사
Hakmin Publishers

오늘날 중국어 기록 문자에 대한 정식 명칭은 규범한자(規範漢字)이다. 그리고 이 규범한자는 간화자(簡化字)를 근간으로 한다. 간화자란 중국정부가 공식적으로 상용(常用) 글자를 중심으로 기존 한자의 획수를 줄여 보다 간략하게 제정 공포한 표준 자형을 말한다. 흔히 간체자(簡體字)라고도 하지만, 학술적으로 엄밀하게 말하면, 간체자는 오래전부터 민간에서 정자(正字)의 획수를 줄여 쓴 약자(略字)나 속자(俗字)를 뜻하는 것으로, 개념적으로 이 두 용어는 조금 다르다. 간화자는 일종의 간체자이나, 모든 간체자가 간화자는 아니다. 중국 정부가 문자개혁 차원에서 의도적 계획적으로 기존의 정자(正字)를 간략하게 고쳐 새로 제정(制定)한 문자는, 마땅히 간화자라고 해야 옳다.

그러나 간화자가 제정되면서 이에 대한 상대적인 개념으로, 간화되기 이전의 정자(正字)를 번체자(繁體字)라고 하니, 간화자와 간체자는 모두 번체자에 대한 상대적인 용어가 되었다. 정식 명칭으로는 간화자(簡化字)라고 하고, 별칭으로 간체자(簡體字)라고 한다고 하였다. 이 책의 제목에 특별히 '간체자'라는 말을 쓴 것은 보편적인 인지(認知)를 고려한 방편이며, 본문에서는 여전히 '간화자'라는 용어를 사용한다.

오늘날 중국을 말하는 중화인민공화국은, 건국 직후 문자 생활의 혼란을 방지하고 편의성을 제고함으로써 문맹률을 낮추고 정책 시행의 효율성을 높이기 위하여, 국무원 산하에 중국문자개혁위원회를 두고 상용(常用) 한자의 복잡한 획수를 줄이고, 동시에 임의로 통용되던 약자(略字)와 속자(俗字) 같은 이체자(異體字)를 정리하여, 이른바 한자의 자형을 간화하고 표준화하는 문자개혁을 단행하였다. 그 결과, 1964년 3월 7일 중국문자개혁위원회, 중화인민공화국문화부, 중화인민공화국교육부의 공동 명의로 ≪簡化字總表≫가 공포되었으니, 이는 곧 13억 중국 인구가 표기하는 중국어의 표준자형이자 규범한자의 준거(準據)가 되었다. 간화자(簡化字)의 전모를 수록한 ≪簡化字總表≫는 다음과 같이 구성되어 있다.

第一表 : 간화편방으로 쓰지 않는 간화자 (350자)
第二表 : 간화편방으로 쓸 수 있는 간화자 (132자) 및
          간화편방 (14자)
第三表 : 第二表에 열거한 간화자와 간화편방을 응용하여 얻은
          간화자 (1,753자)
附　錄 : 異體字(이체자) (39자)

　위의 목차를 보아 알 수 있듯이, 원래 중국정부가 규범한자로 제정한 간화자는 모두 2,249자이다. 이 가운데에서 다시 第二表의 간화자와 간화편방을 응용하여 만든 결합성 간화자 1,753자(第三表 수록 글자)를 제외하면, 실제 우리가 알아야 할 간화자는 겨우 496자에 지나지 않는다. 여기에 흔히 간화자로 여기기 쉬운 이체자 39자를 더하면, 535자가 된다. 작업을 하면서 필자는 ≪簡化字總表≫에 수록되지 않은 상용 간화자 '真'[眞] 한 글자를 발견하였는데, 이를 포함하면 우리가 공부해야 할 간화자는 모두 536글자인 셈이다.

　중국어를 공부하다보면 온통 간화자인 것 같지만, 사실 우리가 공부해야 할 간화자는, 엄밀하게 말하면, 536글자에 지나지 않는다. 이는 우리의 상용한자 1,800자와 비교하면 채 30%가 되지 않고, 중고급 중국어를 공부하는 데에 필요한 중국의 1차 상용한자

2,500자 가운데의 20%정도에 지나지 않는다. 중국의 상용한자는 절대다수가 여전히 우리가 쓰는 번체자와 같으니, 따지고 보면 중국어 학습에서 새로 제정한 간화자가 차지하는 비율은 매우 미미한 셈이다. 중국어를 배우는 학우들은 이러한 상황을 잘 이해하고, 간화자에 대하여 별다른 부담을 갖지 않기를 바란다. 아울러 기왕이면 간화자의 구체적인 이해와 우리 사회의 한자 사용을 고려하여 번체자의 학습을 선행할 것을 권유한다.

필자는 그간 중국어를 배우는 학생들이 간화자와 번체자의 구별과 학습에 많은 혼란을 느끼는 것을 보고 참으로 안타까운 생각이 들었다. 아울러 중국어를 가르치면서 한정된 수업시간에 개별 간화자에 대하여 일일이 설명을 해줄 수 없는 상황이 늘 아쉬웠다. 이 책은 그러한 아쉬움을 달래고, 간화자의 제자원리를 깨우쳐 중국어를 더욱 재미있게 공부하는데 도움을 주고자 편찬한 것이다. 이를 위해 이 책에서는 중국 정부가 제정한 기본 간화자에 대하여 그 내원과 제자원리를 설명하고, 번체자와의 관계를 밝혔다. 아울러 간화자와 번체자의 개별 훈음(訓音)을 익히고, 해당 글자를 활용한 상용어휘를 함께 참고하여, 보다 효율적으로 간화자를 학습할 수 있도록 하였다. 중국어 학습자들은 간화자의 제자원리를 파악하여, 그것을 피하기보다는 정면 돌파함으로써 중국어 학습에 자신감을 갖기를 희망한다.

그렇기는 하지만, 막상 작업을 다하고 원고를 출판사에 넘기려다 보니 적이 무모한 짓을 한 것 같다는 생각이 들었다. 초심을 버릴 수 없어 원고를 출판사에 넘기기는 하나, 천견과 오해로 잘못을 저지르지는 않는지 걱정이 앞선다. 그러나 또 잘못이 고쳐져 새로운 완벽이 생겨난다는 역사적 사실을 상기하고, 기어이 만용을 부린다. 이 책이 한자의 간화자를 공부하는데 재미를 더해주기를 기대하며, 잘못된 내용에 대한 제현의 질정을 당부드린다.

2014년 가을, 한학중

이 ≪간체자원리사전≫은 중국 요녕대학출판사遼寧大學出版社에서
출판한 ≪규범용자수책規範用字手冊≫에 수록된 자료를 바탕으로 하
였으며, 다음과 같은 원칙에 입각하여 구성하였다.

- 본문의 글자 배열은 簡化字總表(간화자총표)를 그대로 따랐다.
- 매 간화자 앞에 세자리 수를 붙여, 표제 글자의 구별과 색인 활용
  을 용이하게 하였다.
- 한글 훈음(訓音)은 원칙적으로 간체자와 번체자에 똑같이 적용되
  는 것이나, 간체자와 번체자의 훈음(訓音)이 다른 경우는 [ ]를 두
  어 구분하였다.
- 한글 훈(訓)은 전통적으로 널리 말해지는 것으로 하였다.
- 상황에 따라 간화하지 않는 경우는 ( )로 처리하였다.
- 간화자 설명과 관련하여, 이 책은 오직 간화자의 구성요소를 제시
  하는데 목적을 두고, 글자의 내부 구성부분의 타당성까지는 기하지
  아니하였다. 따라서 자형 분석에 대한 이 책의 설명은 문자학적인
  측면에서 볼 때, 반드시 정확하거나 옳은 것은 아니다. 예를 들면,
  "406 '来'가 '木'(나무 목; mù)部에 'ᅭ'(八과 一)을 따른다."라고
  한 것은, ≪漢語大字典≫에 '来'를 '木'部에 귀속시킨 것을 바탕으로
  '来'의 구성 상태를 설명한 것일 뿐, 이 설명이 문자학적으로도 그
  렇다는 것을 의미하는 것은 아니다. 엄밀하게 말하면, 번체자인 '來'
  가 상형자이므로, '来' 또한 상형자로 볼 수 있다. 다만 ≪漢語大字
  典≫에서 간화자 '来'를 '木'部에 귀속시킨 것은, 자전 배열의 편의
  를 고려한 것일 뿐, '来'의 제자원리와는 아무 관련이 없다. 그러나
  '来'의 부수를 '木'으로 세웠으니, 이는 '木, ᅭ' 또는 '木, 八, 一' 등

으로 분석될 수 있다는 것이다. '404 举', '438 仐' 등등 또한 마찬가지이다.

- 이 책의 설명 중 "O는 o部(부)에 o를 따른다."는 표현에서, 'o部'는 해당 글자의 부수를 의미하며, 'o를 따른다'의 'o'는 부수를 제외한 나머지 구성부분을 의미한다.

- 이 책에서 재인용한 내용과 관련하여 별도로 그 자료나 '재인용' 표시를 하지 않았다.

- 본서에 ㊐ 로 명기된 부분은 원자료의 개별 글자에 달린 [각주]를 의미한다. (권말 ≪簡化字總表≫ 영인 부분 참조)

- 해당 글자의 상용어휘는 간체자를 중심으로 하였다.

- 본문의 표제자를 쉽게 찾을 수 있도록 부록으로 한자음 '찾아보기'를 두었다.

- '찾아보기'(간체자 번체자 병기 가나다순)는 간체자와 번체자의 음을 따로 구별하지 않았다. 두 음이 다른 경우는 발음순에 따라 모두 명기하였다.

- 이 책에서 다룬 536 글자의 수록 배경과 ≪簡化字總表≫에 대한 이해를 돕기 위하여 권말에 영인본(부분)을 덧붙였다

목 차

개정발표한 ≪簡化字總表≫에 관한 설명

　　사회의 문자 사용의 혼란을 바로잡고, 민중들의 규범적인 간화자를 사용하는데 편리하도록 하기 위하여, 국무원의 비준을 거쳐 原中國文字改革委員會가 1964년에 편집인쇄한 ≪簡化字總表≫를 개정 발표한다.

　　原≪簡化字總表≫ 가운데 개별글자를 조정하였다. '疊', '覆', '像', '囉'는 더 이상 '迭', '复', '象', '罗'의 번체자로 처리하지 않는다. 따라서 第一表 가운데에서는 '迭[疊]', '象[像]'을 삭제하였고, '复'의 머리글자 아래에서는 번체자 '覆'을 삭제하였다. 第二表의 '罗' 머리글자 아래에서는 번체자 '囉'를 삭제하였으니, '囉'는 간화편방 '罗'에 의해 '啰'로 유추 간화된다. '瞭'는 'liǎo'로 읽힐 때는 '了'로 간화하지만, 'liào'(瞭望)으로 읽힐 때에는 '瞭'로 쓰며, '了'로 간화하지 않는다. 이 외에도 第一表 '余[餘]'의 각주 내용에 대해 보완을 가하고, 第三表 '言' 아래 편방으로 유추하는 글자 '讎'에 각주를 더하였다.

　　漢字의 형체는 한 시기 동안 안정됨을 유지하여야 사용에 유리하다. ≪第二次漢字簡化方案(草案)≫은 이미 국무원의 비준을 거쳐 폐지하였다. 우리는 사회의 문자 사용은 ≪簡化字總表≫를 기준으로 삼을 것을 요청한다. 즉, ≪簡化字總表≫에서 이미 간화된 번체자는 당연히 간화자를 사용하고 번체자를 쓰지 말아야 하며, ≪簡化字總表≫의 규정에 부합하지 않는 간화자는, ≪第二次漢字簡化方案(草案)≫의 간화자와 사회에 유행하는 각종 간체자를 포함하여, 모두 규범에 맞지 않은 간화자이므로, 마땅히 사용을 정지하여야 한다. 우리는 각계 언어문자업무부서와 문화, 교육, 언론 등의 기관들이 널리 알리고, 각종 조치를 취하여, 모든 사람들이 점점 규범적인 간화자를 다 쓰도록 인도하기를 희망한다.

국가어언문자공작위원회
1986년 10월 10일

간화자에 관한 연합 통지

(1964년 3월 7일)

국무원이 1964년 2월 4일 간화자 문제에 관하여 중국문자개혁위원회에 내린 지침, <귀회가 보고서에서 제출한 의견 - ≪漢字簡化方案≫에서 제시한 간화자는, 편방으로 쓸 때 반드시 똑같이 간화함. ≪漢字簡化方案≫의 편방간화표 가운데에서 제시한 편방은 네 개의 편방(言, 食. 糸, 金)을 제외하고, 그 나머지 편방은 단독으로 사용할 때도 반드시 똑같이 간화함 - 에 동의함. 귀 위원회는 마땅히 위에서 언급한 편방으로 사용할 수 있는 간화자와 단독으로 사용할 수 있는 편방을 가지고, 글자표를 구분 작성하여, 유관부문과 회동하여 집행을 하달할 것>에 근거하여, 이제 특별히 이 두 부류의 글자를 각각 표로 열거하여 다음과 같이 통지한다.

1. 아래 열거한 92개 글자는 이미 간화되었으니, 편방으로 쓸 경우 반드시 똑같이 간화할 것. 예를 들면, '爲'는 이미 '为'로 간화하였으니, '僞嬀'는 똑같이 '伪妫'로 간화함.

愛爱	罷罢	備备	筆笔	畢毕	邊边	參参	倉仓
嘗尝	蟲虫	從从	竄窜	達达	帶带	黨党	動动
斷断	對对	隊队	爾尔	豊丰	廣广	歸归	龜龟
國国	過过	華华	畫画	匯汇	夾夹	薦荐	將将
節节	盡尽	進进	舉举	殼壳	來来	樂乐	離离
歷历	麗丽	兩两	靈灵	劉刘	盧卢	虜虏	鹵卤
錄录	慮虑	買买	麥麦	黽黾	難难	聶聂	寧宁
豈岂	氣气	遷迁	親亲	窮穷	嗇啬	殺杀	審审
聖圣	時时	屬属	雙双	歲岁	孫孙	條条	萬万
爲为	烏乌	無无	獻献	鄕乡	寫写	尋寻	亞亚

嚴严 厭厌 業业 藝艺 陰阴 隱隐 猶犹 與与
雲云 鄭郑 執执 質质

2. 아래에 열거한 40개 편방은 이미 간화하였으니, 단독으로 글자를
이룰 경우 반드시 똑같이 간화할 것. (言, 食, 糹, 金은 일반적으로
좌편방에 쓰일 때만 간화하며, 단독으로 사용되는 경우 간화하지
않음.) 예를 들면, '魚'는 편방으로 이미 '鱼'로 간화되었으므로, 단
독으로 쓰이는 경우 똑같이 '鱼'로 간화함.

貝贝 賓宾 産产 長长 車车 齒齿 芻刍 單单
當当 東东 發发 風风 岡冈 會会 幾几 戔戋
監监 見见 龍龙 婁娄 侖仑 羅罗 馬马 賣卖
門门 鳥鸟 農农 齊齐 僉佥 喬乔 區区 師师
壽寿 肅肃 韋韦 堯尧 頁页 義义 魚鱼 專专

3. 일반적인 통용자 범위 안에서, 위에 기술한 1, 2 항의 규정에 따
라 유추하는 간화자는, 중국문자개혁위원회가 배포하는 ≪簡化字
總表≫에 수록함.

≪ 簡化字總表 ≫ 설명

1. 본표는 1956년 국무원이 공포한 ≪漢字簡化方案≫의 모든 간화
자를 수록한다. 간화편방의 응용범위에 관하여, 본표는 1956년
방안 가운데의 규정과 1964년 3월 7일 중국문자개혁위원회, 문
화부, 교육부의 '간화자에 관한 연합 통지'≪關于簡化字的聯合通
知≫ 규정에 따르며, 간화자와 간화편방을 편방으로 하여 얻어
낸 간화자도 또한 본표 안에 수록한다. (본표에서 말하는 편방
이란, 좌방과 우방에 그치지 아니하고, 글자의 윗부분과 아랫부
분, 내부와 외부를 포함하며, 결론적으로 한 글자가 나뉘어질 수

있는 구성부분을 가리켜 말하는 것이다. 이 구성부분은 한 글자 안에서 필획이 비교적 적은 것일 수도 있고, 필획이 비교적 많은 것일 수도 있다. '摆'자를 예로 들면, '扌'는 원래 편방이나, '罢'도 편방으로 간주한다).

2. 총표는 세 개의 표로 구분된다. 표에는 모든 간화자와 간화편방 뒤에 괄호로 원래의 번체자를 제시하였다.

第一表에 수록된 것은 편방으로 사용되지 않는 간화자 352자이다. 이 글자들의 번체는 일반적으로 다른 글자의 편방으로 사용되지 않는다. 개별적으로 다른 글자의 편방이 될 수 있어도, 간화자에 의해 간화하지 않는다. 즉, '習'는 '习'로 간화하지만, '褶'는 '衤刀'로 간화하지 않는다.

第二表에 수록된 것은, 편방으로 사용될 수 있는 간화자 132자와 14개의 간화편방이다.

첫 번째 항목에 열거된 번체자는, 단독으로 쓰든 다른 글자의 편방으로 쓰든 똑같이 간화한다. 두 번째 항목의 간화편방은 글자의 어떤 부위에도 모두 사용할 수 있으나, 그 가운데 'ⅰ, 乞, 纟, 钅'은 일반적으로 오직 왼쪽 편방에만 쓸 수 있다. 이들 간화편방은 모두 단독으로 사용하지 못한다.

≪漢字簡化方案≫에서 이미 별도로 간화한 번체자는, 다시 또 위에 언급한 원칙을 적용하여 간화하지 못한다. 예를 들면, '戰', '過', '謗'는 ≪漢字簡化方案≫에 따라 이미 '战', '过', '夸'로 간화하였으므로, '单' '呙' 'ⅰ'의 편방에 따라 '戰', '過', '誇'로 간화하지 못한다.

본표에 열거된 146개의 간화자와 간화편방 이외에, 어떤 간화자의 부분적인 결구를 임의로 간화편방으로 사용해서는 안 된다. 예를 들면, '陽'은 ≪漢字簡化方案≫에 따라 '阳'으로 하였지만, 그렇다고 해서 함부로 '日'을 '易'의 간화편방으로 간주해서는 안 된다. 즉, '楊'은 마땅히 간화편방 '㐅(昜)'에 따라 '杨'으로 간화해야 하며, '柏'으로 간화할 수 없다.

第三表에 수록된 것은 第二表의 간화자와 간화편방을 편방으로 응용하여 얻은 간화자이다. 漢字의 자수가 매우 많으므로, 이 표에는 다 열거하지 않았다. '车'를 편방으로 쓰는 글자를 예로 들면, 이를 모두 열거하면 1,2백 개나 제시할 수 있지만, 그 가운데 대부분은 생소한 글자이며, 많이 쓰이지 않는다. 이제 일반적인 수요에 적응하기 위하여, 第三表에 나열한 간화자의 범위는 기본적으로 ≪新華字典≫(1962년 제3판, 단지 8천여 정도의 한자를 수록하였음)을 기준으로 하였다. 第三表에 수록되지 않은 글자는, 第二表의 간화자나 간화편방을 편방으로 사용하여 똑같이 간화하도록 한다.

3. 이 외에, 1955년 문화부와 중국문자개혁위원회가 공포한 ≪第一批 異體字整理表≫ 가운데에서, 몇몇 도태된 이체자와 선택된 정체자는 번간이 다르나, 일반 사람들은 습관적으로 필획이 적은 정체자를 간화자로 여긴다. 조사의 편의를 위하여 본표에서는 이 글자들을 하나의 表로 만들어 부록으로 삼았다.

4. 특수한 사정이 있는 일부분의 간화자는 적당한 주해를 가하였다. 예를 들면, '干'은 '乾'(gān)의 간화자이나, '乾坤'의 '乾'(qián)은 절대 간화하지 아니한다든가, 또 '吁'는 '籲'(yù)의 간화자이나, '長吁短嘆'의 '吁'는 여전히 이전대로 'xū'로 읽는다는 등, 한 글자가 두 가지 음으로 읽히는 이러한 경우는 漢字에 흔히 있는 현상으로, 주의하지 않는다면 쉽게 오해할 수 있다. 또 '余'는 '餘'를 대신하고, '复'은 '覆'을 대신하는 것 같은 것은, 비록 대중들이 이미 모두 익숙하게 되었지만, 그러나 상황에 따라서는 도리어 적절하지 않을 수 있으므로, 구별을 요한다. 또 '幺'와 '么'는 어떻게 다르며, '彳'는 도대체 몇 획인지 등등, 이와 같이 의문을 일으키기 쉬운 사항에 있어서는 모두 쪽 아래에 각주를 달았다.

1964년 5월

簡化字總表

第一表　간화편방용으로 쓰지 않는 간화자

(모두 350자임. 이 글자들은 간화편방으로 사용하지 못함.)

---

001 | **碍 [礙] ài 거리낄 애**
[뜻] 가로막다, 방해하다

설명 ▸ 번체자 '礙'의 俗字(속자)이다.(≪正字通≫) '礙'의 발음을
따라 '㝵'(막을 애; ài)를 가차하여 썼으나, 후에 義符(의부)로
'石'(돌 석; shí)을 더하여 '碍'가 되었다. '石' 部에 '㝵'를 따른다.
形聲文字(형성문자)이다.

참고 ▸ '㝵'는 多音字(다음자)로서, '得'(얻을 득, dé)의 古字(고
자)이기도 하고, 또 '礙'의 속자이기도 하다.(≪漢語大字典≫) 東
漢(동한) 이후 '㝵'를 '礙'의 속자로 썼으나, 후에 '得'과 구별하기
위하여 義符로 '石'을 더하여 '碍'가 되었다. (≪漢字形義分析字
典≫) 번체자 '礙'는 '石' 部에 '疑'를 聲符(성부)로 취한 형성문자
이다. 본뜻은 '막다, 저지하다'이다.

단어 ▸ 障碍[zhàng'ài] 방해하다; 碍事[àishì] 방해되다

---

002 | **肮 [骯] āng 목구멍 강 [더러울 항]**
[뜻] 더럽다, '肮脏'(āngzāng; 더럽다)의 구성글자

설명 ▸ 번체자 '骯'의 同韻字(동운자)인 '肮'을 가차하였다. '肮'은
'月'(肉: 고기 육; ròu)部에 '亢'(목 항; kàng)을 따른다. 形聲文字

(형성문자)이다.

참고 ▶ 간화자 '肮'은 원래 '큰맥 항'(háng), '목(구멍) 강'(gāng)
이고, 번체자 '骯'은 '살찔 항'(kǎng), '더러울 항'(āng)이다. 따라
서 두 글자는 의미상 아무런 관련이 없다. '骨'(뼈 골; gǔ)을 '月'
(肉)으로 대체하여 간화한 형태가 같아, '肮'을 차용하여 간화자
로 삼았다. 번체자 '骯'은 '骨'部에 '亢'을 따르는 형성문자로, '살
찌다, 강직하다'(kǎng)와 '더럽다'(āng)는 뜻의 多音字(다음자)
이다.

단어 ▶ 肮脏[āngzāng] 더럽다

---

003 袄 [襖] ǎo 웃옷 오
[뜻] 저고리, 안감을 댄 웃옷

설명 ▶ 번체자 '襖'의 俗字(속자)이다.(≪正字通≫) '襖'의 聲符
(성부) '奧'(속 오; ào)를 同韻(동운)의 '夭'(어릴 요; yāo)로 바
꾸었다. 'ネ'(衣: 옷 의; yī)部에 '夭'를 따른다. 形聲文字(형성문
자)이다.

참고 ▶ 번체자 '襖'는 'ネ'(衣)部에 '奧'(속 오; ào)를 따르는 형성
문자이다. '위에 덧걸쳐 입는 가죽옷'이란 뜻이다.

단어 ▶ 绵袄[mián'ǎo] 면저고리; 皮袄[pí'ǎo] 가죽저고리

Ⓑ

---

004 坝 [壩] bà 둑 파 [방죽 패/파]
[뜻] 둑, 방죽, 댐

설명 ▶ 원래 '埧'와 '壩'는 발음이 같고 뜻이 비슷한 글자이다. 두

글자 모두 '물을 막는 방죽'이란 뜻을 갖는다. '壩'를 '坝'로 통일하고, '坝'의 聲符(성부) '貝'(조개 패; bèi)를 초서에 의거하여 '贝'로 간화하였다. '土'(흙 토; tǔ)部에 '贝'를 따른다. 形聲文字(형성문자)이다.

참고 ▶ 번체자 '壩'는 '土' 部에 '霸'(으뜸 패; bà)를 따르는 형성문자이다. '밀려오는 물을 막는 둑'을 의미한다. 번체자 '壩'의 聲符(성부) '霸'를 동음의 '貝'로 대체한 형태가 '坝'(둑 파)와 같아, 이를 간화자로 차용하였다.

단어 ▶ 堰坝[yànbà] 댐

005	**板 [闆] bǎn 널 판 [문 안에서 볼 반]** [뜻] 널빤지, 정색하다, 딱딱하다, '老板'(사장)의 구성글자

설명 ▶ 번체자 '闆'과 漢語拼音(한어병음)이 같은 '板'을 가차하였다. '板'은 '木'(나무 목; mù)部에 '反'(되돌릴 반; fǎn)을 따른다. 形聲文字(형성문자)이다. '나무를 쪼갠 얇은 판자'가 본뜻이다.

참고 ▶ '板'은 본래 '版'이 本字(본자)이다. '版'은 '片'(조각 편; piān)部에 '反'聲(성)을 따르는 형성문자로, 본뜻은 '담장을 쌓을 때 받치는 협판'이다. '板'은 바로 '版'의 분화자(分化字)로, '片'을 '木'으로 바꾸어 '얇은 판자'를 의미하게 되었다. 번체자 '闆'은 '門'(문 문; mén)部에 '品'(물품 품; pǐn)을 따르는 會意(회의) 겸 형성문자이다. '문(門) 가운데로 보다(品)'는 뜻이다.(≪玉篇≫) 참고로, '老板'이 '사장, 주인'이라는 뜻을 지니게 된 유래에 대해서는 특별히 언급한 자료가 없다. '老板'은 본래 '老闆'을 假借(가차)한 표기로, "속칭 상점 주인을 '老闆'이라고 한다.(俗稱商店主人曰老闆.)"라고 하였다.(≪中文大字典≫) '老闆'을 글자대로 풀이하면, '일을 열심히 하는지 늘(老) 문 안에서 살펴보는(闆) 사람', 곧 '주인, 사장'이란 뜻이 된다. '주인'이란 뜻과 아무런 관계가 없는 '老板' 두 글자가 '사장'의 뜻을 갖게 된 연유이다.

단어 黑板[hēibǎn] 칠판; 木板[mùbǎn] 나무판; 老板[lǎobǎn] 사장, 주인

---

006 **办 [辦] bàn 힘쓸 판**
[뜻] 처리하다, 수속하다, 운영하다, 일하다

설명 번체자 '辦'의 俗字(속자)이다.(《宋元以來俗字譜》) 번체자 양변의 '辛'(매울 신; xīn)을 두 개의 점(丶)으로 대체하여 '八'(여덟 팔; bā)로 간화하였다. '办'은 '力'(힘 력; lì)部에 '八'을 따른다. 會意文字(회의문자)이다.

참고 번체자 '辦'은 '力'과 '辡'(쪼갤 변; biàn)으로 이루어진 會意(회의) 겸 形聲文字(형성문자)이다. '힘써(力) 구분하다(辡)'는 의미로 '힘써 일하다'는 뜻이다. 지금은 '辛'(매울 신; xīn)을 部首(부수)로 삼는다. 간화자 '办' 역시 '힘써(力) 나누다(八)'는 의미로, 會意(회의)의 원리를 취하였다.

단어 办法[bànfǎ] 방법; 办公室[bàngōngshì] 사무실

---

007 **帮 [幫] bāng 도울 방**
[뜻] 돕다, 거들다, 무리

설명 번체자 '幫'의 발음을 따라 聲符(성부) '封'(봉할 봉; fēng)을 '邦'(나라 방; bāng)으로 대체하고, 아래 '帛'(비단 백; bó)에서 '白'(흰 백; bái)을 생략하였다. '巾'(수건 건; jīn)部에 '邦'을 따른다. 形聲文字(형성문자)이다.

참고 번체자 '幫'은 '帛'(비단 백; bó)과 '封'(봉할 봉; fēng)으로

이루어진 形聲文字(형성문자)이다. '신발의 양측, 신울'이 본뜻이
다. 인신하여 '보조하다, 돕다'는 뜻을 지닌다. 오늘날 '幫'은 '巾'
(수건 건; jīn)部에 '封'과 '白'(흰 백; bái)을 따른다.

단어 ▸ 帮忙[bāngmáng] 돕다; 帮助[bāngzhù] 돕다

---

008 ┃ 宝 [寶] bǎo 보배 보
[뜻] 보배, 진귀한, 귀염둥이

설명 ▸ 번체자 '寶'의 俗字(속자)이다.(≪宋元以來俗字譜≫) 번체
자 '寶'에서 '缶'(장군 부; fǒu)와 '貝'(조개 패; bèi)를 생략하고,
'王'(玉의 이형태)을 '玉'(구슬 옥; yù)으로 바꾸었다. '宝'는 '宀'
(집 면; mián)部에 '玉'을 따른다. '집(宀)에 옥(玉)이 있다'는 개
념으로, 곧 '보배'를 뜻한다. 여전히 會意文字(회의문자)이다.

참고 ▸ 번체자 '寶'는 '집(宀) 안에 진귀한 보물, 곧 옥(王: 玉)과
그릇(缶), 재화(貝)가 있다'는 뜻으로 이루어진 會意(회의) 겸
形聲文字(형성문자)이다. '缶'가 소리[聲]를 겸한다.

단어 ▸ 宝贝[bǎobèi] 귀염둥이; 宝物[bǎowù] 보물

---

009 ┃ 报 [報] bào 갚을 보
[뜻] 갚다, 알리다, 신고하다, 신문, 공보

설명 ▸ 번체자 '報'의 俗字이다.(≪宋元以來俗字譜≫) '報'의 편방
'幸'(행복할 행; xìng)을 '扌'(手: 손 수; shǒu)로 대체하였다. 초
서체를 正字化(정자화)한 것이다. '扌'部에 '㕛'(옷 복; fú)을 따
른다. 形聲文字(형성문자)이다.

참고 ▸ '㕛'은 '服'(옷 복; fú)의 本字(본자)이다. '又'(또 우; yòu)
部에 '卩'(부절 절; jié)을 따른다. '服'은 '순종하다, 종사하다'는

뜻을 함께 지닌다. 번체자 '報'는 본래 '幸'(수갑 녑; niè)과 '皮'을 따르는 會意文字(회의문자)이다. '幸'(수갑 녑; niè)은 형구(刑具)를 뜻하고, '皮'은 '죄를 물어 벌을 주다'는 뜻으로, '수갑(幸: 幸)을 채워 단죄하는(皮) 모습'을 형상화한 것이다. '죄를 다스리다'는 뜻이다. 편방에 쓰인 '幸'(수갑 녑; niè)은 隷書(예서)로 변하는 단계에서 '요행'을 의미하는 '幸'(다행 행; xìng)과 호용하면서, '幸'의 古字(고자)가 되었고, 간화자를 제정하면서 또 대체로 '扌'로 간화되었다. 말하자면, '幸 → 幸 → 扌' 순으로 자형이 변한 것이다. '報'는 '단죄하다'에서 '보고하다, 알리다, 회답하다, 갚다' 등으로 引伸(인신)되었다. (480 '执[執]' 참조)

단어 ▶ 报纸[bàozhǐ] 신문; 报告[bàogào] 보고하다, 보고서(과제)

010	币 [幣] bì 비단 폐
	[뜻] 비단, 화폐, 재물

설명 ▶ 번체자 '幣'의 聲符(성부) '敝'(해질 폐; bì)를 '丿'(삐침 별; piě)로 부호화하였다. 발음과 형태를 절묘하게 연관시켜 간화하였다. '巾'(수건 건; jīn)部에 '丿'을 따른다. 여전히 形聲文字(형성문자)이다.

참고 ▶ '币'는 원래 '印'(도장 인; yìn)과 同字(동자)라고 하였다. (≪字彙補≫) '幣'의 간화자는 이 '币'의 자형을 차용(借用)한 것이다. 번체자 '幣'는 '巾' 部에 '敝'를 따르는 형성문자이다. '선물로 보내는 비단'이란 뜻이다. 引伸(인신)하여 '화폐'를 뜻하게 되었다.

단어 ▶ 人民币[rénmínbì] 중국화폐(인민폐); 货币[huòbì] 화폐

011	毙 [斃] bì 쓸어질 폐
	[뜻] 죽이다

설명 ▸ 번체자 ‘斃’의 聲符(성부) ‘敝’(낡을 폐; bì)를 漢語拼音(한어병음)이 같은 ‘比’(비교할 비; bǐ)로 대체하였다. ‘比’部에 ‘死’(죽을 사; sǐ)를 따른다. 형성문자이다.

참고 ▸ 번체자 ‘斃’는 본래 ‘死’에 ‘敝’를 聲符(성부)로 취한 형성문자이다. ‘쓰러지다’가 본뜻이며, 引伸(인신)되어 ‘죽다’를 뜻한다. 오늘날 ‘斃’는 ‘攵’(攴: 칠 복; pū)部에 ‘敝’(해질 폐; bì)와 ‘死’를 따른다.

단어 ▸ 枪毙[qiāngbì] 총살하다; 毙命[bìmìng] 목숨을 잃다

012	标 [標] biāo 우듬지 표
	[뜻] 표지, 기호, 표준, 대오, 표시하다

설명 ▸ 번체자 ‘標’의 聲符(성부) ‘票’(표 표; piào)에서 윗부분 ‘覀’(襾: 덮을 아; yà)를 생략하였다. ‘木’(나무 목; mù)部에 ‘示’(보일 시; shì)를 따른다. 會意文字(회의문자)이다.

참고 ▸ ‘우듬지’란 ‘나무의 맨 꼭대기 줄기’를 뜻하는 순우리말이다. 번체자 ‘標’는 ‘木’部에 ‘票’를 따르는 형성문자이다. 본뜻은 ‘나무의 줄기 끝’이며, ‘표지’라는 뜻을 의미하는 것은 ‘幖’(깃발 표; biāo)를 가차한 것이다.

단어 ▸ 目标[mùbiāo] 목표; 标准[biāozhǔn] 기준, 표준

013 **表 [錶] biǎo 겉 표 [시계 표]**
[뜻] 시계, 계량기, 도표, 바깥, 나타내다, 표현하다

설명 ▶ 번체자 '錶'의 聲符(성부) '表'로 통일하고, 번체자의 뜻을 더하였다. '表'는 '衣'(옷 의; yī)部에 '二'를 따른다. 會意文字(회의문자)이다.

참고 ▶ ≪漢語大字典≫에는 '表'를 '一' 部에 '一'과 '衣'를 따르는 것으로 분류하고 있다. '表'는 원래 '衣'와 '毛'(털 모; máo)를 따르며, '웃 옷'을 의미하는 會意文字(회의문자)이다. '털'은 또 바깥 부분을 장식하였으므로, '바깥, 표면'을 뜻하게 되었다. 이제 '錶'의 간화자가 되어, 다시 '시계, 계기' 등의 뜻을 겸하게 되었다.

단어 ▶ 表格[biǎogé] 표; 手表[shǒubiǎo] 손목시계

---

014 **別 [彆] bié, biè 다를 별 [활 뒤틀릴 별]**
[뜻] (bié) 다르다, 나누다, 이별하다, 구별하다, 특별하다; (biè) 습관이나 의견을 바꾸다

설명 ▶ 번체자 '彆'과 同音字(동음자)인 '別'을 假借(가차)하고, '彆'의 뜻을 더하였다. '別'은 '刂'(刀: 칼 도; dāo)部에 '另'(따로 령; ling)을 따른다. 회의문자이다.

참고 ▶ '別'은 원래 '剮'(뼈 바를 과; guǎ)의 이체자로, '분해하다'가 본뜻이다. '另'과 '別'은 각각 '另'과 '別'의 이형태(異形態)이다. 번체자 '彆'은 '弓'(활 궁; gōng)部에 '敝'(해질 폐; bì)를 따르는 형성문자이다. '활이 뒤틀리다'가 본뜻이다.

단어 ▶ 告別[gàobié] 이별을 알리다; 分別[fēnbié] 분별하다; 區別[qūbié] 구별하다

015 卜 [蔔] bǔ, bo 점 복 [무 복]
[뜻] 점치다, 예측하다, 萝卜(luóbo; 무)의 구성글자

설명 번체자 ‘蔔'과 발음이 같은 ‘卜'을 가차하고, 번체자의 뜻을
더하였다. ‘卜'은 점을 치기 위해 귀갑(龜甲)이나 짐승 뼈에 불로
지져 생기는 균열을 본뜬 상형문자이다.

참고 번체자 ‘蔔'은 ‘艹'(艸: 풀 초; cǎo)部에 ‘匐'(기어갈 복; fú)
을 따르는 형성문자이다. 뜻은 ‘무'이다.

단어 占卜[zhānbǔ] 점치다; 卜卦[bǔguà] 점치다; 萝卜[luóbo] 무

016 补 [補] bǔ 기울 보
[뜻] 깁다, 수선하다, 보충하다, 보양하다

설명 번체자 ‘補'의 漢語拼音(한어병음)을 따라 聲符(성부)
‘甫'(클 보; fǔ)를 ‘卜'(점칠 복; bǔ)으로 대체하였다. ‘衤'(衣: 옷
의; yī)部에 ‘卜'을 따른다. 형성문자이다.

참고 번체자 ‘補'는 ‘衤'(衣)部에 ‘甫'를 따르는 형성문자로, ‘해
진 옷을 기워 완전하게 하다'는 뜻이다.

단어 修补[xiūbǔ] 수리하다; 补课[bǔkè] 수업을 보충하다; 缝
补[féngbǔ] 꿰매다

C

017 才 [纔] cái 재주 재 [겨우 재, 잿빛 삼]
[뜻] 재질, 재능, 비로소

설명 번체자 ‘纔'와 발음이 같고 뜻을 겸한 ‘才'를 가차하였다.

'才'는 '手'(손 수; shǒu)部를 따른다.

참고 '才'는 '手'의 변형 형태이나, 원래 '才'는 초목이 돋아나는 모양을 본뜬 상형문자로, '본질, 능력, 재주' 등으로 引伸(인신)되었다. 번체자 '纔'는 '糸'(실 사; sī)部에 '毚'(약은 토기 참; chán)을 따르는 형성문자로, 본래 '잿빛 삼'(shān)이었다. '겨우, 비로소'라는 뜻을 지니게 된 것은 '才'를 가차한 것이다.

단어 才能[cáinéng] 재능; 才干[cáigàn] 능력

---

018 **蚕 [蠶] cán 누에 잠**
[뜻] 누에

설명 번체자 '蠶'의 俗字(속자)이다.(≪廣韻≫) '蠶'의 聲符(성부) '朁'(일찍 참; cǎn)에서 한 개의 '旡'(비녀 잠; zān)과 義符(의부) '蚰'(벌레 곤; kūn)에서 하나의 '虫'(벌레 충; chóng)을 취한 뒤, '旡'의 자형을 '天'(하늘 천; tiān)으로 바꾸었다. '虫' 部에 '天'을 따른다.

주 蚕: 위 부분은 '天'을 따르며, '夭'(어릴 요; yāo)를 따르지 않는다.

참고 번체자 '蠶'은 '蚰'(벌레 곤; kūn)에 '朁'(일찍 참; cǎn)聲(성)의 形聲文字(형성문자)로, '누에'를 뜻한다.

단어 蚕食[cánshí] 갉아먹다, 잠식하다; 蚕蛹[cányǒng] 누에 번데기

---

019 **灿 [燦] càn 빛날 찬**
[뜻] 빛나다, 찬란하다

설명 번체자 '燦'의 聲符(성부) '粲'(쌀 곱게 찧을 찬; càn)을 同

韻(동운)의 ‘山’(뫼 산; shān)으로 대체하였다. ‘火’(불 화; huǒ) 部에 ‘山’을 따른다. 形聲文字(형성문자)이다.

참고 ► 번체자 ‘燦’은 ‘火’ 部에 ‘粲’(정미 찬; càn)을 따르는 형성 문자이다. ‘밝고 선명하다’는 뜻이다.

단어 ► 灿烂[cànlàn] 찬란하다

---

020 ┃ 层 [層] céng 층 층
      [뜻] 층, 겹, 중첩되다, 거듭

설명 ► 번체자 ‘層’의 초서체를 正字化(정자화)한 것으로 보인다. 번체자의 聲符(성부) ‘曾’(일찍 증; céng, zēng)을 ‘云’(구름 운; yún)으로 대체하였다. 간화자 ‘层’은 ‘尸’(펼칠 시; shī)部에 ‘云’을 따른다. 會意文字(회의문자)이다. ‘집(尸)이 구름(云)처럼 겹겹이 쌓여있다’는 뜻으로, ‘층, 중첩’ 등의 뜻으로 引伸(인신) 되었다.

참고 ► ≪漢語大字典≫, ≪中文大字典≫, ≪宋元以來俗字譜≫ 등 에는 ‘层’이 번체자 ‘層’의 俗字(속자)라는 자료가 보이지 않는다. 번체자 ‘層’은 ‘尸’部에 ‘曾’을 따르는 회의 겸 형성문자이다. ‘尸’(시; shī)는 ‘펼치다(陳列), 주재하다, 주검’ 등의 뜻을 지니 나, 이 글자에서는 ‘집’[屋]을 뜻하고, ‘曾’은 ‘중첩’의 뜻을 지닌 다.(≪漢字源流字典≫) ‘層’의 本義(본의)는 ‘층층’이며, 引伸(인 신)하여 ‘중첩’의 뜻을 갖는다.

단어 ► 层次[céngcì] 단계; 楼层[lóucéng] 층(수)

---

021 ┃ 搀 [攙] chān 부축할 참
      [뜻] 부축하다, 돕다, 섞다

설명 ► 번체자 ‘攙’의 俗字(속자)이다.(≪宋元以來俗字譜≫) ‘攙’

의 聲符(성부) '毚'(약은 토끼 참; chán)을 초서에 의거하여 '兔'으로 간화(簡化)하였다.(《書道大字典》) '免'(면할 면; miǎn) 아래 두 점[丷]을 더한다. '搀'은 '扌'(手: 손 수; shǒu)部에 '兔'을 따른다. 形聲文字(형성문자)이다.

참고 ▶ '毚'을 편방으로 쓴 경우는 모두 '兔'('免'과 '丷'의 결합)으로 간화하였다. '免'(면할 면; miǎn)은 '兔'(토끼 토; tù)로 쓰지 않는다. '점[丶]'이 없음에 유의해야 한다. 번체자 '攙'은 '扌'(手)部에 '毚'을 따르는 형성문자이다. '손을 찔러 넣어 부축하다'가 본뜻이다.

단어 ▶ 搀扶[chānfú] 부축하다; 搀杂[chānzá] 뒤섞다, 혼합하다

---

022 ┃ 谗 [讒] chán 헐뜯을 참
[뜻] 헐뜯다, 참소하다, 비방하다, 험담, 참소

설명 ▶ 번체자 '讒'의 俗字(속자)이다.(《宋元以來俗字譜》) '讒'의 聲符(성부) '毚'(약은 토끼 참; chán)을 초서에 의거하여 '兔'으로 간화하고,(《書道大字典》) 아울러 義符(의부) '言'(말씀 언; yán)을 'ㅑ'으로 간화하였다. 모두 초서를 正字化(정자화)한 것이다. '谗'은 'ㅑ'部에 '兔'을 따른다. 형성문자이다. (021 '搀[攙]' 참조)

참고 ▶ 번체자 '讒'은 '言'部에 '毚'을 따르는 형성문자이다. '남을 나쁘게 말하다'는 뜻이다.

단어 ▶ 谗言[chányán] 참언; 谗害[chánhài] 모함하다

---

023 ┃ 馋 [饞] chán 식탐할 참
[뜻] 식탐하다, 탐내다, 눈독을 들이다

설명 ▶ 번체자 '饞'의 俗字(속자)이다.(《宋元以來俗字譜》) 번체

자의 義符(의부) '食'(食: 먹을 식; shí)을 'ㄣ'으로 간화하고, 聲符(성부) '毚'(약은 토끼 참; chán)을 '免'으로 간화하였다. 모두 초서를 正字化(정자화)한 것이다. 'ㄣ'部에 '免'을 따른다. 형성문자이다. (021 '搀[攙]' 참조.)

참고 ▶ 번체자 '饞'은 '食'(食: 먹을 식; shí)部에 '毚'을 따르는 형성문자이다. '먹는 것을 탐하다'는 뜻이다.

단어 ▶ 嘴馋[zuǐchán] 게걸스럽다; 馋嘴[chánzuǐ] 식탐하다; 馋鬼 [chánguǐ] 먹보

---

024 ┃ **缠 [纏] chán 얽힐 전**
[뜻] 얽히다, 휘감다, 달라붙다, 시달리다

설명 ▶ 번체자 '纏'의 義符(의부) '糸'(실 사; sī)를 '纟'로 간화하고, 聲符(성부) '廛'(가게 전; chán)을 '厘'(집터 전; chán)으로 대체하였다. '纟'部와 '厘'을 따른다. 형성문자이다.

주 缠: 오른 부분은 '厘'(전; chán)을 따르며, '厘'(리; lí)를 따르지 않는다.

참고 ▶ '廛'(가게 전; chán)과 '厘'(집터 전; chán)은 同字(동자)이다.(《集韻》) '廛'에서 '里'(마을 리; lǐ)의 아래 부분 '八'과 '土'를 생략한 것이다. 번체자 '纏'은 '糸'(실 사; sī)部에 '廛'을 따르는 형성문자이다. '묶다, 얽히다'는 뜻이다.

단어 ▶ 纠缠[jiūchán] 뒤얽히다; 缠绵[chánmián] 뒤엉키다

---

025 ┃ **忏 [懺] chàn 뉘우칠 참**
[뜻] 뉘우치다, 참회하다

설명 ▶ 번체자 '懺'의 聲符(성부) '韱'(산부추 섬; xiǎn)을 '千'(일천 천; qiān)으로 대체하였다. '忄'(心: 마음 심; xīn)部에 '千'을

따른다. 형성문자이다.

참고 ‘韱’(산부추 섬; xiǎn)과 ‘千’(천; qiān)은 漢語拼音(한어병음)으로 韻(운)이 같다. 번체자 ‘懺’은 ‘忄’(心)部에 ‘韱’을 따르는 형성문자이다. ‘마음으로 뉘우치다, 참회하다’는 뜻이다.

단어 忏悔[chànhuǐ] 참회하다

026	偿 [償] cháng 갚을 상
	[뜻] 갚다, 물어주다, 변상하다, 대가

설명 번체자 ‘償’의 발음을 따라 聲符(성부) ‘賞’(상줄 상; shǎng)을 ‘尝’(맛볼 상; cháng)으로 대체하였다. ‘亻’(人: 사람 인; rén)’部에 ‘尝’을 따른다. 형성문자이다.

참고 ‘尝’은 ‘嘗’(맛볼 상; cháng)의 간화자이다.(363 ‘尝[嘗]’ 참조) ‘賞’은 또 ‘赏’으로 간화한다. 번체자 ‘償’은 ‘亻’(人)部에 ‘賞’을 따르는 형성문자이다. ‘갚다, 배상하다, 보상하다’는 뜻이다.

단어 赔偿[péicháng] 배상하다; 补偿[bǔcháng] 보상하다

027	厂 [廠] chǎng 굴바위 엄 [공장 창]
	[뜻] 공장

설명 번체자 ‘廠’의 俗字 ‘厰’(≪宋元以來俗字譜≫)을 취한 뒤, 다시 ‘尚’(숭상할 상; shàng)을 생략하였다. ‘厂’(굴바위 한; hǎn)部를 따른다.

참고 ‘厂’은 원래 ‘바위굴집’이란 뜻으로, ‘굴바위’를 본뜬 상형문자이다. ‘廠’의 간화자 ‘厂’은 ‘广’(큰집 엄; yǎn)으로 쓰면 안된다. ‘广’과 ‘厂’은 본래 모두 ‘바위굴집’이라는 뜻을 가진 글자였

으나, '厂'은 또 '廣'(넓을 광; guǎng)의 간화자로 쓰인다. 번체자 '廠'은 '厂'(큰집 엄; yǎn)部에 '敞'(높을 창; chǎng)을 聲符(성부)로 취한 형성문자이다. 본뜻은 '담장이 없는 큰 집'이나, '많은 사람들이 물건을 생산하는 일에 종사하는 큰 집'이란 뜻으로 引伸(인신)되었다. '공장'을 의미한다.

단어 ▸ 工厂[gōngchǎng] 공장; 厂家[chǎngjiā] 공장(회사)

028	彻 [徹] chè 통할 철
	[뜻] 통하다, 꿰뚫다

설명 ▸ 번체자 '徹'의 義符(의부) '彳'(걸을 척; chì)을 남기고, 번체자의 발음을 따라 나머지 부분을 '切'(끊을 절; qiē)로 대체하여 聲符(성부)로 삼았다. '彻'은 '彳'部에 '切'을 따른다. 새로운 形聲文字(형성문자)를 이루었다.

참고 ▸ '切'과 '徹'은 古音(고음)이 같다. 번체자 '徹'은 '彳'部에 '育'과 '攵'(攴)을 따르는 會意文字(회의문자)이다. 갑골문의 자형을 보면, 이 글자는 본래 '鬲'(솥 격; gé)과 '又'(手)로 이루어진 會意文字(회의문자)이다. '식사 후 손으로 솥(鬲)을 거두다(又)'는 뜻으로, '철거하다'가 본뜻이다. 금문(金文)으로 자형이 변하면서, '鬲'은 '育'(기를 육; yù)으로, '又'(또 우; yòu)는 '攵'(칠 복; pū)으로 바뀌었다. 후에 '撤과 '徹'로 분화하였다. 본의인 '철거하다'는 뜻은 義符(의부)로 '扌'(手: 손 수; shǒu)를 더하여 '撤'(거둘 철; chè)이 되었고, '철거하니 통하게 되다, 통하다'는 引伸義(인신의)는 義符(의부)로 '彳'(걸을 척; chì)을 더해 '徹'이 되었다. '轍'(수레가 지나간 자국 철; zhé), '澈'(물 맑을 철; chè) 또한 '徹'을 聲符(성부) 겸 義符(의부)로 삼는 分化字(분화자)들이다.

단어 ▸ 彻底[chèdǐ] 철저하다; 贯彻[guànchè] 관철하다

029 尘 [塵] chén 티끌 진
[뜻] 먼지, 티끌, 속세

설명 번체자 '塵'과 同字(동자)이다.(《字彙補》) 俗字(속자)로 보인다. '尘'은 '小'(작을 소; xiǎo)部에 '土'(흙 토; tǔ)를 따른다. 會意文字(회의문자)이다.

참고 번체자 '塵'은 '土'部에 '鹿'(사슴 록; lù)을 따르는 회의문 자이다. '塵'은 원래 '麤'와 '土'로 이루어진 글자였다. '사슴떼(麤: 거칠 추; cū)가 흙(土)을 일으키다'는 뜻으로, 곧 '먼지'를 뜻한 다.

단어 尘土[chéntǔ] 먼지; 灰尘[huīchén] 먼지

030 衬 [襯] chèn 속옷 친
[뜻] 안에 덧대다, 돋보이게 하다, 부각시키다

설명 번체자 '襯'의 聲符(성부) '親'(친할 친; qīn)을 발음이 비 슷한 '寸'(마디 촌; cùn)으로 대체하였다. '衬'은 '衤'(衣: 옷 의; yī)部에 '寸'을 따른다. 여전히 形聲文字(형성문자)이다.

참고 번체자 '襯'은 '衤'(衣)部에 '親'을 따르는 형성문자이다. 聲符(성부) '親'은 '친근하다, 가깝다'는 뜻으로, 표의(表意) 성분 을 겸한다. '襯'은 옷 가운데에 몸에 가까운 것이라는 뜻으로 '내 의(內衣)'가 本義(본의)이며, 인신하여 '덧대어 돋보이게 하다'는 뜻을 지닌다.

단어 衬衣[chènyī] 와이셔츠, 브라우스; 衬托[chèntuō] 부각 시키다

031	称 [稱] chēng, chèn 일컬을 칭

称 [稱] chēng, chèn 일컬을 칭
[뜻] (chēng) 일컫다, 부르다, 말하다, 칭찬하다, 재다,
달다(무게), 명칭, 호칭; (chèng) 저울; (chèn) 어울리다,
알맞다, 보유하다

설명 ▶ 번체자 '稱'의 俗字(속자)이다.(≪宋元以來俗字譜≫) '稱'
의 聲符(성부) '爯'(한꺼번에 들 칭; chēng)을 '尔'(너 이; ěr)로
대체하였다. 草書(초서)를 正字化(정자화)하여 '尔'로 부호화한
것이다. '禾'(벼 화; hé)部에 '尔'를 따른다. '저울'이란 뜻을 함께
갖는다.

참고 ▶ '尔'는 본래 '爾'(너 이; ěr)의 간화자이다. '너, 가깝다, 뿐'
등의 뜻을 지닌다. (380 '尔[爾]' 참조) 번체자 '稱'은 '禾'部에
'爯'을 따르는 會意文字(회의문자)이다. '爯'이 소리를 겸한다. 本
義(본의)는 '저울질하다'이다. 이로부터 '들다, 추천하다, 칭찬하
다, 일컫다'(chēng)와 '적합하다'(chèn), '저울'(chèng) 등으로
引伸(인신)되었다.

단어 ▶ 称赞[chēngzàn] 칭찬하다; 称东西[chēng dōngxi] 물건
을 달다; 称心[chènxīn] 마음에 들다, 匀称[yúnchèn] 균형이
잡히다

032	惩 [懲] chéng 징계할 징

惩 [懲] chéng 징계할 징
[뜻] 처벌하다, 경계하다

설명 ▶ 번체자 '懲'의 聲符(성부) '徵'(부를 징; zhēng)을 漢語拼
音(한어병음)이 같은 '征'(칠 정; zhēng)으로 대체하였다. '心'(마
음 심; xīn)部에 '征'을 따른다. 여전히 形聲文字(형성문자)이다.

참고 ▶ 번체자 '懲'은 '心'部에 '徵'(부를 징; zhēng)을 따르는 형
성문자이다. '경계하다, 처벌하다'는 뜻이다.

단어 惩罚[chéngfá] 징벌; 严惩[yánchéng] 엄중히 처벌하다

---

033 迟 [遲] chí 늦을 지
[뜻] 늦다, 느리다, 주저하다

설명 번체자 '遲'의 漢語拼音(한어병음)을 따라 聲符(성부) '犀'(무소 서; xī)를 '尺'(자 척; chǐ)으로 대체하였다. '辶'(辵: 걸을 착; chuò)部에 '尺'을 따른다. 형성문자이다.

참고 번체자 '遲'는 '辶'(辵)部에 '犀'를 따르는 형성문자이다. '무소(犀)가 천천히 걷다'는 개념으로, '서행하다'가 本義(본의) 이다. 引伸(인신)되어 '늦다, 느리다'는 뜻을 갖게 되었다.

단어 迟到[chídào] 지각하다; 推迟[tuīchí] 미루다, 연기하다

---

034 冲 [衝] chōng, chòng 향할 충 [찌를 충]
[뜻](chōng) 붓다, 씻어내다, 충돌하다 ; (chòng) 향하다, 세차다

설명 번체자 '衝'과 발음이 같은 '冲'을 가차하였다. '冲'은 '冫' (얼음 빙; bīng)部에 '中'(가운데 중; zhōng)을 따른다. 형성문자 이다.

참고 '冲'은 '沖'(공허할 충; chōng)의 俗字(속자)이다. '沖'은 '氵'(水)部에 '中'을 따르는 회의 겸 형성문자로, 본뜻은 '물이 위로 솟아오르다'는 뜻이다. 인신되어 '쏟아 붓다, 무릅쓰다' 등을 뜻한다. 번체자 '衝'은 본래 '行'(갈 행; xíng)과 '童'(아이 동; tóng)의 결합이었으나, 俗字(속자)로 '重'(무거울 중; zhòng)으로 대신한 것이다. 형성문자로, 본뜻은 '통로'이다. 인신하여 '돌진하다, 향하다'는 뜻을 지닌다.

단어 단어 ▶ 沖突[chōngtū] 충돌하다; 沖水[chōngshuǐ] 물을 내리다; 要沖[yàochōng] 요충; 沖着[chòngzhe] 직면하고

---

035 │ 丑 [醜] chǒu 수갑 추 / 소 축 [추할 추]
│ [뜻] 地支의 두 번째(소), 여매다, 추하다

설명 ▶ 번체자 '醜'와 발음이 같은 '丑'를 가차하였다. '一' 部에 'ㄱ, ㅣ, 一'을 따른다.

참고 ▶ '丑'는 '손(크)을 묶은(ㅣ) 모습'을 본뜬 상형문자로, 원래 '扭'(묶다, 비틀 뉴; niǔ)의 本字(본자)이다. 번체자 '醜'는 오늘날 '酉'(닭 유; yǒu)部에 '鬼'(귀신 귀; guǐ)를 따르나, 원래 이 글자는 '鬼' 部에 '酉'聲의 형성문자였다.(≪說文≫) '싫어하다, 추하다'는 뜻이다.

단어 ▶ 丑聞[chǒuwén] 추문; 丑陋[chǒulòu] 추하다; 丑恶 [chǒu'è] 추악하다

---

036 │ 出 [齣] chū 날 출 [단락 척]
│ [뜻] 나가다, 나타나다, 떠나다, 내다, 생산하다,
│ 연극의 단락

설명 ▶ 번체자 '齣'과 漢語拼音(한어병음)이 같은 '出'을 가차하였다. '出'은 'ㄐ'(입 벌릴 감; kǎn)部에 '屮'(싹틀 철; chē)을 따른다. '나가다'가 본뜻이다.

참고 ▶ '屮'은 '艸'(풀 초; cǎo)의 古字(고자)이기도 하다. (≪說文≫) '出'은 ≪說文≫에 '초목이 싹을 틔우는 모습'을 본뜬 象形文字(상형문자)라고 하였으나, ≪名原≫에는 '발의 모습을 본뜬 글자로, 출입을 뜻하게 되었다'고 하였다.(≪漢語大字典≫) 갑골문, 금문(金文)의 자형을 보면, '出'은 모두 '止'(그칠 지; zhǐ)와

‘凵’으로 이루어진, ‘집(凵) 밖으로 나가다(止)’는 뜻의 회의문자라고 하였다. ‘止’는 ‘발’을 뜻하고, ‘凵’은 ‘움집’을 의미한다.(≪漢字形義分析字典≫) 지금은 후자에 주목한다. 번체자 ‘齣’은 ‘齒’(이 치; chǐ)部에 ‘句’(단락 구; Jù)로 이루어진 회의문자이다. 희곡이나 소설의 한 단락(막, 장)이란 뜻이다. 가차하여 ‘出’로 간화한 것이다.

단어 ▶ 出入[chūrù] 출입하다; 出口[chūkǒu] 출구, 말을 꺼내다

037	础 [礎] chǔ 주춧돌 초
	[뜻] 주춧돌, 초석

설명 ▶ 번체자 ‘礎’의 聲符(성부) ‘楚’(나라이름 초; chǔ)를 漢語拼音(한어병음)이 같은 ‘出’(출; chū)로 대체하였다. ‘石’(돌 석; shí) 部에 ‘出’을 따른다. 형성문자이다.

참고 ▶ 번체자 ‘礎’는 ‘石’ 部에 ‘楚’를 따르는 형성문자로, ‘기둥 아래 받치는 주춧돌’이란 뜻이다.

단어 ▶ 基础[jīchǔ] 기초, 바탕; 础石[chǔshí] 초석, 주춧돌, 근간

038	处 [處] chù, chǔ 곳 처
	[뜻] (chù) 곳, 장소, 부분, 부서; (chǔ) 처리하다,
	처하다, 머무르다

설명 ▶ 번체자 ‘處’의 本字(본자) ‘処’를 취한 뒤, ‘几’(안석 궤; jī)를 ‘卜’(점칠 복; bǔ)으로 바꾸었다. 형성문자이다.

참고 ▶ ‘処’는 ‘處’의 本字이다.(≪說文解字注≫) ≪玉篇≫에는 ‘處’와 同字(동자)라고 하였고, ≪宋元以來俗字譜≫에는 俗字(속자)라고 하였다. ‘処’는 번체자의 아래 부분으로, ‘夂’(뒤쳐져올 치: zhǐ)와 ‘几’(안석 궤; jī)로 이루어진 ‘멈추다’는 뜻의 會意(회

의) 겸 形聲文字(형성문자)이다. 간화자를 제정하면서 특별히
'几'(안석 궤; jī)를 '卜'(점칠 복; bǔ)으로 바꾼 것은 발음을 고려
한 것으로 보인다. '处'(처; chǔ)와 '卜'(복; bǔ)은 한어병음(漢語
拼音)으로 同韻(동운)이다. 번체자 '處'는 '가죽으로 된 관을 쓰
고 안석(几)에 기대어 있는 모습'을 본뜬 會意文字(회의문자)이
다. 후에 자형이 변하면서 '가죽으로 된 관'의 모습은 '虍'(범무늬
호; hū)로 바뀌어 聲符(성부)를 맡게 되었다. 本義(본의)는 '머무
르다'이다. '살다, 처리하다, 처소' 등으로 引伸(인신)되었다.

> **단어** ▶ 到处[dàochù] 도처; 处长[chùzhǎng] 처장; 处女[chǔnǚ]
> 처녀, 처음의; 处理[chǔlǐ] 처리하다

---

039 ┃ **触 [觸] chù 닿을 촉**
[뜻] 닿다, 부딪치다, 느끼다

> **설명** ▶ 번체자 '觸'의 俗字(속자)이다.(≪宋元以來俗字譜≫) '觸'
> 의 聲符(성부) '蜀'(나라이름 촉; shǔ)에서 '虫'(벌레 충; chóng)
> 을 제외한 나머지를 모두 생략하였다. '角'(뿔 각; jiǎo)部에 '虫'
> 을 따른다.

> **참고** ▶ 번체자 '觸'은 '角' 部에 '蜀'을 聲符(성부)로 취한 형성문자
> 이다. '뿔로 들이받다'가 본뜻이다. '부딪히다, 건드리다, 접촉하
> 다, 닿다' 등으로 引伸(인신)되었다.

> **단어** ▶ 接触[jiēchù] 접촉하다; 触觉[chùjué] 촉각

---

040 ┃ **辞 [辭] cí 말 사**
[뜻] 말, 단어, 작별하다, 사퇴하다, 사양하다

> **설명** ▶ 번체자 '辭'의 俗字(속자)이다.(≪字彙≫) '辭'의 편방
> '𤔔'(다스릴 란; luàn)을 '舌'(혀 설; shé)로 대체하였다. '辛'(매

울 신; xīn)部에 '舌'을 따른다.

참고 ➤ '辞'는 '舌'(혀, 말)과 '辛'(매울 신; xīn; 만물의 신생)의 개
념을 결합시켜 만든 會意文字(회의문자)이다. 번체자 '辭'는 '辛'
部에 '亂'(다스릴 란; luàn)을 따르는 회의문자이다. '자백, 진술'
이 本義(본의)이다. '우아한 말'이란 뜻으로, '언사(言詞), 문사
(文詞)' 등으로 引伸(인신)되었다.

단어 ➤ 告辞[gàocí] 이별을 고하다; 推辞[tuīcí] 거절하다; 辞別
[cíbié] 이별을 고하다

---

041 | **聪 [聰] cōng 귀밝을 총**
[뜻] 귀밝다, 똑똑하다, 영리하다, 청각

설명 ➤ 번체자 '聰'의 俗字(속자)이다.(≪宋元以來俗字譜≫) '聰'
의 聲符(성부) '悤'(바쁠 총; cōng)을 동음(同音)인 '总'(모아 묶
을 총; zǒng)으로 대체하였다. '耳'(귀 이; ěr)部에 '总'을 따른다.
形聲文字(형성문자)이다.

참고 ➤ '总'은 '總'(모아 묶을 총; zǒng)의 간화자이다. 번체자 '聰'
은 '耳'部에 '悤'을 따르는 형성문자이다. '귀가 밝다'가 본뜻이며,
'지혜롭다'는 뜻으로 引伸(인신)되었다.

단어 ➤ 聪明[cōngming] 똑똑하다; 聪慧[cōnghuì] 총명하다; 耳聪
目明[ěrcōngmùmíng] 안목이 밝다

---

042 | **丛 [叢] cóng 모을 총**
[뜻] 모이다, 덤불, 수풀, 떼

설명 ➤ 간화자 '丛'은 번체자 '叢'의 漢語拼音(한어병음)을 따라
'从'(따를 총; cóng)을 聲符(성부)로 취하고, '一'(한 일; yī)을 義

符(의부)로 삼아, 새로운 형성문자를 이루었다.

참고 '쓰'에서 '一'은 '땅'을 의미하고, '从'은 '수북이 난 수풀'을
의미한다. 象形(상형) 겸 形聲(형성) 문자이다. 번체자 '叢'은 본
래 '丵'(풀 무성할 착; zhuó)에 '取'(취할 취; qǔ)聲(성)을 따르는
형성문자이다. '모으다, 모이다'가 본뜻이다. 引伸(인신)하여 '한
곳에 수북이 난 풀, 곧 덤풀', '한 곳에 모인 사람이나 물건'을 뜻
한다.

단어 쓰林[cónglín] 밀림, 수풀; 草쓰[cǎocóng] 덤불

---

043 | **担 [擔] dān, dàn 떨칠 단 [멜 담]**
[뜻] (dān) 메다, 지다, 맡다; (dàn) 책임, 멜대

설명 번체자 '擔'의 俗字(속자)이다.(≪宋元以來俗字譜≫) '擔'
과 漢語拼音(한어병음)이 같은 '担'을 假借(가차)하였다. '扌'(手:
손 수; shǒu)部에 '旦'을 따른다. 形聲文字(형성문자)이다.

참고 간화자 '担'은 번체자 '擔'의 聲符(성부) '詹'(넉넉할 담;
dàn)을 漢語拼音(한어병음)이 같은 '旦'(날 밝을 단; dàn)으로 대
체한 것으로 보이지만, 사실은 가차한 것이다. '担'은 본래
'단'(dǎn)으로 읽으며, '떨치다, 털다'는 뜻이다. 번체자 '擔'은
'扌'(手)部에 '詹'을 따르는 형성문자로, '어깨에 메다'는 뜻이
다. 引伸(인신)하여 '지다, 맡다'(dān)와 '멜대'(dàn)를 뜻한다.
'詹'은 '말 많을 첨'(zhān)과 '넉넉할 담'(dàn)의 多音字(다음
자)이다.

단어 担当[dāndāng] 맡다; 承担[chéngdān] 책임지다; 担心
[dānxīn] 염려하다; 担子[dànzi] 멜대, 짐; 扁担[biǎndan] 멜대

044 | 胆 [膽] dǎn 쓸개 담
[뜻] 쓸개, 담력, 물건의 내피

설명 ▶ 번체자 '膽'의 俗字(속자)이다. (≪宋元以來俗字譜≫) 번체자의 聲符(성부) '詹'(넉넉할 담; dàn)을 漢語拼音(한어병음)이 같은 '旦'(날 밝을 단; dàn)으로 대체하였다. '月'(肉: 고기 육; ròu)部에 '旦'을 따른다. 형성문자이다. (043 '担[擔]' 참조.)

참고 ▶ 번체자 '膽'은 '月'(肉)部에 '詹'(담)을 따르는 형성문자로, '쓸개'가 본뜻이다. 引伸(인신)하여 '담력'을 뜻한다.

단어 ▶ 胆大[dǎndà] 대담하다; 胆子[dǎnzi] 담력, 담; 肝胆[gāndǎn] 간과 쓸개, 간담, 진심, 용기

045 | 导 [導] dǎo 이끌 도
[뜻] 이끌다, 지도하다, 감독하다

설명 ▶ 번체자 '導'의 聲符(성부) '道'(길 도; dào)를 기호화하여 '巳' (뱀띠 사; sì)로 간화하였다. '寸'(마디 촌; cùn)部에 '巳'를 따른다.

참고 ▶ 번체자 '導'는 본래 '道'로 썼으나, 후에 '도로, 도리, 방법' 등의 뜻과 구별하고, 동시에 '인도하다, 지도하다'는 뜻을 강조하기 위하여 義符(의부) '寸'(手의 뜻)을 더하였다. '寸'部에 '道'를 따르는 會意(회의) 겸 形聲文字(형성문자)이다. '道'가 뜻을 겸한다.

단어 ▶ 指导[zhǐdǎo] 지도하다; 辅导[fǔdǎo] 교습하다; 导游[dǎoyóu] 안내하다, 가이드

046 | 灯 [燈] dēng 등불 등
[뜻] 등, 등불

설명 ▶ 번체자 '燈'의 俗字(속자)이다. (≪正字通≫, ≪宋元以來俗字譜≫) 번체자의 聲符(성부) '登'(오를 등; dēng)을 '丁'(못 정; dīng)으로 대체하였다. 한어병음으로 聲母(성모)가 같다. '火'(불 화; huǒ)部에 '丁'을 따른다. 형성문자이다.

참고 ▶ 편방의 모든 '登'을 반드시 '丁'으로 간화하는 것은 아니다. 번체자 '燈'은 '火' 部에 '登'을 따르는 형성문자이다. '燈'은 원래 '鐙'(등잔 등; dēng)으로 썼으며, '燈'은 '鐙'의 異體字(이체자)이다.

단어 ▶ 开灯[kāidēng] 등불을 켜다; 息灯[xīdēng] 등불을 끄다

047 | 邓 [鄧] dèng 성(姓) 등
[뜻] 성(姓), 국명

설명 ▶ 번체자 '鄧'의 聲符(성부) '登'(오를 등; dēng)을 기호화하여 '又'(또 우; yòu)로 간화하였다. 'ß'(邑: 고을 읍; yì)部에 '又'를 따른다.

참고 ▶ 편방의 '登'을 모두 '又'로 간화하는 것은 아니다. 번체자 '鄧'은 'ß'(邑)部에 '登'聲(성)을 따르는 형성문자로, '나라 이름'을 뜻한다.

단어 ▶ 邓小平[Dèng xiǎopíng] 등소평(인명); 邓州市 [Dèngzhōushì] 등주시

敌 [敵] dí 원수 적
[뜻] 원수, 적, 상대, 대적하다

설명 ▸ 간화자 '敌'은 원래 '敌'의 이체자로서, '攴'(칠 복; pǔ)部에 '舌'(혀 설; shé)을 따르는 會意文字(회의문자)이다. '혀로 핥다'가 본뜻이며, 가차하여 '敵'의 간화자가 되었다. (≪漢字源流字典≫) '攵'(攴: 칠 복; pǔ)部에 '舌'(혀 설; shé)을 따른다.

참고 ▸ '敌'은 또 '활'(huá)로 읽으며, '다하다'(盡), '그림'(畫文)이란 뜻을 갖는다.(≪集韻≫) ≪漢語大字典≫에는 '舌'(혀 설; shé)部에 '攵'(攴: 칠 복; pǔ)을 따르며, '다하다'(盡)는 뜻이라고 하였다. 번체자 '敵'은 '攵'(攴)部 에 '啇'(밑동 적; dī)을 따르는 형성문자이다. 本義(본의)는 '원수'이며, 인신하여 '대적하다, 저항하다'는 뜻을 지니게 되었다.

단어 ▸ 敌军[díjūn] 적군; 敌人[dírén] 적; 仇敌[chóudí] 원수

籴 [糴] dí 쌀 사들일 적
[뜻] (쌀을) 사다

설명 ▸ 번체자 '糴'의 聲符(성부) '翟'(꿩 적; dí)을 생략하였다. '籴'은 '米'(쌀 미; mǐ)部에 '入'(들 입; rù)을 따른다. 會意(회의) 겸 形聲文字(형성문자)이다.

참고 ▸ '翟'(적)은 '꿩'(dí)과 '성씨'(zhái)의 多音字(다음자)이다. 번체자 '糴'은 '入'과 '糶'(곡식이름 적; dí)으로 이루어진 회의 겸 형성문자이다. '곡식'(糶)을 사 들이다(入)'는 뜻이다. '糴'이 소리를 겸한다. '糴'은 이제 '米'를 部首(부수)로 설정하였다. (245 '粜[糶]' 참조.)

단어 ▸ 籴米[dímǐ] 쌀을 사다

050 遞 [遞] dì 차례로 전할 체
[뜻] 전하다, 건네다, 넘겨주다, 차례로, 차츰

설명 ▶ 번체자 '遞'의 이체자이다.(《玉篇》) '遞'의 발음을 따라 聲符(성부) '虒'(뿔범 사; sī, 땅이름 제; tí, 가지런하지 않은 치; zhì)를 '弟'(아우 제; dì)로 대체하였다. '辶'(辵: 갈 착; chuò)部에 '弟'를 따른다. 形聲文字(형성문자)이다.

참고 ▶ 번체자 '遞'는 '辶'(辵)部에 '虒'를 따르는 형성문자이다. '번갈다'가 본뜻이며, '차례차례, 전달하다' 등으로 引伸(인신)되었다.

단어 ▶ 遞增[dìzēng] 점점 늘다; 传递[chuándì] 전달하다; 遞交[dìjiāo] 직접 건네다

051 点 [點] diǎn 점 점
[뜻] 점, 조금, 방울, 부분, 간식, 시(時), 점찍다, 점검하다, 지적하다, 주문하다, (불)붙이다, 끄덕이다

설명 ▶ 번체자 '點'의 俗字(속자)이다.(《中華大字典》) '點'의 義符(의부) '黑'(검을 흑; hēi)에서 '灬'(火: 불 화; huǒ)를 취하여 간화자의 義符(의부)로 삼고, 聲符(성부) '占'(차지할 점; zhàn)과 자형을 재구성하였다. '灬'部에 '占'을 따르는 形聲文字(형성문자)이다.

참고 ▶ 번체자 '點'은 '黑' 部에 '占'을 따르는 형성문자로, '작은 검은 점'이 본뜻이다. '반점, 지점, 특색, 시(時), 조금, 점화하다, 점검하다' 등으로 引伸(인신)되었다.

단어 ▶ 一点儿[yìdiǎnr] 조금; 有点儿[yǒudiǎnr] 좀; 斑点[bāndiǎn] 반점

052 淀 [澱] diàn 얕은물 전(원음; 정) [앙금 전]
[뜻] 가라앉다, 침전하다, 얕은 호수

설명 번체자 '澱'과 발음이 같은 '淀'으로 가차하였다. '淀'은 'ⅰ'(水: 물 수; shuǐ)部에 '定'(일정할 정; dìng)을 따른다. 형성문자이다. '얕은 못(池)'이 本義(본의)이나, 이제 '澱'의 간화자로 '침전하다, 앙금'의 뜻을 함께 지닌다.

참고 번체자 '澱'은 'ⅰ'(水)部에 '殿'(큰 집 전; diàn)을 따르는 형성문자이다. 본뜻은 '찌꺼기, 침전물, 앙금'이다.

단어 淀粉[diànfěn] 전분; 沉淀[chéndiàn] 침전, 가라앉다

053 电 [電] diàn 번개 전
[뜻] 전기, 번개, 전보, 감전되다, 전보치다

설명 번체자 '電'의 義符(의부) '雨'(비 우; yǔ)를 생략하고, 아래 聲符(성부) 글자 '电'의 머리를 내밀었다. '电'은 '田'(밭 전; tián)部를 따른다.

참고 간화자 '电'과 번체자 '電'의 聲符 '电'은 다름에 유의해야 한다. '電'은 원래 '雨' 部에 '申'(펼 신; shēn)을 따르는 形聲文字(형성문자)이다. '음양의 기운이 부딪혀 내는 빛, 곧 번개'가 본뜻이다. 전류를 띠고 있어서 '전기'로 인신되었고, 전기와 관련된 의미로 확대되었다.

단어 电气[diànqì] 전기; 闪电[shǎndiàn] 번개; 电灯[diàndēng] 전등

054 | 冬 [鼕] dōng 겨울 동 [북소리 동]
[뜻] 겨울, 둥둥둥

설명 ▶ 번체자 '鼕'의 聲符(성부)인 '冬'으로 통일하고, 번체자의 뜻을 더하였다. 'ㄱ'(얼음 빙; bīng)部에 '夊'(뒤져서 올 치; zhǐ)를 따른다. '겨울'이 본뜻이다.

참고 ▶ '冬'은 '얼음(ㄱ)이 어는 계절이 오다(夊)'는 뜻으로, 會意(회의) 겸 形聲文字(형성문자)이다. 일 년 중 마지막 계절이란 의미로 '冬'(겨울)이 되었다. 번체자 '鼕'은 '鼓'(북 고; gǔ)部에 '冬'을 따르는 형성문자이다. '북소리'를 뜻한다. '둥둥'의 북소리를 나타내는 경우, 지금은 주로 '咚'(쿵 소리 동; dōng)을 쓴다.

단어 ▶ 冬天[dōngtiān] 겨울; 初冬[chūdōng] 초겨울; 寒冬[hándōng] 엄동

055 | 斗 [鬥] dòu 말 두 [싸울 투]
[뜻] (dòu) 싸우다, 겨루다, 노력하다, (dǒu) 말(열 되), 북두칠성

설명 ▶ 번체자 '鬥'와 동음(同音)인 '斗'(말 두; dǒu)로 가차하고, 번체자의 뜻을 더하였다. '斗'部를 따른다. '斗'는 본래 '十升'(열 되)의 개념으로, 자루가 달린 도량형을 본뜬 象形文字(상형문자)이다.

참고 ▶ 번체자 '鬥'는 '두 사람이 얽혀 마주보고 싸우는 모습'을 본뜬 상형문자이다. '鬥'部를 따른다.

단어 ▶ 战斗[zhàndòu] 전투; 奋斗[fèndòu] 분투하다;   漏斗[lòudǒu] 깔대기; 北斗[běidǒu] 북두칠성

056 **独 [獨] dú 홀로 독**

[뜻] 홀로, 오직, 유독, 독특하다

설명 번체자 '獨'의 俗字(속자)이다.(≪宋元以來俗字譜≫) '獨'의 聲符(성부) '蜀'(나라이름 촉; shǔ)에서 '罒'(그물 망; wǎng)과 '勹'(쌀 포; bāo)를 생략하였다. '犭'(犬: 개 견; quǎn)部에 '虫'(벌레 충; chóng)을 따른다.

참고 편방에 쓰인 '蜀'은 대개 '虫'으로 간화하였다. 번체자 '獨'은 '犭'(犬: 개 견; quǎn)部에 '蜀'을 따르는 형성문자이다. '혼자, 홀로'가 본뜻이다. 개를 부려 양떼를 지키는데, 양은 무리이고 개는 한 마리라는 데에서 '하나, 홀로'라는 뜻을 갖게 되었다고 한다.(≪說文≫) 또 '개는 싸우기를 좋아하는데, 싸우기를 좋아하면 혼자 있으면서 무리를 짓지 않는다.'고 하여, '홀로'라는 뜻을 갖게 되었다고도 한다.(≪說文解字注≫) '오직, 유독'의 뜻으로 引伸(인신)되었다.

단어 独立[dúlì] 독립하다; 单独[dāndú] 단독; 独自[dúzì] 혼자

057 **吨 [噸] dūn 말 분명하지 못할 둔 [무게 톤]**

[뜻] 톤(ton)

설명 번체자 '噸'과 漢語拼音(한어병음)이 같은 '吨'을 가차하였다. '口'(입 구; kǒu)部에 '屯'(진칠 둔; tún)을 따른다. 형성문자이다.

참고 '吨'은 원래 '말 분명하지 않을 둔'(tún), '기 상충할 톤'(tǔn) 등의 多音字(다음자)였으나, 지금은 주로 '무게 단위 – 톤(ton)'으로 사용한다. 번체자 '噸'은 '口'部에 '頓'을 따르는 형성문자로, 영어 'ton'의 음역(音譯)글자이다. '噸'의 '吨'으로의 간화는 '噸'의 聲符(성부) '頓'(조아릴 돈; dùn)에서 '頁'(머리 혈;

yè)을 생략한 형태가 '吨'과 같아, 이를 차용(借用)한 것이다.

단어 ▸ 吨位[dūnwèi] 적재량. 吨[dūn] 톤

---

058 | **夺 [奪] duó 빼앗을 탈**
[뜻] 빼앗다, 놓치다, (시간)다투다, 누락되다

설명 ▸ 번체자 '奪'의 俗字(속자)이다.(≪宋元以來俗字譜≫) '奪'의 편방 '奞'(날개칠 순; xún)에서 '隹'(새 추; zhuī)를 생략하였다. '大'(큰 대; dà)部에 '寸'(마디 촌; cùn)을 따른다.

참고 ▸ 번체자 '奪'은 '寸'(手의 뜻)部에 '奞'을 따르는 會意文字(회의문자)로, '새가 날개를 치며 손으로부터 벗어나려 하다'는 의미를 형상화한 것이다. '쟁탈하다, 빼앗다, 잃다'는 뜻으로 引伸(인신)되었다. (065 '奋[奮]' 참조)

단어 ▸ 夺取[duóqǔ] 빼앗다; 争夺[zhēngduó] 쟁탈하다

---

059 | **堕 [墮] duò 떨어질 타**
[뜻] 떨어지다, 빠지다

설명 ▸ 번체자 '墮'의 俗字(속자)이다.(≪宋元以來俗字譜≫) '墮'의 聲符(성부) '隋'(떨어질 타, duò)를 동음자(同音字)인 '陏'(박[瓜]과의 과일이름 타, duò)로 대체하였다. '土'(흙 토; tǔ)部에 '陏'를 따른다. 여전히 形聲文字(형성문자)이다.

참고 ▸ 간화자 '堕'는 번체자 '墮'의 聲符(성부) '隋'에서 '工'(장인 공; gōng)을 생략한 것처럼 보이나, 사실 '陏'와 '隋'는 모두 '墮'와 통용한 이체자이다. '陏'와 '隋'는 또한 모두 多音字(다음자)로서, '隋'(떨어질 타, duò; 나라이름 수, suí), '陏'(박[瓜]과의 과일 이름 타, duò; 나라이름 수 suí)의 訓音(훈음)을 갖는다.(≪字彙

補≫, ≪玉篇≫) '나라이름'으로서의 '隋'는 '隋'의 俗字(속자)이
다.(≪改倂四聲篇海≫) 번체자 '墮'는 '土' 部에 '隋'(타; duò)를
따르는 형성문자로, '떨어지다'는 뜻이다.

단어 ▶ 墮落[duòluò] 타락하다; 墮入[duòrù] 빠져들다

060	儿 [兒] ér 아이 아
	[뜻] 아이, 아들, 자식, 명사 동사 형용사의 접미어(의미 변별, 발음을 부드럽게 함)

설명 ▶ 간화자 '儿'은 원래 '人'의 古文奇字(고문기자)로서, '어진
사람 인'(rén)이다. '兒'의 발음을 '儿'(er)로 표기한 주음부호(注
音符號)와 같다. 번체자 '兒'에서 머리 '臼'(절구 구; jiù)를 생략
한 형태와 같아 이를 차용(借用)한 것으로 보인다. '儿'(어진사람
인; rén)部를 따른다.

참고 ▶ '兒'는 몸통에 비해 상대적으로 머리가 큰 아기들의 모습
을 본뜬 象形文字(상형문자)이다. 참고로 '兒'의 俗字(속자)는
'児'로 썼다.(≪宋元以來俗字譜≫)

단어 ▶ 儿子[érzi] 아들; 女儿[nǚ'ér] 딸

061	矾 [礬] fán 명반 반
	[뜻] 황산염, 명반(明礬): 유황성분을 함유한 광물의 일종

설명 ▶ 번체자 '礬'의 聲符(성부) '樊'(울타리 번; fán)을 漢語拼音
(한어병음)이 같은 '凡'(무릇 범; fán)으로 대체하고, 義符(의부)

'石'(돌 석; shí)의 위치를 바꾸었다. '石' 部에 '凡'을 따른다. 형성
문자이다.

참고 ► 번체자 '礬'은 '石' 部에 '樊'을 따르는 형성문자로, 광물의
일종인 '명반'을 뜻한다.

단어 ► 明矾[míngfán] 명반; 矾石[fánshí] 명반석

---

062 ‖ 范 [範] fàn 벌풀 범 [법 범]
      [뜻] 모형, 본보기, 범위

설명 ► 번체자 '範'과 同音(동음)인 '范'을 가차하였다. '艹'(艸: 풀
초; cǎo)部에 '氾'(넘칠 범; fàn)을 따르는 형성문자로서, 본뜻은
풀의 일종이다. '範'의 간화자가 되어 '모형, 법칙' 등의 뜻을 더하
게 되었다.

참고 ► 번체자 '範'은 원래 '車'(수레 거; jū)에 '笵'(법 범; fàn)의
'氵' 생략형이 결합된 형성문자로, 옛날 '길신[路神]'에게 제사를
지내다'는 뜻이었다. 후에 '范'의 가차자(假借字)로 사용되면서
'형(型), 모양, 법칙, 본보기' 등의 뜻을 지니게 되었다. 이제는
'竹'(대 죽; zhú)部에 '車'와 '巳'(卩: 부절 절; jié)을 따른다.

단어 ► 师范[shīfàn] 본보기, 사범; 示范[shìfàn] 시범; 范围
[fànwéi] 범위

---

063 ‖ 飞 [飛] fēi 날 비
      [뜻] 날다

설명 ► 번체자 '飛'의 몸체 부분을 모두 생략하였다. '飞'部를 따
른다.

참고 ► 번체자 '飛'는 '새가 나는 모습'을 그린 상형문자이다. 간

화자 '飞'는 번체자에서 새의 머리 부분에 상당한다. '飛'部를 따른다.

단어 ▶ 飞机[fēijī] 비행기; 飞行[fēixíng] 비행하다; 飞翔 [fēixiáng] 비상하다

---

064 | **坟 [墳] fén 무덤 분**
[뜻] 무덤, 산소

설명 ▶ 번체자 '墳'의 聲符(성부) '賁'(흙부풀어오를 분; 클 분; bēn)을 同韻字(동운자인 '文'(글월 문; wén)으로 대체하였다. '土'(흙 토; tǔ)部에 '文'을 따른다. 形聲文字(형성문자)이다.

참고 ▶ 번체자 '墳'은 '土' 部에 '賁'을 따르는 형성문자이다. 본뜻은 '흙무더기'이나, 특별히 '무덤'을 의미한다.

단어 ▶ 坟墓[fénmù] 무덤; 坟地[féndì] 묘지

---

065 | **奋 [奮] fèn 떨칠 분**
[뜻] 떨치다, 치켜들다, 분발하다

설명 ▶ 번체자 '奮'의 俗字(속자)이다.(≪宋元以來俗字譜≫) '奮'의 義符(의부) 겸 聲符(성부) 글자 '奞'(날개칠 순; xún)에서 '隹'(새 추; zhuī)를 생략하였다. '大'(큰 대; dà)部에 '田'(밭 전; tián)을 따른다.

참고 ▶ 번체자 '奮'은 '田'과 '奞'으로 결합된 會意文字(회의문자)이다. '새가 밭 사이에서 날개치며 날아오르다'는 의미를 형상화한 것으로, 引伸(인신)하여 '떨치다, 분발하다, 흥기하다'는 뜻을 지닌다. (058 '夺[奪]' 참조)

단어 ▶ 奋斗[fèndòu] 분투하다; 兴奋[xīngfèn] 격분하다

糞 [糞] fèn 똥 분

[뜻] 똥, 거름, 거름을 주다, 치우다

설명 ▸ 번체자 '糞'에서 가운데 '田'(밭 전; tián)을 생략하였다. '米'(쌀 미; mǐ)部에 '共'(함께 공; gòng)을 따른다.

참고 ▸ 번체자 '糞'은 본래 '한 손으로 키[箕]를 잡고, 한 손으로 빗자루를 잡은 모습'을 본뜬 會意文字(회의문자)로, '오물을 쓸다'는 뜻이었다. 후에 자형(字形)이 변하면서 '米'(쌀 미; mǐ)와 '異'(다를 이; yì)의 결합형태가 되었다. 楷書(해서)의 '糞'은 '음식의 원래 재료인 쌀[米]과 다른(異) 것 - 똥'이라는 개념을 절묘하게 형상화한 會意文字(회의문자)로 여겨도 무방해 보인다.

단어 ▸ 糞便[fènbiàn] 대소변; 马粪纸[mǎfènzhǐ] 마분지

凤 [鳳] fèng 봉황 봉

[뜻] 봉황, 성인(聖人)의 비유

설명 ▸ 번체자 '鳳'의 俗字(속자)이다.(《宋元以來俗字譜》) '鳳'의 義符(의부)인 '鳥'(새 조; niǎo)에 '一'의 결합 형태인 '焉'(언; yān)을 부호화하여 '又'(또 우; yòu)로 대체하였다. 초서체를 正字化(정자화)한 것으로 보인다. 지금은 '几'(안석 궤; jī)部에 '又'를 따른다.

참고 ▸ 갑골문의 '鳳'은 원래 봉황을 본뜬 象形文字(상형문자)였는데, 후에 聲符(성부)로 '凡'(무릇 범; fán)을 더해 '鳳'의 형태가 되면서 形聲文字(형성문자)가 되었고, '풍모, 바람'이라는 뜻을 함께 지니게 되었다.(383 '风[風]' 참조) '焉'은 원래 '새(鳥)의 머리에 관(一)이 있는 모양'으로 '봉황'을 형상화한 것이나, 이는 또 자체로 '焉'(어찌 언; yān)의 異體字(이체자)이다.(《字彙補》)

단어 ▶ 凤凰[fènghuáng] 봉황; 望女成凤[wàngnǚchéngfèng] 딸이 훌륭한 인물이 되길 바라다

---

068 **肤 [膚] fū 살갗 부**
[뜻] 살갗, 피부, 얄팍하다

설명 ▶ 번체자 '膚'와 同字(동자)이다.(《字彙》) '膚'에서 '月'(肉: 고기 육; ròu)을 남겨 義符(의부)로 삼고, 전체 발음을 따라 '夫'(남편 부; fū)를 聲符(성부)로 취하였다. '月'(肉)部에 '夫'를 따른다. 형성문자이다.

참고 ▶ 번체자 '膚'는 '月'(肉)部에 '盧'(밥그릇 로; lú)의 '皿'(그릇 명; mǐn) 생략형태를 聲符(성부)로 취한 形聲文字(형성문자)이다.

단어 ▶ 皮肤[pífū] 피부; 肌肤[jīfū] 근육과 피부

---

069 **妇 [婦] fù 며느리 부**
[뜻] 아내, 며느리, 부녀자

설명 ▶ 번체자 '婦'의 俗字(속자)이다.(《宋元以來俗字譜》) '婦'의 聲符(성부) '帚'(빗자루 추; zhǒu)의 아래 부분 '冖'(덮을 멱; mì)과 '巾'(수건 건; jīn)을 생략하였다. '女'(여자 녀; nǚ)部에 '彐'(돼지머리 계; jì)를 따른다.

참고 ▶ 번체자 '婦'는 '女' 部에 '帚'를 따르는 形聲(형성) 겸 會意文字(회의문자)이다. '빗자루(帚)를 들고 청소하는 여인(女)'이란 뜻으로, '결혼한 여자'가 본뜻이다. 옛날에 남자는 주로 수렵이나 농사 등 바깥일을 하고, 여자는 집안일을 하였다는 데서 유래한 글자이다.

단어 ▶ 妇女[fùnǚ] 부녀; 妇人[fùrén] 여성(성인)

070	复 [復] fù 돌아올 복, 다시 부 ; [複] fù 겹옷 복
	[뜻] (復) 반복하다, 회복하다, 중복하다, 다시; (複) 복잡하다, 번잡하다

설명 ▶ 번체자 '復'과 '複'의 간화자로, 각각 義符(의부)인 '彳'(걸을 척; chì)과 '衤'(衣: 옷 의; yī)를 생략하고, 聲符(성부)인 '复'으로 통일하였다. '复'은 '夊'(뒤쳐져 걸을 쇠; suī)部에 '⼍'(누운 사람 인: 人의 이형태)과 '日'(해 일; rì)'을 따른다.

참고 ▶ 간화자 '复'은 '復'의 本字(본자)로 '옛길을 가다'(行故道)는 뜻이다. 이 글자는 본래 '夊'(쇠; suī)部에 '畐'(복 복; fú)의 생략형을 따르는 形聲文字(형성문자)이다. '夏'으로도 썼다. 번체자 '復'은 '彳'部에 '复'을 따르는 形聲文字(형성문자)이다. '돌아오다, 왕래하다, 회복하다'는 뜻이다. 또 번체자 '複'은 '衣'部에 '复'을 따르는 형성문자이다. '겹옷'이 본뜻으로, '하나가 아니다'는 뜻이다. '복잡하다, 중복되다, 많다'는 뜻으로 引伸(인신)되었다.

단어 ▶ 复习[fùxí] 복습하다; 恢复[huīfù] 회복하다; 重复[chóngfù] 중복하다

071	盖 [蓋] gài 덮을 개
	[뜻] 덮다, 숨기다, 가리다, 날인하다, 짓다, 뚜껑, 덮개, 대개, 무릇

설명 ▶ 번체자 '蓋'의 俗字(속자)이다.(≪正字通≫) '蓋'에서 '艹'(풀 초; cǎo)를 '⺾'로, '去'(갈 거; qù)를 '土'(흙 토; tǔ)로 간화하였다. 꼭 '茖'(풀이름 거; qū)를 '羊'(羊: 양 양; yáng)으로 바꾼

듯이 보인다. 초서를 正字化(정자화)한 것이다.(≪王羲之書法字典≫) '皿'(그릇 명; mǐn)部에 '羊'을 따른다.

참고 ▶ 번체자 '蓋'는 결코 '莹'와 '皿'으로 분석되지 않는다. '蓋'는 '++'(艸: 풀 초; cǎo)部에 '盍'(덮을 합; hé)을 따르는 형성문자이다. '풀(++)로 짠 덮개(盍)'가 본뜻으로, '뚜껑, 덮다'는 뜻으로 引伸(인신)되었다.

단어 ▶ 盖子[gàizi] 뚜껑, 덮개; 遮盖[zhēgài] 가리다

072	干 [乾] gān 방패 간 [마를, 하늘 건] ; [幹] gàn [줄기 간]
	[뜻] (gān) 마르다, 건조하다, 비우다, 건성의, 요구하다, 관계하다, 말린 것; (gàn) 줄기, 능력, 용무, 일하다, 종사하다, 유능하다

설명 ▶ 번체자 '乾'과 '幹'의 간화자로, 모두 漢語拼音(한어병음)이 같은 '干'으로 가차하고, '乾'과 '幹'의 뜻을 더하였다. '干'은 '干'部를 따른다.

참고 ▶ '干'은 원래 끝이 갈라진 수렵 도구를 본뜬 상형문자이다. '무기, 방패'가 본뜻이나, 후에 '범하다, 간구하다'의 뜻을 지니게 되었다. 이제 다시 '乾, 幹'의 간화자가 되어 '마르다, 줄기' 등의 뜻을 더하게 되었다. 번체자 '乾'은 '乙'(새 을; yǐ)部에 '倝'(아침 햇살 모양 간; gàn)을 따르는 會意文字(회의문자)로, '위로 나오다'가 본뜻이다. '건'(qián)으로 읽으며, '건괘'(三)의 '乾'으로 가차되어, '하늘'을 상징한다. 또 '위로 나오다'는 뜻에서 인신되어 '마르다'를 뜻한다. '건'(gān)으로 읽는다. 번체자 '幹'은 본래 '木'(목; mù)과 '倝'(아침햇살 모양 간; gàn)을 따르는 形聲(형성) 겸 會意文字(회의문자)로, '榦'으로 썼다. '倝'이 뜻(旗杆: 깃대)을 겸한다. 후에 '木'을 잘못 '干'으로 하여 '幹'이 되었다. '담

을 쌓을 때 흙이 무너지지 않도록 양쪽에 세우던 나무'가 본뜻으로, '줄기, 솜씨, 천간(天干)' 등으로 인신되었다. 이제 '幹'은 '干'部에 '倝'을 따른다.

㋬ '乾坤'(건곤, qiánkūn: 천지, 음양, 일월), '乾隆'(건륭, Qiánlóng: 연호)의 '乾'은 'qián'으로 읽으며, 간화하지 않는다.

단어 ▶ 干燥[gānzào] 건조하다; 干杯[gānbēi] 건배하다; 干部[gànbù] 간부; 干事[gànshi] 간사

073	赶 [趕] gǎn 쫓을 간
	[뜻] 뒤쫓다, 따라가다, 서두르다, 쫓아내다, (소, 수레 등을) 몰다

설명 ▶ 번체자 '趕'과 同字(동자)인 '赶'으로 통일하였다.(≪正字通≫: 趕, 今作赶.) '赶'은 '走'(달릴 주; zǒu)部에 '干'(방패 간; gān, gàn)을 따른다. 형성문자이다.

참고 ▶ 번체자 '趕'은 '走'部에 '旱'(가물 한; hàn)을 따르는 形聲文字(형성문자)이다. '赶'은 외견상 '趕'의 聲符(성부) '旱'에서 '日'을 생략하여 간화한 것으로 보이나, 사실은 가차한 것이다. '赶'과 '趕'은 同音字(동음자)이다.(≪說文解字通訓定聲≫) '赶'은 원래 'qián'으로 발음하며, '꼬리를 들고 도망치다'는 뜻을 지닌 多音字(다음자)이다.

단어 ▶ 追赶[zhuīgǎn] 뒤쫓다; 赶路[gǎnlù] 길을 재촉하다

074	个 [個] gè, gě 낱 개
	[뜻] (gè) 개(사람, 물건에 두루 쓰이는 양사); (gě) '自个儿'(zìgěr; 자신)의 구성글자

설명 ▶ 번체자 '個'와 同字(동자)인 '个'로 대체하였다. '个'는

'竹'(대 죽; zhú)의 한 편방을 취한 것으로, 상형문자이다. 'ㅣ'(뚫을 곤; gǔn)部에 '人'(사람 인; rén)을 따른다. 竹簡(죽간)의 매수를 세는 말로 사용되었다.

참고 ▶ '个, 個, 箇'는 同字(동자)이다.(≪說文≫, ≪集韻≫) 번체자 '個'는 원래 '箇'의 俗字(속자)였다. '箇'는 '竹' 部에 '固'(굳을고; gù)聲(성)을 따르는 형성문자로서, 죽간(竹簡)을 세는 단위였다. 후에 義符(의부) '竹'을 '亻'(人)으로 바꾸어 '個'가 되었다.

단어 ▶ 个人[gèrén] 개인; 个性[gèxìng] 개성; 自个儿[zìgěr] 자기

---

075 | 巩 [鞏] gǒng 안을 공 [묶을 공]
[뜻] 튼튼하다, 견고하다, 공고히 하다

설명 ▶ 번체자 '鞏'의 聲符(성부) 글자인 '巩'으로 통일하였다. '巩'은 원래 '안다'(抱)는 뜻으로, '鞏'과 同音字(동음자)이다. '工'(장인 공; gōng)部에 '凡'(무릇 범; fán)을 따른다.

참고 ▶ 번체자 '鞏'은 '革'(가죽 혁; gé)部에 '巩'聲(성)을 따르는 형성문자이다. '가죽으로 묶다'는 뜻이다. 引伸(인신)하여 '단단하다, 견고하다'는 뜻을 지닌다.

단어 ▶ 巩固[gǒnggù] 견고하다

---

076 | 沟 [溝] gōu 물소리 구 [물도랑 구]
[뜻] 물도랑, 개울, 골짜기, 고랑, 통하다, 소통하다

설명 ▶ 번체자 '溝'와 同音字(동음자)인 '沟'를 가차하였다. '氵'(水: 물 수; shuǐ)部에 '勾'(굽을 구; gōu)를 따른다. 형성문자이다. 본뜻은 '물소리'이나, 가차하여 '물도랑, 소통하다'는 뜻을 지닌다.

참고 ▶ 간화자 '沟'는 표면상 번체자 '溝'의 聲符(성부) '冓'(짤 구;
gòu)를 '勾'(갈고리 구; gōu, gòu)로 대체한 것으로 보이나, 사실
두 글자는 발음이 같은 별개의 글자이다. '沟'는 '물소리 구; gōu)
이고, '溝'는 '물도랑 구; gōu)이다. '溝'는 '氵'(水)部에 '冓'聲(성)
을 따르는 형성문자로서, 本義(본의)는 '논밭 사이에 난 물도랑'
이다. '물길, 소통하다'는 뜻으로 引伸(인신)되었다.

단어 ▶ 沟通[gōutōng] 소통하다; 水沟[shuǐgōu] 배수구, 물도랑

---

077 构 [構] gòu 얽을 구
[뜻] 얽다, 짜 맞추다, 구성하다, 이루다

설명 ▶ 번체자 '構'의 俗字(속자)이다.(≪正字通≫) '構'의 聲符
'冓'(짤 구; gòu)를 발음이 같은 '勾'(갈고리 구; gōu)로 대체하였
다. '木'(나무 목; mù)部에 '勾'를 따른다. 형성문자이다.

참고 ▶ 번체자 '構'는 '木' 部에 '冓'를 따르는 회의문자이다. '冓'가
소리를 겸한다. '冓'는 본래 '構'의 古字(고자)로, '나무를 서로 교
차시켜 짜다'는 뜻이다. '冓'가 다른 글자의 구성요소가 되면서,
특별히 '나무를 사용하여 서로 얽어 짜다'는 개념으로 '木'을 더하
여 '構'가 되었다. 引伸(인신)하여 '결합하다, 구성하다'를 뜻한다.

단어 ▶ 结构[jiégòu] 구성, 결구; 构造[gòuzào] 구조

---

078 购 [購] gòu 다스릴 구 [사들일 구]
[뜻] 사들이다, 구매하다

설명 ▶ 번체자 '購'와 동음자인 '购'(다스릴 구; gòu)를 가차하고,
義符(의부) '貝'(조개 패; bèi)를 '贝'로 간화하였다. '购'는 '贝' 部
에 '勾'(갈고리 구; gōu, gòu)를 따른다. 형성문자이다.

참고 ▶ 간화자 '购'는 표면상 번체자 '購'의 聲符(성부) '冓'(짤 구; gòu)를 '勾'로 대체한 것으로 보이나, 사실 두 글자는 별개의 同音字(동음자)이다. '购'(구, gòu)는 본래 '다스리다(治)'는 뜻이고,(≪篇海類編≫) '購'는 '사들이다'는 뜻이다. 번체자 '購'는 '貝'部에 '冓'聲(성)을 따르는 형성문자이다. 本義(본의)는 '상을 걸고 갖고 싶은 물품을 사들이다'는 뜻이었으나, 후에 일반적인 '구매'의 뜻으로 변해 '買'(살 매; mǎi)와 동의어가 되었다.

단어 ▶ 购买[gòumǎi] 사다

---

079 | 谷[穀] gǔ 골 곡 [곡식 곡]
[뜻] 계곡, 골짜기, 곡식, 벼

설명 ▶ 번체자 '穀'의 俗字(속자)이다.(≪宋元以來俗字譜≫) '穀'과 발음이 같아 '谷'을 가차한 것이다. '谷'(골짜기 곡; gǔ, yù)部를 따른다. '谷'은 원래 '水'(물 수; shuǐ)와 '口'(입 구; kǒu)로 이루어진 회의문자이다.(≪說文≫)

참고 ▶ 번체자 '穀'은 '禾'(벼 화; hé)와 '殼'(껍질 각; què)으로 이루어진 會意(회의) 겸 形聲文字(형성문자)로, '殼'이 소리와 뜻을 겸한다. '곡물에는 껍질이 있다'는 뜻으로, 곡식의 총칭으로 사용되었다.

단어 ▶ 谷粒[gǔlì] 곡식 낱알; 山谷[shāngǔ] 산골짜기

---

080 | 顾 [顧] gù 돌아볼 고
[뜻] 돌아보다, 살피다, 찾아가다, 단골, 오히려, 다만

설명 ▶ 번체자 '顧'의 俗字(속자)이다.(≪宋元以來俗字譜≫) '顧'의 초서체를 정자화한 것으로, 聲符(성부) '雇'(품살 고; gù)를 '厄'(재앙 액; è)으로 대체하였다. '页'(머리 혈; yè)部에 '厄'을

따른다.

참고 번체자 '顧'는 '頁' 部에 '雇'聲(성)을 따르는 形聲文字(형성문자)이다. '뒤돌아보다'가 본뜻이다. 引伸(인신)되어, '돌보다, 보살피다, 단골' 등을 뜻한다.

단어 照顾[zhàogù] 보살피다, 돌보다; 回顾[huígù] 뒤돌아보다

---

081 刮 [颳] guā 깎을 괄 [바람불 괄]
　　　[뜻] 깎다, 긁어내다, 빼앗다, 바람이 불다

설명 번체자 '颳'과 발음이 같은 '刮'로 가차하였다. '刮'은 '颳'의 聲符(성부) 글자이다. 'リ'(刀: 칼 도; dāo)部에 '舌'(혀 설; shé)을 따른다. 형성문자이다.

참고 간화자 '刮'은 본래 'リ'(刀)部에 '昏'(막을 괄; guā)을 따르는 형성문자였으나, 隸書(예서) 단계에서 '昏'이 '舌'로 바뀌어 '刮'의 자형을 갖게 되었다. 자형변천과정에서 '昏'은 대부분 '舌'로 바뀌었다. '칼로 깎다'는 뜻이다. 번체자 '颳'은 '風'(바람 풍; fēng)部에 '刮'의 생략형을 聲符(성부)로 삼은 형성문자이다. 따라서 '刮'을 '颳'의 간화자로 삼은 것은, 바로 번체자 '颳'의 聲符인 '刮'로 통일한 것이다.

단어 刮風[guāfēng] 바람이 불다; 刮目相对[guāmù xiāngduì] 눈을 비비며 마주보다

---

082 关 [關] guān 빗장 관
　　　[뜻] 닫다, 끄다, 폐업하다, 가두다, 관계하다, 관통하다, 빗장, 관문, 전환점, 관계

설명 번체자 '關'의 俗字(속자) '関'(≪宋元以來俗字譜≫)을 취

한 뒤, 다시 義符(의부) '門'(문 문; mén)을 생략하였다. 俗字 '関'은 초서체를 정자화한 것으로, '關'의 聲符(성부) '絲'(북에 실 끼울 관; guān)을 '关'으로 바꾼 것이다. 간체자 '关'은 '八'(여덟 팔; bā)部에 '天'(하늘 천; tiān)을 따른다.

참고 ▶ 간화자 '关'은 '关'(웃을 소; xiào)와 구별해야 한다. 모두 '八'部 4획이나, '八'의 방향이 다르다. 번체자 '關'은 '문(門)에 빗장(絲)을 걸다'는 의미를 형상화한 會意(회의) 겸 形聲文字(형성 문자)이다. '絲'(관)은 '빗장에 단 장식'을 의미하며, 聲符(성부) 를 겸한다. '關'의 金文(금문)은 '門'(빗장 산; shuān)으로 썼다.

단어 ▶ 关心[guānxīn] 관심을 가지다; 关怀[guānhuái] 배려하다

083	观 [觀] guān, guàn 볼 관
	[뜻] (guān) 보다, 구경하다, 살피다, 경치, 견해; (guàn) 누각, 도교 사원

설명 ▶ 번체자 '觀'의 俗字(속자)이다.(≪宋元以來俗字譜≫) '觀' 의 聲符(성부) '雚'(부엉이 관; guān)을 기호화하여 '又'(또 우; yòu)로 간화하고, '見'(볼 견; jiàn)의 초서체를 정자화(正子化) 하였다. '见' 部에 '又'를 따른다.

참고 ▶ 번체자 '觀'은 '見' 部에 '雚'을 따르는 會意(회의) 겸 形聲 文字(형성문자)이다. '雚'이 뜻과 소리를 겸한다. '눈을 부릅뜬 부 엉이(雚)가 주변을 살펴보다(見)'는 개념을 형상화한 것으로, '목 적을 가지고 자세히 보다'가 본뜻이다. '관찰하다, 관상하다, 관 점, 경관' 등을 뜻한다. 편방에 사용된 '雚'(부엉이 관; guān)은 대개 '又'로 기호화하였다.

단어 ▶ 观光[guānguāng] 관광하다; 观赏[guānshǎng] 감상하다

084 柜 [櫃] guì 고리버들 거 [함 궤]
[뜻] 궤짝, 함, 계산대

설명 번체자 '櫃'의 俗字(속자)이다.(≪宋元以來俗字譜≫) 두 글자의 漢語拼音(한어병음)이 같아 가차하였다. '柜'는 '木'(나무 목; mù)部에 '巨'(클 거; jù)를 따른다. 형성문자이다.

참고 '柜'는 원래 '거'(jǔ)로 읽으며, '고리버들'이라는 나무이름을 뜻하는 글자였다. 이제 '櫃'의 간화자로 假借(가차)되어 주로 '함, 궤짝'이라는 뜻으로 사용된다. 번체자 '櫃'는 '木' 部에 '匱'(함 궤; guì, kuì)를 聲符(성부)로 취한 형성문자이다. 본뜻은 '옷이나 물건을 넣어두는 나무 상자, 곧 궤짝'이다. 引伸(인신)되어 '돈을 넣어두는 궤짝', '돈을 받는 책상, 계산대'를 뜻한다.

단어 柜台[guìtái] 계산대; 衣柜[yīguì] 옷장; 掌柜(的)[zhǎngguì(de)] 사장(계산대를 관장하는 사람)

085 汉 [漢] hàn 한나라 한
[뜻] 한나라, 강이름, 중국어, 사나이

설명 번체자 '漢'의 聲符(성부)인 '難'(어려울 난; nán)의 생략형 '𦰩'("堇: 찰흙/제비꽃 근; jǐn"의 이형태)을 '又'(또 우; yòu)로 기호화하였다. 'ㆡ'(水: 물 수; shuǐ)部에 '又'를 따른다.

참고 '𦰩'은 '堇'의 이형태(異形態)이다. (128 '仅[僅]' 참조) 번체자 '漢'은 'ㆡ'(水)部에 '難'의 생략형 '𦰩'을 聲符로 취한 형성문자이다. '강 이름'이 본뜻이다. 비유하여 '은하수'를 뜻하며, 또 '지명, 국명, 민족명, 한족 남자, 사나이' 등으로 확대되었다.

단어 ▶ 汉语[Hànyǔ] 중국어; 银汉[yínhàn] 은하(수); 好汉 [hǎohàn] 대장부

---

086 │ 号 [號] hào, háo 울부짖을 호
[뜻] (hào) 번호, 호(수), 차례, 번, 명칭, 별호, 기호, 신호, 일(日), 호령, 부르다, 외치다, 호령하다; (háo) 울부짖다, 부르짖다

설명 ▶ 번체자 '號'의 古字(고자)이다. 'ㅁ'(입 구; kǒu)部에 '丂'(숨내쉴 교; kǎo, qiǎo)를 따른다. 形聲(형성) 겸 會意文字(회의문자)이다.

참고 ▶ 번체자 '號'는 '号'와 '虎'(범 호; hǔ)로 이루어진 형성 겸 회의문자이다. 本義(본의)는 '호랑이(虎)가 울부짖다(号)'는 뜻이다. 일설에는 '号'의 '丂'를 '지팡이, 막대'로 해석하여, '号'를 '지팡이(丂)에 맞아 울부짖다(ㅁ)'는 뜻으로 여겨 會意文字(회의문자)로 여기기도 한다.(≪漢字源流字典≫)

단어 ▶ 号码[hàomǎ] 번호; 记号[jìhao] 기호; 号叫[háojiào] 소리치다; 号哭[háokū] 울부짖다

---

087 │ 合 [閤] hé, gě 합할 합 [쪽문 합]
[뜻] (hé) 모으다, 합치다, 덮다, 맞다, 어울리다, 함께; (gě) 홉(10홉=1되)

설명 ▶ 번체자 '閤'의 聲符(성부) '合'으로 통일하고, 번체자의 뜻을 더하였다. '合'은 '스'(삼합 집; jí)과 'ㅁ'로 이루어진 會意(회의) 겸 形聲(형성) 문자이다. '입을 합치다'는 뜻이다. 지금은 'ㅁ'(입 구; kǒu)部에 '人'(사람 인; rén)과 '一'(한 일; yī)을 따른다.

참고 ▶ '合'은 또 '그릇에 뚜껑이 닫힌 모습'을 본뜬 회의문자라고

도 하였다.(≪殷周文字釋叢≫, ≪漢字形義分析字典≫) '다물다, 합치다, 모으다, 부합하다, 어울리다' 등의 뜻을 갖는다. 번체자 '閤'은 '門'(문 문; mén)部에 '合'聲(성)을 따르는 형성문자로, '큰 문 옆에 난 쪽문'을 뜻한다.

단어 ▶ 分分合合[fēnfēnhéhé] 분란과 화해가 반복되다; 离合 [líhé] 헤어지고 만나다

---

088 │ **轰 [轟] hōng 수레소리 굉**
　　　　[뜻] 폭발하다, 몰아내다, 우르르 쾅광

설명 ▶ 번체자 '轟'의 俗字(속자)이다.(≪宋元以來俗字譜≫) '轟' 의 아래 부분 '轜'(수레 인; yìn)을 '双'(쌍 쌍; shuāng)으로 대체 하고, '車'(수레 거/차; chē)의 초서체를 正字化(정자화)하였다. '车'部에 '双'을 따른다. 會意文字(회의문자)이다.

참고 ▶ 번체자 '轟'은 '많은 차가 내는 소리'를 형상화한 회의문 자이다.

단어 ▶ 轰动[hōngdòng] 뒤흔들다; 轰炸[hōngzhà] 폭격하다

---

089 │ **后 [後] hòu 뒤 후**
　　　　[뜻] 뒤, 다음, 후손, 군주, 황후

설명 ▶ 번체자 '後'와 同音字(동음자)인 '后'를 가차하였다. 일찍 부터 '後'와 통용하였고,(≪禮記·大學≫) 또 俗字(속자)로 사용 하였다.(≪宋元以來俗字譜≫) '后'의 갑골문은 '여자가 아이를 낳 은 모습'을 본뜬 象形文字(상형문자)로, '후계를 잇다'는 뜻이다. 모계사회에서의 '추장'이 본뜻으로, '제후, 왕후'를 의미한다. '後' 를 가차하여 '뒤'의 뜻을 갖게 되었다. 오늘날 '后'는 'ㅁ'(입 구; kǒu)部에 '厂'(굴바위 한; hǎn)과 '一'을 따른다.

참고 ▶ 번체자 '後'는 '彳'(걸을 척; chì)部에 '幺'(어릴 요; yāo)와 '夊'(천천히 걸을 쇠; suī)를 따르는 會意文字(회의문자)이다. '彳'는 '行'(갈 행; xíng)의 한 부분으로 '길'(道路)을 의미하고, '幺'는 '작다', '夊'는 '걸음이 느리다'는 뜻으로, '뒤처지다'가 本義(본의)이다. 引伸(인신)하여 '앞뒤'의 '뒤'와 '후대, 자손'의 뜻을 갖는다.

단어 ▶ 后悔[hòuhuǐ] 후회하다; 后面[hòumiàn] 뒤쪽; 皇后 [huánghòu] 황후

090	胡 [鬍] hú 오랑캐 호 [수염 호]
	[뜻] 함부로, 멋대로, 근거없이, 민족이름, 수염(鬍)

설명 ▶ 번체자 '鬍'의 聲符(성부) 글자 '胡'로 통일하고, 번체자의 뜻을 더하였다. '胡'는 '月'(肉: 고기 육; ròu)部에 '古'(옛 고; gǔ)를 따른다. 形聲文字(형성문자)이다.

참고 ▶ '胡'의 본의는 '소의 턱밑 살'이다. 그곳에 긴 털이 많아서 '수염'을 뜻하게 되었고, 후에 또 외래의 '민족 이름'과 '함부로'의 뜻으로 引伸(인신)되었다. 이 외에 '胡'는 또 '胡同'(hútòng; 골목)의 구성글자를 이룬다. 번체자 '鬍'는 '수염'이란 뜻을 부각시키기 위하여 본래의 글자 '胡'에 義符(의부)로 '髟'(머리 늘어질 표; biāo)를 더한 것이다. '髟' 部에 '胡'聲(성)으로, 형성문자를 이룬다.

단어 ▶ 胡说[húshuō] 멋대로 지껄이다; 胡乱[húluàn] 함부로

091	壶 [壺] hú 항아리병 호
	[뜻] 주전자, 항아리, 병

설명 ▶ 번체자 '壺'의 초서를 正字化(정자화)하였다. '士'(선비 사;

shì)部에 '冖'(덮을 멱; mì)과 '业'(업 업; yè)을 따른다. 여전히 항아리 모습을 유지한 형태로, 상형문자이다.

참고 ▶ 번체자 '壺'는 '뚜껑과 양 귀가 달린 호로(葫蘆)형의 항아리'를 본뜬 상형문자이다. '士'를 部首(부수)로 삼는다.

단어 ▶ 水壺[shuǐhú] 주전자; 茶壺[cháhú] 찻주전자; 酒壺[jiǔhú] 술주전자

---

092 **沪 [滬] hù 강이름 호, 상해의 별칭**
[뜻] 상해(上海)의 별칭

설명 ▶ 번체자 '滬'의 聲符(성부) '扈'(뒤따를 호; hù)를 同音字(동음자)의 '户'(외짝문 호; hù)로 대체하였다. '氵'(水: 물 수; shuǐ)部에 '户'를 따른다. 형성문자이다.

참고 ▶ 번체자 '滬'는 '氵'(水)部에 '扈'를 따르는 형성문자로, 본뜻은 '물고기를 잡기 위한 죽책(竹柵: 대나무 울타리)'이다. 이러한 어로행위가 상해(上海) 지방의 吳淞江(오송강) 해변유역에 많았으므로, 특별히 이곳을 滬瀆(Hùdú)라고 하였다. '滬'는 '上海'[Shànghǎi]의 별칭으로 사용한다.

단어 ▶ 沪上[Hùshàng] 상해에서, 抵沪[dǐHù] 상해에 도달하다

---

093 **护 [護] hù 보호할 호**
[뜻] 보호하다, 지키다, 보살피다

설명 ▶ 번체자 '護'의 발음을 따라 '户'(외짝문 호; hù)를 聲符(성부)로 취하고, '지키다'는 의미에서 '扌'(手: 손 수; shǒu)를 義符(의부)로 삼아 새로운 形聲文字(형성문자)를 이루었다. '손으로 보호하다'는 개념을 형상화한 것이다. '扌'部에 '户'를 따른다.

참고 ▶ 번체자 '護'는 '言'(말씀 언; yán)部에 '蒦'(자/잴 확; huò)을 따르는 형성문자이다. '말(言)로써 감독하다, 보살피다'는 뜻이다.

단어 ▶ 护照[hùzhào] 여권; 爱护[àihù] 소중히 하다; 保护[bǎohù] 보호하다

094	划 [劃] huà, huá 삿대 화 [그을 획] [뜻] (huà) 긋다, 계획하다, 떼어주다; (huá) 배를 젓다, 베다

설명 ▶ 번체자 '劃'과 漢語拼音(한어병음)이 같은 '划'를 가차하였다. '划'는 '刂'(刀: 칼 도; dāo)部에 '戈'(창 과; gē)를 따른다. 형성문자이다.

참고 ▶ '划'는 원래 多音字(다음자)로서, '낫, 베다'(guò)와 '삿대, 배를 젓다'(huá)는 뜻이다. 번체자 '劃'은 '刂' 部에 '畫'(그림 화; huà, 그을 획; huò)을 따르는 형성문자로, 본뜻은 '칼로 긋다'이다. '가르다, 계획하다' 등을 뜻한다.

단어 ▶ 计划[jìhuà] 계획하다; 划船[huáchuán] 배를 젓다

095	怀 [懷] huái 품을 회 [뜻] 품다, 간직하다, 생각하다, 임신하다, 가슴, 마음, 심정

설명 ▶ 번체자 '懷'의 俗字(속자)이다.(《宋元以來俗字譜》) '懷'의 聲符(성부) '褱'(품을 회; huí)를 기호화하여 '不'(아닐 불; bù)로 대체하였다. '忄'(心: 마음 심; xīn)部에 '不'을 따른다.

참고 ▶ 번체자 '懷'는 '忄' 部에 '褱'를 따르는 형성문자로, 최초의 자형은 '褱'이다. 金文(금문)을 보면, '옷(衣) 속에 물건을 끼워

품고 있는 모습'을 형상화한 會意文字(회의문자)이다. '품다, 생각하다, 간직하다' 등으로 引伸(인신)되었다.

단어 ➤ 关怀[guānhuái] 관심을 가지고 보살피다, 怀念[huáiniàn] 회상하다

---

096 | **坏 [壞] huài 무너질 괴**
[뜻] 나쁘다, 고장나다, 망가지다

설명 ➤ 번체자 '壞'의 俗字(속자)이다.(≪宋元以來俗字譜≫) '壞'의 聲符(성부) '襄'(품을 회; huí)를 기호화하여 '不'(아닐 불; bù)로 대체하였다. '土'(흙 토; tǔ)部에 '不'을 따른다.

주 '坯'로 쓰지 않는다. '坯'는 '砖坯'(zhuānpī; 굽지 않은 벽돌)의 '坯'로서, 'pī[批]'로 읽는다. '坯'와 '坏'(언덕, 굽지 않은 질그릇 배; pī) 두 글자는 혼동하면 아니 된다.

참고 ➤ 간화자 '坏'와 번체자 '壞'는 본래 서로 다른 글자이다. '壞'는 '土'部에 '襄'를 聲符(성부)로 취한 형성문자로, '무너지다, 나쁘다'는 뜻이고, 간화자 '坏'는 '土'部에 '不'(pī)를 聲符(성부)로 취한 형성문자로, 원래 '坯'(굽지 않은 질그릇 배; pī)의 異體字(이체자)였다. 그러나 이제 '坏'는 '壞'의 간화자로 차용(借用)되어, 더 이상 '坯'의 뜻으로 쓰이지 않는다.

단어 ➤ 坏蛋[huàidàn] 나쁜 놈; 好坏[hǎohuài] 좋고 나쁨

---

097 | **欢 [歡] huān 기뻐할 환**
[뜻] 기뻐하다, 즐겁다, 신나다, 좋아하다

설명 ➤ 번체자 '歡'의 俗字(속자)이다.(≪宋元以來俗字譜≫) '歡'의 聲符(성부) '雚'(부엉이 관; guān)을 '又'(또 우; yòu)로 기호

화하였다. '欠'(하품 흠; qiàn)部에 '又'를 따른다.(083 '观[觀]'
참조.)

참고 ▶ 번체자 '歡'은 '欠'部에 '雚'聲(성)을 따르는 形聲文字(형
성문자)이다. '기뻐하다, 신바람을 내다'는 뜻이다.

단어 ▶ 欢迎[huānyíng] 환영하다; 欢乐[huānlè] 즐겁다

---

098 ┃ **环 [環] huán 고리 환**
       [뜻] 고리, 순환, 사방, 둘러싸다

설명 ▶ 번체자 '環'의 俗字(속자)이다.(≪宋元以來俗字譜≫) '環'
의 聲符(성부) '睘'(돌아올 환; huán)을 '不'(아닐 불; bù)로 기호
화하였다. '王(玉: 구슬 옥; yù)部에 '不'을 따른다.

참고 ▶ '睘'은 '瞏'(놀라서 볼 경; qióng)의 俗字(속자)로,(≪正字
通≫) '놀라서 볼 경'(qióng), '돌아올 환'(huán)의 多音字(다음
자)이다. 번체자 '環'은 '王'(玉)部에 '睘'聲(성)의 형성문자로, 本
義(본의)는 '고리모양의 구슬'(玉璧)이다. 引伸(인신)하여 '고리'
'둘러싸다, 감돌다'는 뜻을 갖는다.

단어 ▶ 环境[huánjìng] 환경; 环绕[huánrào] 둘러싸다

---

099 ┃ **还 [還] hái, huán 돌아올 환**
       [뜻] (hái) 또, 더욱, 그래도, 그런대로, 아직; (huán)
       돌아오다, 돌아가다, 돌려주다

설명 ▶ 번체자 '還'의 俗字(속자)이다.(≪宋元以來俗字譜≫) '還'
의 聲符(성부) '睘'(돌아올 환; huán)을 '不'(아닐 불; bù)로 기호
화하였다. '辶'(辵: 갈 착; chuò)部에 '不'을 따른다.(098 '环[環]'
참조.)

▸ 번체자 '還'은 본래 '買'이 갖는 '돌다'는 뜻을 부각시키기 위하여, 義符(의부)로 '辶'(辵)을 더하여 만든 형성문자이다. '돌아오다'가 본뜻으로, 引伸(인신)하여 '회복하다, 돌려주다'는 뜻을 갖는다. '还[還]'은 중국어에서 'hái'(또한, 여전히, 아직)와 'huán'(돌려주다)으로 발음되는 多音字(다음자)이다.

단어 ▸ 还有[háiyǒu] 그리고, 또; 还是[háishi] 여전히, 그래도; 盘还[pánhuán] 머뭇거리다, 서성이다; 归还[guīhuán] 돌려주다

---

100 回 [迴] huí 돌아올 회 [돌 회]
[뜻] 돌다, 되돌아가다, 전환하다, 피하다, 대답하다, 아뢰다, 회, 번, 차례

설명 ▸ 번체자 '迴'의 聲符(성부) 글자 '回'로 통일하고, 번체자의 뜻을 더하였다. '回'는 '囗'(둘러쌀 위; wéi)部에 '口'(입 구; kǒu)를 따른다. 물이 돌아 소용돌이치는 모습을 본떠 만든 상형문자이다.

참고 ▸ 번체자 '迴'는 '辶'(辵: 갈 착; chuò)部에 '回'를 따르는 형성문자로, 본의는 '돌아오다, 돌이키다'는 뜻이다.

단어 ▸ 回家[huíjiā] 귀가하다; 返回[fǎnhuí] 되돌아가다

---

101 伙 [夥] huǒ 동료 화 [많을 과]
[뜻] 떼, 패거리, 동반자, 동료, 점원

설명 ▸ 번체자 '夥'와 동의사(同義詞)인 '伙'로 통일하였다. '伙'는 '亻'(人: 사람 인; rén)部에 '火'(불 화; huǒ)를 따른다. 형성문자이다. 옛날 군대는 열사람이 한 조를 이루어 취사(炊事)를 함께 하였는데, 바로 그 동료들을 '火伴'이라고 하였다. 후에 '人'을 더하여 '伙'가 되었다.

참고 '夥'는 '夕'(저녁 석;xī)部에 '果'(과일 과; guǒ)와 '夕'으로 분석되지만, 원래 이 글자는 '多'(많은 다; duō)와 '果'를 따르는 형성문자이다. '많다, 패거리, 동반' 등의 뜻을 지닌 글자로서, 이 가운데 '많다'는 뜻을 제외한 나머지 부분을 '伙'로 통일하였다.

ⓐ '많다'(多)는 뜻으로 풀이되는 '夥'는 간화하지 않는다.

단어 伙伴[huǒbàn] 동료; 家伙[jiāhuo] 녀석, 집기

---

102 | 获 [獲] huò 얻을 획; [穫] huò 곡식거둘 확
[뜻] 얻다, 획득하다, 붙잡다, 수확하다

설명 '获'은 번체자 '獲'(획)과 '穫'(확)의 간화자이다. 먼저 번체자 '獲'(획)의 聲符(성부)인 '隻'(마리 척; zhī)을 발음과 상관없이 뜻을 좇아 '犬'(개 견; quǎn)으로 대체하였다. 간화자 '获'은 '艹'(艸: 풀 초; cǎo)部에 '犾'(개가 서로 짖을 은; yín)을 따른다. 會意文字(회의문자)이다. 또한 번체자 '穫'은 원래 '禾'(벼 화; hé)를 義符(의부)로 삼아 '곡식을 수확하다'는 뜻이나, 이 글자의 漢語拼音(한어병음)이 '獲'(획)과 같고, 다같이 '얻다, 수확하다'는 뜻이므로, 간화자 '获'을 假借(가차)하여 통일하였다.

참고 간화자 '获'은 '풀밭'(艹)에 두 마리의 개(犾)를 풀어 사냥하여 포획물을 얻는다는 의미로 해석할 수 있다. '犾'은 '狱'(개가 서로 짖을 은; yín)과 同字(동자)이다. 번체자 '獲'은 '犭'(犬)部에 '蒦'(잴 확; huò)을 따르는 형성문자이다. '개(犭)로 사냥하여 새를 포획하다(蒦)'는 뜻이다. '蒦'은 또 본래 '隻'(새 한 마리 척: zhī)으로 썼다. '隻'은 '손(又)으로 새(隹)를 잡다'는 뜻의 회의문자이다. '蒦'의 '艹'는 새의 도가머리(머리에 길고 더부룩하게 난 털)를 의미하며, '萑'은 또 자체로 '수리부엉이 환(huán)'이다. 번체자 '獲'은 사냥으로 얻는 수확물이라는 뜻을 부각시키기 위하여 義符(의부)로 '犭'(犬)을 더한 것이고, '穫'은

또 '곡식을 수확하다'는 의미로 '禾'를 義符로 더한 것이다.

단어 ▶ 获得[huòdé] 얻다; 获奖[huòjiǎng] 상을 타다; 收获 [shōuhuò] 수확하다

103 **击 [擊] jī 칠 격**
[뜻] 치다, 공격하다, 두드리다, 부딪치다

설명 ▶ 번체자 '擊'의 聲符(성부) '毄'(부딪칠 격; jī)에서 편방 '軎'(차축 끝 예; wèi)을 취한 뒤, 가운데 부분 '臼'을 생략하여 '击'을 남기고, 나머지 구성 부분을 모두 생략하였다. 'ㄩ'(위 터 진 그릇 감; kǎn)部에 '二'(두 이; èr)와 'ㅣ'(뚫을 곤; gǔn)을 따 른다.

참고 ▶ 번체자 '擊'은 '手'(손 수; shǒu)部에 '毄'을 따르는 형성문 자이다. '치다, 때리다, 공격하다'는 뜻이다. '毄'의 聲符(성부)는 '毄'(부딪칠 격; jī)이 아니라, '毄'(부딪칠 격, jī; 멜 계, jì)이다. 원래 '毄'이 본자이나, '毄'을 많이 쓰면서 이것이 정자(正字)가 되었다. '軎'(굴대 끝 예; wèi)와 '軎'는 같은 글자이다. '軎'는 또 '轊'(차축 끝 예; wèi)의 本字(본자)이기도 하다.

단어 ▶ 打击[dǎjī] 치다; 目击[mùjī] 목격하다; 出击[chūjī] 출격하 다

104 **鸡 [鷄] jī 닭 계**
[뜻] 닭

설명 ▶ 번체자 '鷄'의 俗字(속자) '鸡'를 취한 뒤,(≪宋元以來俗

字譜≫) 義符(의부) '鳥'(새 조; niǎo)를 '鸟'로 간화하였다. 초서를 正字化(정자화)한 것이다. '鸟'(鳥: 새 조; niǎo)部에 '又'를 따른다.

참고 ▶ 俗字 '鸡'는 '鷄'의 聲符(성부) '奚'(어찌 해; xī)를 '又'(또 우; yòu)로 기호화한 것이다. 번체자 '鷄'는 본래 닭의 모습을 본뜬 상형문자였으나, 후에 聲符(성부)로 '奚'를 더하고 자형이 변하면서, '鳥' 部에 '奚'聲(성)을 따르는 형성문자가 되었다. 異體字(이체자)로 '雞'가 있다.

단어 ▶ 鸡蛋[jīdàn] 계란; 母鸡[mǔjī] 어미닭

---

105 ┃ 积 [積] jī 쌓을 적
       [뜻] 쌓다, 쌓이다, 축적하다

설명 ▶ 번체자 '積'의 聲符(성부) '責'(꾸짖을 책; zé)을 '只'(다만 지; zhǐ)로 기호화하였다. '禾'(벼 화; hé)部에 '只'를 따른다. 형성문자이다.

참고 ▶ '積'의 '积'으로의 간화는 엄밀하게 말하면 借用(차용)한 것이다. '积'는 '지'(枳; zhǐ)로 읽으며, 뜻이 미상(未詳)인 글자이다. (≪字彙補≫: 积, 諸矢切, 音枳, 義闕) '積'과 '积'(지)는 성운학적으로 聲母(성모)가 유사하다는 점을 제외하면 공통점이 없다. 따라서 '积'가 어떤 연유로 '積'의 간화자가 되었는지는 분명하지 않다. 오직 '積'의 聲符(성부) '責'(꾸짖을 책; zé)을 '只'(다만 지; zhǐ)로 기호화하여 만든 형태가, 이미 존재하고 있던 '积'와 일치한 것으로 분석할 수 있을 뿐이다. 번체자 '積'은 '禾' 部에 '責'을 聲符(성부)로 취한 형성문자이다. 本義(본의)는 '곡식을 쌓다'이며, 引伸(인신)하여 '쌓다, 모으다'는 뜻을 지닌다.

단어 ▶ 积极[jījí] 적극적; 积攒[jīzǎn] 적립하다

极 [極] jí 길마 겁 [다할 극]
[뜻] 정점, 절정, 극, 끝, 다하다, 매우, 극히

설명▶ 번체자 '極'과 漢語拼音(한어병음)이 같은 '极'(겁)을 가차하였다. '极'은 '木'(나무 목; mù)部에 '及'(미칠 급; jí)을 따른다. 형성문자이다.

참고▶ '極'의 '极'으로의 간화는 번체자의 聲符(성부) '亟'(빠를 극; jí)을 漢語拼音(한어병음)이 같은 '及'(미칠 급; jí)으로 대체한 것으로 보이지만, 사실은 '极'을 假借(가차)한 것이다. '极'(겁)은 원래 '나귀 등에 짐을 싣기 위한 도구 = 길마(질메)'를 뜻하는 글자이다.

단어▶ 消极[xiāojí] 소극적; 极端[jíduān] 극단

际 [際] jì 사이 제
[뜻] 가, 가장자리, 사이, 즈음, 때, 교제하다

설명▶ 번체자 '際'의 聲符(성부) '祭'(제사 제; jì)를 '示'(보일 시; shì)로 간화하였다. '际'는 'ß'(阜: 언덕 부; fù)部에 '示'를 따른다.

참고▶ '祭'(제사 제; jì)는 '示'部에 '⺼'(月: 肉: 고기 육; ròu)과 '又'(또 우; yòu. 손을 의미함)를 따른다. '고기(⺼)를 손(又)으로 잡고 귀신(示)에게 드리다'는 뜻으로, 會意文字(회의문자)이다. 번체자 '際'는 'ß'(阜)部에 '祭聲(성)을 따르는 형성문자로, '담장(ß:阜)이 교차하는 곳'이라는 뜻이다. 引伸(인신)하여 '인접하다, 맞닿다, 가장자리, 끝부분, 사이, 때' 등을 의미한다.

단어▶ 国际[guójì] 국제; 边际[biānjì] 경계

108	继 [繼] jì 이을 계
	[뜻] 잇다, 계속하다

설명 ▶ 번체자 '繼'의 俗字(속자) '継'(≪廣韻≫)를 취한 뒤, 義符
(의부) '糸'(실 사; sī)를 '纟'로 간화하였다. 속자 '継'는 번체자
'繼'의 聲符(성부) '䜌'(이을 계; jì)를 'ㄴ'(숨을 은; yǐn)과 '米'
(쌀 미; mǐ)로 바꾼 것이다. 초서를 正字化(정자화)한 것이다. 간
화자 '继'는 '纟'部에 'ㄴ'과 '米'를 따른다.

참고 ▶ 번체자 '繼'의 聲符(성부) '䜌'는 '繼'의 本字(본자)이다.
'幺'(먹줄 튀길, 이을 병; bēng)을 중첩한 형태이다.

단어 ▶ 继续[jìxù] 계속하다; 夜以继日[yèyǐjìrì] 밤낮으로 계속
하다

109	家 [傢] jiā 집 가 [세간살이 가]
	[뜻] 집, 가정, 학파, 사람, 양사(단위), 길들다

설명 ▶ 번체자 '傢'의 聲符(성부) 글자 '家'로 통일하고, 번체자의
뜻을 더하였다. '家'는 '宀'(집 면; mián)部에 '豕'(돼지 시; shǐ)를
따른다. 자체로는 會意文字(회의문자)이다.

참고 ▶ '家'는 옛날, '집'(宀) 아래층엔 가축을 기르고, 사람들은
위층에 거주하게 되었는데, '家'는 바로 이 모습을 본떠 만든 글
자라고 한다. 지금도 중국 남방 시골에 가면, 이러한 형태의 집들
을 볼 수 있다. '家'는 또 形聲文字(형성문자)라고도 하였다. '家'
의 발음이 '가'(jiā)인 것은, '家'의 聲符(성부) '豕'가 '豭'(수퇘지
가; jiā)의 생략으로 여겼기 때문이다.(≪說文≫: 家, 从宀豭聲)
번체자 '傢'는 '亻'(人)部에 '家'聲(성)의 형성문자이다. '살림살이
도구'를 뜻한다. '家具'(jiājù; 가구), '家伙'(jiāhuo; 녀석, 공구),
'家什'(jiāshi; 집기)의 '家'는 모두 '傢'의 뜻이다.

단어 ▶ 家庭[jiātíng] 가정; 家人[jiārén] 한 가족

---

110 价 [價] jià, jiè 착할 개 [값 가]
[뜻] 값, 가치

설명 ▶ '价'(착할 개; jiè)와 '價'(값 가; jià)는 완전히 다른 글자였으나, 발음이 비슷하여 '价'를 借用(차용)한 것으로 보인다. '价'는 '亻'(人: 사람 인; rén)部에 '介'(끼일 개; jiè)를 따른다. 形聲(형성) 겸 회의문자로, 본뜻은 '갑옷(介)을 입은 사람(人)'이다. 引伸(인신)하여 '착하다, 크다'는 뜻을 갖는다.

참고 ▶ '价'는 원래 '개'(jiè; 古拜切)로 읽히며, '착하다'(善), '갑옷'(甲), '크다'(大), '소개하다'(侶介), '심부름꾼' 등을 뜻하는 글자였다. 번체자 '價'(가; jià; 古訝切)는 '亻'(人)部에 '賈'(장사 고; gǔ, jiǎ)를 따르는 형성문자로, '값'[價値], '명성'[聲望] 등을 뜻하는 글자이다.

단어 ▶ 价格[jiàgé] 가격; 物价[wùjià] 물가

---

111 艰 [艱] jiān 어려울 간
[뜻] 어렵다, 힘들다

설명 ▶ 번체자 '艱'의 俗字(속자)이다.(≪宋元以來俗字譜≫) 번체자의 形符(형부) '堇'("堇: 찰흙/제비꽃 근; jǐn"의 이형태)을 '又'(또 우; yòu)로 기호화하였다. '艮'(멈출 간; gèn, gěn, hén)部에 '又'를 따른다.

참고 ▶ 번체자 '艱'은 '堇'("堇")에 '艮'을 聲符(성부)로 취한 形聲文字(형성문자)이다. '진흙(堇: 堇)은 다루기 힘들다'는 의미로, '어렵다, 곤란하다'를 뜻한다. '艱'의 聲符(성부) '堇'은 '堇'의 이형태

(異形態)이다.(128 '仅[僅]' 참조)

艰难[jiānnán] 곤란하다; 艰苦[jiānkǔ] 고달프다

112 　殱 [殲] jiān 다죽일 섬
　　　 [뜻] 다 죽이다, 섬멸하다

설명 번체자 '殲'의 聲符(성부) '韱'(산부추 섬; xiǎn)을 同韻(동운)인 '千'(천; qiān)으로 대체하였다. '歹'(부셔진 뼈 알; è)部에 '千'을 따른다. '모두(千) 죽이다(歹)'는 개념을 형상화한 會意(회의) 겸 形聲文字(형성문자)로 볼 수 있다.

참고 번체자 '殲'은 '歹'部에 '韱'을 따르는 형성문자이다. '멸하다(滅)'는 뜻이다.

단어 殱灭[jiānmiè] 섬멸하다; 围殱[wéijiān] 포위하여 섬멸하다

113 　茧 [繭] jiǎn 고치 견
　　　 [뜻] 고치

설명 번체자 '繭'과 漢語拼音(한어병음)이 같은 '茧'(풀이름 충; jiǎn)을 가차하였다. '艹'(艸: 풀 초; cǎo)部에 '虫'(벌레 충; chóng)을 따른다.

참고 간화자 '茧'은 '繭'에서 '艹'(艸)와 '虫'을 제외한 나머지 부분을 모두 생략하여 간화한 것으로 보이지만, 사실은 전혀 다른 글자를 가차한 것이다. '茧'은 본래 '충'(chóng)으로 발음하며, '풀이름'(≪集韻≫), '풀이 시들다'(≪玉篇≫)는 뜻을 지닌 글자이다. 이제 '繭'의 간화자가 되어 '누에고치'라는 뜻으로 쓰인다. 번체자 '繭'은 '糸'部에 '虫'과 '芇'(상당할 면; mián)을 따르는 會

意文字(회의문자)이다. '누에(虫)가 실(糸)을 뽑아 집(고치: 芇)
을 짓다'는 의미이다.

단어 ▸ 蚕茧[cánjiǎn] 누에고치; 茧子[jiǎnzi] 누에고치, 굳은살

---

114 拣 [揀] jiǎn 가릴 간
[뜻] 가리다, 고르다, 뽑다, 간택하다

설명 ▸ 번체자 '揀'의 초서체를 正字化(정자화)하였다. '揀'의 聲
符(성부) '柬'(가릴 간; jiǎn)을 '东'으로 바꾸었다. 'オ'(手: 손 수;
shǒu)部에 '东'을 따른다.

참고 ▸ 편방에 사용된 '柬'은 대체로 '东'으로 간화하였다. 초서체
를 正字化한 것이다. '东'은 일견 '東'(동녘 동; dōng)의 간화자
'东'과 비슷하게 보이나, 형태가 다름에 유의해야 한다. 가운데의
세로획이 한번 꺾이는 형태(亅)이다. 번체자 '揀'은 '柬'이 本字(본
자)이다. 후에 '고르다'는 의미를 부각시키기 위하여 義符(의부)
로 'オ'(手)를 더하여 '揀'이 되었다. '柬'은 '분별하여 고르다'는
뜻이다.

단어 ▸ 拣回[jiǎnhuí] 거두어들이다; 拣食[jiǎnshí] 골라먹다

---

115 硷 [鹼] jiǎn 소금기 감
[뜻] 염기, 알칼리, 소다

설명 ▸ 번체자 '鹼'의 義符(의부) '鹵'(소금 로; lǔ)를 '石'(돌 석;
shí)으로 대체하고, 聲符(성부) '僉'(고를 첨; qiān)을 '佥'으로 간
화하였다. 형성문자이다.

참고 ▸ '僉'(고를 첨; qiān)을 편방으로 쓰는 글자는 모두 '佥'으로
간화하였다. 초서체를 정자화한 것이다.(≪王羲之書法字典≫:

‘僉’→‘金’) 번체자 ‘鹼’은 ‘鹵’部에 ‘僉’을 따르며, 형성문자이다.
본뜻은 ‘간수[鹽鹵]’이다.

단어 碱土[jiǎntǔ] 알칼리성 토양(碱土); 碱性[jiǎnxìng] 알칼리성

---

116 舰 [艦] jiàn 싸움배 함
[뜻] 군함, 큰배

설명 번체자 ‘艦’의 聲符(성부) ‘監’(살필 감; jiān, jiàn)을 漢語拼音(한어병음)이 같고 뜻이 비슷한 ‘見’(볼 견; jiàn)으로 대체하였다. ‘舟’(배 주; zhōu)部에 ‘見’을 따른다. 여전히 형성문자이다.

참고 번체자 ‘艦’은 ‘舟’部에 ‘監’을 따르는 형성문자이다.

단어 舰艇[jiàntǐng] 함정

---

117 姜 [薑] jiāng 성 강 [생강 강]
[뜻] 성씨, 생강

설명 번체자 ‘薑’과 발음이 같은 ‘姜’을 假借(가차)하였다. ‘姜’은 ‘女’(여자 녀; nǚ)部에 ‘羊’(양 양; yáng)을 따른다. 형성문자이다. ‘姜’은 원래 ‘성씨(姓氏)’로 사용된 글자였으나, 이제 ‘생강’의 뜻이 더해졌다.

참고 번체자 ‘薑’은 ‘艹’(艸: 풀 초; cǎo)部에 ‘畺’(지경 강; jiāng)을 따르는 형성문자이다.

단어 姜片[jiāngpiàn] 생강편; 生姜[shēngjiāng] 생강

浆 [漿] jiāng 풀먹일 장
[뜻] 끈끈한 액체, 풀을 먹이다

설명 ▶ 번체자 '漿'의 小篆(소전: 통일 진대의 자형)인 '漿'을 취한 뒤, 초서체를 바탕으로 '爿'(널조각 장; qiáng)'을 '丬', '夕'(肉: 고기 육; ròu)을 '夕'(저녁 석; xī)으로 간화하였다. '浆'은 '水'(물 수; shuǐ)部에 '丬'과 '夕'을 따른다. 형성문자이다.

㋜ '浆' '桨'(jiǎng) '奖'(jiǎng) '酱'(jiàng) : 오른 쪽 상부는 '夕'을 따르며, '夕'이나 '爫'(손톱 조; zhuǎ)를 따르지 아니한다.(400 '将 [將]' 참조.)

참고 ▶ 간화자 '浆'은 일견 번체자 '漿'의 聲符(성부)인 '將'(거느릴 장; jiāng)을 초서체에 의거, '寸'(마디 촌; cùn)을 생략한 뒤, '爿'을 '丬', '夕'(肉)을 '夕'으로 바꾸어 간화한 것으로 보이나, 사실은 小篆(소전)인 '漿'을 취한 것이다. 小篆(소전)에는 아예 '寸'(마디 촌; cùn)이 없다. 번체자 '漿'은 '水'部에 '將'을 聲符(성부)로 취한 형성문자이고, 小篆인 '漿'은 또 '水'部에 '將'의 '寸' (마디 촌; cùn)의 생략 형태를 聲符(성부)로 취한 형성문자로, 본뜻은 '식초'이다.

단어 ▶ 豆浆[dòujiāng] 콩국; 岩浆[yánjiāng] 마그마; 浆洗 [jiāngxǐ] 세탁하여 풀을 먹이다

桨 [槳] jiǎng 상앗대 장
[뜻] 노(櫓)

설명 ▶ 번체자 '槳'의 소전(小篆: 통일 진대의 자형)을 취한 뒤, '爿'(널조각 장; qiáng)'을 '丬', '夕'(肉: 고기 육; ròu)을 '夕'(저녁 석; xī)으로 간화한 것으로 보인다.(118 '浆[漿]' 및 400 '将[將]' 참조) '桨'은 '木'(나무 목; mù)部에 '丬'과 '夕'을 따른다. 형성문

자이다.

참고▶ 번체자 '槳'은 '木'部에 '將'(거느릴 장; jiāng)을 聲符(성부)로 취한 형성문자이다. '상앗대, 노'라는 뜻이다. '漿', '奬', '醬'과 달리, ≪說文≫에는 이 글자가 없다. 따라서 이 글자의 小篆(소전)의 자형도 보이지 않는다. 그러나 '漿', '奬', '醬'의 경우로 유추해보면, 역시 간화자 '桨'은 번체자 '槳'의 小篆(소전)을 취하여 다시 聲符(성부)의 '爿'을 '丬', '𠂊'을 '夕'으로 간화한 것으로 추정된다. '漿', '奬', '醬'의 小篆(소전)에는 아예 '寸'(마디 촌; cùn)이 없다.

단어▶ 船桨[chuánjiǎng] 노; 木桨[mùjiǎng] 나무로 만든 노

120 奖 [獎] jiǎng 표창할 장

[뜻] 상, 칭찬하다, 장려하다

설명▶ 번체자 '獎'의 소전(小篆: 통일 진대의 자형)인 '奬'을 취한 뒤, 초서체를 바탕으로 '爿'(널조각 장; qiáng)'을 '丬', '𠂊'(肉: 고기 육; ròu)을 '夕'(저녁 석; xī)으로 간화하고, 義符(의부) '犬'(개 견; quǎn)을 '大'(큰 대; dà)로 바꾸었다. '奖'은 '大' 部에 '丬'과 '夕'을 따른다. 形聲文字(형성문자)이다.(118 '浆[漿]' 및 400 '将[將]' 참조.)

참고▶ 번체자인 楷書(해서) '獎'은 '犬'(개 견; quǎn)部에 聲符(성부) '將'(거느릴 장; jiāng)을 취한 형성문자이다. 간화자 '奖'은 일견 번체자 '獎'의 聲符(성부) '將'에서 '寸'(마디 촌; cùn)을 생략한 뒤, '爿'과 '𠂊'을 '丬'과 '夕'으로 대체하고 義符(의부) '犬'(개 견; quǎn)을 '大'(큰 대; dà)로 바꾸어 간화한 것으로 보이나, 사실은 小篆(소전)인 '奬'을 취한 것이다. 小篆(소전)에는 아예 '寸'(마디 촌; cùn)이 없다.

단어▶ 奖励[jiǎnglì] 장려하다, 권장하다; 奖品[jiǎngpǐn] 상품

讲 [講] jiǎng 익힐 강

[뜻] 말하다, 논하다, 설명하다, 해설하다, 의논하다,
협의하다, 중시하다

설명 ▶ 번체자 '講'의 聲符(성부) '冓'(짤 구; gòu; 옛음 강)를 형
태와 발음을 고려하여 '井'(우물 정; jǐng)으로 대체하고, 義符(의
부) '言'(말씀 언; yán)을 'ⅰ'으로 간화하여 새로운 形聲文字(형
성문자)를 이루었다. 'ⅰ'部에 '井'을 따른다.

참고 ▶ 번체자 '講'은 '말(言)을 짜다(冓)'는 의미로, '조리있게 풀
이하다'는 뜻이다. 會意文字(회의문자)로 보인다. ≪說文≫에는
"講, 从言, 冓聲.('言'을 따르며, '冓'聲이다.)"이라 하여 형성문자
라고 하였다.

단어 ▶ 讲究[jiǎngjiu] 중시하다; 讲课[jiǎngkè] 강의하다

酱 [醬] jiàng 젓갈 장

[뜻] 된장, 장(식품), 잼, 절이다

설명 ▶ 번체자 '醬'의 小篆(소전: 통일 진대의 자형)인 '醬'을 취한
뒤, 초서체를 바탕으로 '爿'(널조각 장; qiáng)'을 'ㅓ', '夕'(月: 肉:
고기 육; ròu)을 '夕'(저녁 석; xī)으로 간화하였다. '酱'은 '酉'(닭
유; yǒu)部에 'ㅓ'과 '夕'을 따른다. 형성문자이다. (118 '浆[漿]'
및 400 '将[將]' 참조.)

참고 ▶ 번체자인 楷書(해서) '醬'은 '酉'部에 '將'(거느릴 장;
jiāng)을 聲符(성부)로 취한 형성문자이다. 그러나 이 글자의 전
신인 小篆(소전)을 보면, 자형이 '醬'으로, 義符(의부) '肉'과 '酉'
에 聲符(성부) '爿'이 결합된 형성문자이다. '고기(肉)를 잘게 저
며 담근 장(酉)'이란 뜻으로, 本義(본의)는 '젓갈'(醢: 해, hǎi)이

다. 일견 간화자 '酱'은 번체자 '醬'의 聲符(성부) '將'에서 '寸'(마디 촌; cùn)을 생략한 뒤, '爿'(널조각 장; qiáng)을 'ㅓ'으로, '夕'(肉)을 '夕'으로 간화한 것으로 보이나, 사실은 고체(古體)인 小篆(소전)을 취한 것이다. 小篆에는 아예 '寸'(마디 촌; cùn)이 없다. '酉'는 원래 '술을 담그는 항아리'를 본뜬 상형문자로, '술'과 관계가 많다. 간장류 또한 병에 넣어 보관한다는 의미로 이 글자를 義符(의부)로 삼았다. '酉'가 십이지(十二支)의 하나로 '닭'을 뜻하는 것은 假借義(가차의)이다.

단어 酱油[jiàngyóu] 간장; 大酱[dàjiàng] 된장; 豆酱[dòujiàng] 된장

---

123 胶 [膠] jiāo 만날 교 [아교 교]
[뜻] 아교, 고무, 풀로 붙이다, 접착하다

설명 번체자 '膠'와 발음이 같은 '胶'를 가차하였다. '月'(달 월; yuè)部에 '交'(사귈 교; jiāo)를 따른다. 形聲文字(형성문자)이다.

참고 '胶'는 원래 '해와 달이 서로 만나다'(교; jiāo)와 '소리, 정강이뼈'(효; xiáo)를 뜻하는 多音字(다음자)이다. '膠'의 聲符(성부) '翏'(높이 날 료; liù)를 글자 전체의 발음과 같은 '交'로 대체한 형태와 같아, 이를 가차한 것이다. 번체자 '膠'는 '月'(肉: 고기 육; ròu)部에 '翏'를 聲符(성부)로 취한 형성문자이다. 동물의 껍질을 녹여 만든 접착물인 연유로, 특별히 '月'(肉)을 義符(의부)로 취하였다.

단어 胶水[jiāoshuǐ] 풀; 橡胶[xiàngjiāo] 고무

124	阶 [階] jiē 섬돌 계

[뜻] 섬돌, 층계, 계단, 단계, 등급

설명 ▸ 번체자 '階'의 聲符(성부) '皆'(모두 개; jiē)를 同音字(동음자)인 '介'(끼일 개; jiè)로 대체하였다. 'ß'(阜: 언덕 부; fù)部에 '介'를 따른다. 형성문자이다.

참고 ▸ 번체자 '階'는 'ß'(阜)部에 '皆'를 聲符로 취한 형성문자이다. '섬돌, 계단'이 본뜻이다.

단어 ▸ 阶段[jiēduàn] 단계; 台阶[táijiē] 층계

125	疖 [癤] jiē 부스럼 절

[뜻] 부스럼, 종기

설명 ▸ 번체자 '癤'의 聲符(성부) '節'(마디 절; jié)에서 'ㅓ'(부절(符節) 절; jié)을 취하여 聲符(성부)로 삼았다. '疒'(병들어 기댈 녁; nè)部에 'ㅓ'을 따른다. 여전히 형성문자이다.

참고 ▸ 번체자 '癤'은 '疒'部에 '節'을 따르는 형성문자이다. '疒'(녁; nè)은 '병들어 기대다'는 뜻으로, '병들다, 아프다'는 뜻을 나타낸다.

단어 ▸ 疖子[jiēzi] 부스럼

126	洁 [潔] jié 맑을 결

[뜻] 깨끗하다, 순결하다, 결백하다

설명 ▸ 번체자 '潔'의 聲符(성부) '絜'(맑을 결 jié)을 발음이 비슷한 '吉'(길할 길; jí)로 대체하였다. 'ǐ'(水: 물 수; shuǐ)部에 '吉'을 따른다. 형성문자이다.

참고 ▸ 번체자 '潔'은 'ǐ'(水)部에 '絜'을 聲符로 취한 형성문자이

다. '맑다'가 本義(본의)이다. '潔'의 聲符(성부) '絜'은 '맑을 결'(jié), '헤아릴 혈'(xié)의 多音字(다음자)이다.

단어 ▸ 清洁[qīngjié] 청결하다; 洁白[jiébái] 결백하다, 새하얗다; 纯洁[chúnjié] 순결하다

---

127 借 [藉] jiè, [jí] 빌릴 차 [깔개 자]
[뜻] 빌리다, 핑계를 대다, …에 기대다

설명 ▸ 번체자 '藉'와 漢語拼音(한어병음)이 같고 뜻이 겹쳐 '借'로 가차하였다. '借'는 '人'(사람 인; rén)部에 '昔'(예 석; xī)을 따른다. 형성문자이다. '빌리다'가 本義(본의)이다.

㊟ '藉口'(jièkǒu; 핑계 대다), '凭藉'(píngjí; 의지하다)의 '藉'는 '借'로 간화하며, '慰藉'(wèijiè; 위로하다), '狼藉'(lángjí: 낭자하다) 등의 '藉'는 여전히 '藉'로 쓴다.

참고 ▸ 번체자 '藉'는 '⺿'(艸: 풀 초;)部에 '耤'(밭갈 적; jí, jiè)을 따르는 會意文字(회의문자)이다. 본의는 '자리, 깔개'이다. 인신하여 '받치다. 기대다, 의지하다, 빌리다'는 뜻을 지닌다. '藉'는 多音字(다음자)이다. '깔개, 자리, 받치다'(jiè)와 '짓밟다, 난잡하다'(jí)는 뜻을 지닌다. 이 가운데 '빌리다, 기대다, 힘입다'는 뜻으로 사용되는 경우, '借'로 간화한다.

단어 ▸ 借口[jièkǒu] 구실로 삼다, 핑계대다; 凭借[píngjiè] …에 의지하다

---

128 仅 [僅] jǐn, jìn 겨우 근
[뜻] (jǐn) 겨우, 가까스로, 다만, 뿐; (jìn) 거의, 대체로

설명 ▸ 번체자 '僅'의 聲符(성부) '堇'(찰흙 근; jǐn)을 '又'(또 우; yòu)로 기호화하였다. '亻'(人: 사람 인; rén)部에 '又'를 따른다.

참고 ▶ '菫'은 '찰흙 근'(qín), '제비꽃/조금 근'(jǐn), '약초이름 근'
(jìn)의 多音字(다음자)이다. 번체자 '僅'은 'イ'(人)部에 '菫'을
따르는 형성문자이다. 본뜻은 '겨우'이나, 후에 '단지, 다만'으로
확대되었다.

단어 ▶ 仅仅[jǐnjǐn] 단지; 仅有[jǐnyǒu] 단지…뿐

---

129 │ 惊 [驚] jīng 놀랄 경
      [뜻] 놀라다, 두려워하다, 놀라게 하다

설명 ▶ 번체자 '驚'의 발음을 따라 '京'(서울 경; jīng)을 聲符(성
부)로 취하고, 뜻을 따라 'イ'(心: 마음 심; xīn)을 義符(의부)로
취하였다. '心' 部에 '京'을 따른다. 形聲文字(형성문자)이다.

참고 ▶ 번체자 '驚'은 '馬'(말 마; mǎ)部에 '敬'(공경할 경; jìng)을
따르는 형성문자이다. 本義(본의)는 '말이 놀라다'이다.

단어 ▶ 惊讶[jīngyà] 의아스럽다; 吃惊[chījīng] 놀라다

---

130 │ 竞 [競] jìng 겨룰 경
      [뜻] 겨루다, 다투다, 세차다

설명 ▶ 번체자 '競'의 한쪽 편방을 생략하였다. '竞'은 '立'(설 립;
lì)部에 '兄'(맏 형; xiōng)을 따른다. 形聲文字(형성문자)이다.

참고 ▶ 번체자 '競'은 두 사람이 각축을 벌이는 모습을 형상화한
글자이다. '경쟁하다, 겨루다'는 뜻으로, 會意文字(회의문자)라고
하였다.(≪漢字源流字典≫)

단어 ▶ 竞争[jìngzhēng] 경쟁하다; 竞赛[jìngsài] 시합하다

旧 [舊] jiù 옛 구
[뜻] 옛날, 지난, 오래 되다, 헐다, 오랜 벗

설명 ▸ 번체자 '舊'의 俗字(속자)이다.(≪宋元以來俗字譜≫) '舊'
의 義符(의부) '臼'(절구 구; jiù)의 속자인 '旧'를 假借(가차)한
것이다. '日'(날 일; rì)部에 'ㅣ'(뚫을 곤; gǔn)을 따른다.

참고 ▸ 번체자 '舊'는 '臼'(절구 구; jiù)部에 '萑'(수리부엉이 환;
huán)을 따르며, 형성문자이다. '臼'가 聲符(성부)를 겸한다. '수
리부엉이'(猫頭鷹)가 본뜻이며, 引伸(인신)하여 '오래되다'는 뜻
을 지닌다. '旧'가 '舊'의 俗字(속자)를 거쳐 다시 간화자가 된 과
정은 비교적 복잡하다. 다음과 같이 유추한다. 번체자 '舊'의 本字
(본자)는 '萑'이다. 수리부엉이(萑)가 다른 새둥지[臼]의 새끼를
잡아먹는 속성을 구체화하기 위해 金文(금문)에 이르러, 義符(의
부) 겸 聲符(성부)로 '臼'를 부가하면서 '舊'의 형태를 이루었다.
(≪漢字源流字典≫) 간화자 '旧'는 번체자 '舊'에서 '臼'만을 취한
뒤, 다시 '臼'의 속자 '旧'를 취한 것이다. '舅'(외삼촌 구; jiù) 역
시 부분적으로 속자로 '旧'를 쓴 경우가 있다. 이 외에 또 '兒'(아
이 아; ér)의 속자를 '児'로 썼다. 이로부터 보면, '旧'는 '臼'의 속
자가 분명하며, '舊'의 속자와 간화자 '旧'는 바로 이를 가차한 것
이다.

단어 ▸ 旧书[jiùshū] 고서; 怀旧[huáijiù] 회고하다

剧 [劇] jù 연극 극
[뜻] 연극, 극, 심하다, 거세다

설명 ▸ 번체자 '劇'의 聲符(성부) '豦'(원숭이 거; jù)를 同音(동
음)의 '居'(살 거; jū)로 대체하였다. 'ㅣ'(刀: 칼 도; dāo)部에
'居'를 따른다. 형성문자이다.

참고 ▶ '劇'의 本義(본의)는 '심하다, 맹렬하다'이다. 이러한 뜻을 가진 글자로 ≪說文≫에는 '勮'(힘쓸 거; jù)가 있다. '劇'(극)은 아마도 이 '勮'(거)에서 '力'(힘 력; lì)이 잘못 '刀(刂)'로 와전된 것이 아닌가 추정한다.(≪說文解字注≫) 후에 뜻이 '희롱하다, 희극' 등으로 확대되었다.

단어 ▶ 话剧[huàjù] 연극; 剧本[jùběn] 극본; 编剧[biānjù] 각본

---

133 **据 [據] jù, jū 웅거할 거**
    [뜻] 의거하다, 기대다, 점거하다, 근거하다, 증거

설명 ▶ 번체자 '據'와 동음자인 '据'를 가차하였다. '據'의 聲符(성부) '豦'(원숭이 거; jù)를 同音(동음)의 '居'(살 거; jū)로 대체한 형태로, 자형이 일치하여 차용한 것이다. '扌'(手: 손 수; shǒu)部에 '居'를 따른다. 형성문자이다.

참고 ▶ '据'와 '據'는 본래 다른 글자이다. '据'는 '扌'(手)部에 '居'를 따르는 형성문자로, '궁핍하다'[拮据]는 뜻이다. 번체자 '據'는 '扌'(手)部에 '豦'(원숭이 거; jù)를 따르는 형성문자이다. '의지하다', '처하다, 점거하다', '증거' 등을 뜻한다.

단어 ▶ 根据[gēnjù] 근거하다; 据说[jùshuō] …에 따라 말하면, 拮据[jiéjū] 궁핍하다

---

134 **惧 [懼] jù 두려워할 구**
    [뜻] 두려워하다, 무서워하다, 겁내다

설명 ▶ 번체자 '懼'의 聲符(성부) '瞿'(놀라서 볼 구; jù)를 동음자인 '具'(갖출 구; jù)로 대체하였다. '忄'(心: 마음 심; xīn)部에 '具'를 따른다. 형성문자이다.

참고 ▶ '懼'의 聲符(성부)인 '瞿'는 또 성씨로 사용되어 '구'(qú)로 읽힌다. 번체자 '懼'는 '忄'(心)部에 '瞿'聲(성)의 형성문자이다. '瞿'가 뜻을 겸한다. '경계하는 측면에서 두려워하다'는 뜻이다. '恐懼'는 互訓(호훈)하지만, '당황하여 두려워하다'는 뜻의 '恐' (두려워할 공; kǒng)과 구별된다.

단어 ▶ 恐惧[kǒngjù] 두려워하다; 惧怕[jùpà] 겁내다

135	**卷 [捲] juǎn, juàn 책 권 [거둘 권]** [뜻] (juǎn) 말다, 말아 올리다, 감다, 두루마리; (juàn) 두루마리 그림, 문서, 책, 권(양사)

설명 ▶ 번체자 '捲'의 聲符(성부) 글자 '卷'으로 통일하였다. '卷' 은 '㔾'(卩: 부절 절; jié)部에 '龹'(关: 뭉칠 단; tuán)을 따른다. 형성문자이다.

참고 ▶ '关'은 '摶'(뭉칠, 둘둘 말 단; tuán)의 本字(본자)이다.(≪漢字源流字典≫) 번체자 '捲'은 '扌'(手: 손 수; juǎn)部에 '卷'을 따르는 형성문자이다. '손으로 말다', 또는 '원통으로 말은 물건' 이란 뜻이다.

단어 ▶ 席卷[xíjuǎn] 석권하다; 卷起[juǎnqǐ] 말아올리다; 卷宗 [juànzōng] 문서 试卷[shìjuàn] 시험지

K

136	**开 [開] kāi 열 개** [뜻] 열다, 시작하다, 켜다, 피다, 운전하다, 출발하다, 분리되다

설명 ▶ 번체자 '開'의 義符(의부) '門'(문 문; mén)을 생략하였다.

'开'는 '廾'(받들 공; gǒng)部에 '一'을 따른다.

참고 '開'는 원래 '門'(빗장 산; shuān)에 '廾'(받들 공; gǒng)을 더하여 만든 會意文字(회의문자)이다. '잠긴 문(門)의 빗장(一)을 두 손(廾)으로 들어 올리다'는 뜻이다.

단어 开始[kāishǐ] 시작되다; 开心[kāixīn] 기쁘다

---

137 克 [剋] kè 이길 극 [깍일 극]

[뜻] 극복하다, 감당하다, 이기다, 함락하다, 할 수 있다, 소화하다, 삭감하다, 그램(g)

설명 번체자 '剋'의 聲符(성부) 글자 '克'으로 통일하였다. '克'은 '儿'(어진사람 인; rén)部에 '十'과 '口'를 따른다. 갑골문은 '투구를 쓴 모습'을 본뜬 모양으로, '전쟁에서 이기다'는 뜻이다. 會意文字(회의문자)라고 하였다.(≪漢字形義分析字典≫)

참고 '克'은 본래 '집 안에서 나무를 깎는 모습'이라고도 하였고,(≪說文≫), 또 '투구를 쓴 모습'이라고도 하였다.(≪增訂殷墟書契考釋≫) 번체자 '剋'은 '刂'(刀: 칼 도; dāo)部에 '克'을 따르는 형성문자이다. '한계를 지키다'는 뜻으로, '剋期'(기한을 굳게 지킴)라는 단어를 이룬다.

단어 克服[kèfú] 극복하다; 克星[kèxīng] 상극, 천적

---

138 垦 [墾] kěn 밭갈 간

[뜻] 개간하다, (밭을)갈다, 일구다

설명 '垦'을 가차하였다. 번체자 '墾'의 聲符(성부) '豤'(돼지가 물 곤; kūn)에서 편방 '豸'(척추 긴 짐승 치; zhì)를 생략한 형태와 같다. '土'(흙 토; tǔ)部에 '艮'(멈출 간; gěn)을 따른다. 形聲

文字(형성문자)이다.

참고 ▶ '垦'은 본래 '垠'(땅경계 은, yín; 밭둑 간, kèn)의 異體字(이체자)이다.(《集韻》) '墾'에서 '豸'(척추 긴 짐승 치; zhì)를 생략한 형태와 같아, '墾'의 간화자로 차용하였다. 번체자 '墾'은 '土' 部에 '豤'聲(성)을 따르는 형성문자이다. '황무지를 갈다, 개간하다'는 뜻이다.

단어 ▶ 开垦[kāikěn] 개간하다; 垦辟[kěnpì] 개척하다

139	**恳 [懇] kěn 지성스러울 간**
	[뜻] 간절하다, 정성스럽다, 간청하다

설명 ▶ 번체자 '懇'의 聲符(성부) '豤'(돼지가 물 곤; kūn)에서 편방 '豸'(척추 긴 짐승 치; zhì)를 생략하였다. '心'(마음 심; xīn) 部에 '艮'(멈출 간; gèn)을 따른다. 形聲文字(형성문자)이다. (138 '垦[墾]' 참조.)

참고 ▶ 번체자 '懇'은 '心' 部에 '豤'聲(성)을 따르는 형성문자이다.

단어 ▶ 恳切[kěnqiè] 간절하다; 恳求[kěnqiú] 간청하다

140	**夸 [誇] kuā 자랑할 과**
	[뜻] 자랑하다, 칭찬하다, 과장하다, 사치하다, 허풍떨다, 지나치다

설명 ▶ 번체자 '誇'의 聲符(성부) 글자 '夸'로 통일하였다. '夸'(과; kuā)는 '大' 部에 '亏'(어조사 우; yú)를 따른다. 會意(회의) 겸 形聲文字(형성문자)이다. 본의는 '(음악 소리) 크다'이며, '과장하다, 사치하다'는 뜻으로 引伸(인신)되었다.

참고 ▶ '亏'는 본래 '于'(어조사 우; yú)의 本字(본자)이다. 번체자

'誇'는 '言' 部에 '夸'를 따르는 형성문자이다. '夸'는 뜻을 겸한다. '말을 크게하다, 자랑하다'는 뜻이다.

단어 ▶ 夸张[kuāzhāng] 과장하다; 夸口[kuākǒu] 허풍떨다; 夸奖 [kuājiǎng] 칭찬하다

---

141 | **块 [塊] kuài 흙덩이 괴**
[뜻] 덩이, 덩어리, 조각, 화폐단위 '元'(口語)

설명 ▶ 번체자 '塊'의 聲符(성부) '鬼'(귀신 귀; guǐ)를 '塊'와 同韻字(동운자인 '夬'(터놓을 쾌; guài)로 대체하였다. '土'(흙 토; tǔ)部에 '夬'를 따르는 형성문자가 되었다.

참고 ▶ 번체자 '塊'는 '土'에 '鬼'를 따르는 형성 겸 회의문자로, 本字(본자)는 '凷'(흙덩이 괴; kuài)이다. '塊'는 바로 '凷'의 異體字(이체자)이다. '凷'는 '凵'(입벌릴 감; kǎn)에 '土'를 따르는 상형 겸 회의문자로, '흙덩이(土)가 구덩이(凵)에 놓여있는 모습'을 형상화하였다. '흙덩이'라는 뜻이다. 본자 '凷'에서 이체자 '塊'로 자형이 바뀌었다가, 이제 다시 '块'로 간화되었다.

단어 ▶ 石块[shíkuài] 돌; 块头[kuàitóu] 덩이, 덩치

---

142 | **亏 [虧] kuī 이지러질 휴**
[뜻] 이지러지다, 밑지다, 손해보다, 저버리다, 다행히

설명 ▶ 번체자 '虧'의 俗字(속자) '𠮿'(≪宋元以來俗字譜≫)를 다시 '亏'로 바꾸었다. '于'(어조사 우; yú)의 본자 '亐'를 차용한 것이다. '一' 部에 '丂'(공기 피어날 고; kǎo)를 따른다. 象形文字(상형문자)이다.

참고 ▶ '虧'의 속자 '𠮿'는 '虧'의 편방 '雐'(새 이름 호; hū)를 생략한 것이다. '亐'와 '亏'는 同字(동자)이며, 모두 '于'의 本字(본자)

이다. 象形文字(상형문자)로서, 공기가 천천히 피어오르는 모습을 본뜬 글자이다. 또 '丂'는 '考'(상고할 고; kǎo)의 본자, '巧'(공교로울 교; qiǎo)의 가차자, '亏'(우; yú)의 古字(고자)이기도 하다. 번체자 '虧'는 본래 '亏'에 '雇'를 聲符(성부)로 취한 형성문자이다. '이지러지다, 손실되다, 결손나다, 모자라다, 훼손하다, 밑지다' 등을 뜻한다. 오늘날 '虧'는 '虍'(호피무늬 호; hū)部에 '隹'(새 추; zhuī)와 '亏'(어조사 우; yú)를 따르는 형성문자이다.

단어 ▸ 幸亏[xìngkuī] 다행히; 多亏[duōkuī] 덕택이다; 亏损[kuīsǔn] 적자나다

---

143 | **困 [睏] kùn 곤란할 곤 [졸릴 곤]**
[뜻] 곤란하다, 난처하다, 지치다, 피곤하다, 졸리다

설명 ▸ 번체자 '睏'의 聲符(성부) 글자 '困'으로 통일하였다. '困'은 '囗'(둘레 위; wéi)部에 '木'(나무 목; mù)을 따른다. 會意文字(회의문자)이다.

참고 ▸ '囗'는 多音字(다음자)로서, '나라 국'(guó)과 '圍'(둘러쌀 위; wéi)의 古字(고자)이다. 번체자 '睏'은 '目'(눈 목; mù)에 '困'을 따르는 형성문자로, '피곤하다'는 뜻이다.

단어 ▸ 犯困[fànkùn] 졸리다; 困难[kùnnan] 곤란하다

---

144 | **腊 [臘] là 섣달 랍**
[뜻] (là) 음력 섣달(12월), 납일, 납제

설명 ▸ '腊'(포 석; xī)을 차용하였다. '腊'은 번체자 '臘'의 聲符(성부) '巤'(머리털 렵; liē)을 기호화하여 '昔'(옛 석; xī)으로 대

체한 것과 형태가 같다. '月'(肉: 고기 육; ròu)部에 '昔'을 따른다.

참고 ▶ 간화자 '腊'은 원래 '석'(xī)으로 읽고 '말린 고기, 포'를 뜻하는 글자이나, 이제 '臘'의 간화자가 되었다. 번체자 '臘'은 '月'(肉: 고기 육; ròu)에 '巤'을 따르는 형성문자로, '그해 마지막 달에 뭇신들에게 올리는 제사'를 뜻한다.

단어 ▶ 腊月[làyuè] 섣달; 腊八[làbā] 납팔(음력12월8일; 부처의 득도일)

---

145 ┃ **蜡 [蠟] là 밀 랍**
[뜻] 밀랍, 양초

설명 ▶ '蜡'(납향제사 사; zhà)를 차용하였다. 번체자 '蠟'의 聲符(성부) '巤'(머리털 렵; liē)을 기호화하여 '昔'(옛 석; xī)으로 간화한 것과 형태가 같다. '虫'(벌레 충; chóng)部에 '昔'을 따른다. 벌꿀집의 '밀랍'을 뜻한다.

참고 ▶ 원래 '蜡'은 '구더기 저'(qù)와 '섣달에 지내는 제사, 곧 납향 사'(zhà)의 多音字(다음자)였으나, 이제 '蠟'(밀랍 랍; là)의 간화자로 사용된다. 번체자 '蠟'은 '虫'部에 '巤'을 따르는 形聲文字(형성문자)로서, '밀랍'이 본뜻이다. 引伸(인신)되어 '촛불'을 뜻한다.

단어 ▶ 蜡烛[làzhú] 양초; 点蜡[diǎnlà] 점촉하다; 蜡台[làtái] 촛대

---

146 ┃ **兰 [蘭] lán 난초 란**
[뜻] 난초, 목련

설명 ▶ 번체자 '蘭'의 초서체를 正字化(정자화)하였다.(≪書道大

字典≫) '八'(여덟 팔; bā)部에 '三'(석 삼; sān)을 따른다.

참고 번체자 '蘭'은 '艹'(艸: 풀 초; cǎo)에 '闌'(가로막을 란; lán)을 따르는 형성문자이다. '闌'은 원래 '가로막다'(lán)와 '문채 나다'(斓; làn)의 多音字(다음자)이다. '闌'을 편방으로 쓰는 글자 는 대개 '兰'으로 간화하였다.

단어 ► 兰花[lánhuā] 난꽃; 兰草[láncǎo] 난초

---

147 ━ 拦 [攔] lán 막을 란
　　　[뜻] 가로막다, 저지하다

설명 ► 번체자 '攔'의 聲符(성부) '闌'(가로막을 란; lán)을 동음자 인 '蘭'(난초 란; lán)의 간화자 '兰'으로 대체하였다. '扌'(手: 손 수; shǒu)部에 '兰'을 따른다. 形聲文字(형성문자)이다.

참고 ► 번체자 '攔'은 '扌'(手: 손 수; shǒu)에 '闌'을 따르는 형성 문자이다. (146 '兰[蘭]' 참조)

단어 ► 阻拦[zǔlán] 저지하다, 拦住[lánzhù] (꽉)잡다

---

148 ━ 栏 [欄] lán 난간 란
　　　[뜻] 난간, (가축)우리, 장애물, 판, 칸

설명 ► 번체자 '栏'의 聲符(성부) '闌'(가로막을 란; lán)을 '蘭'(난 초 란; lán)의 간화자인 '兰'으로 대체하였다. '木'(나무 목; mù) 部에 '兰'을 따른다. 形聲文字(형성문자)이다.

참고 ► 번체자 '欄'은 '木' 部에 '闌'을 따르는 형성문자이다. (146 '兰[蘭]' 참조)

단어 ► 栏杆[lángān] 난간; 栏目[lánmù] 항목, 난

149 烂 [爛] làn 문드러질 란
[뜻] 빛나다, 문드러지다, 썩다, 낡다, 망가지다

설명 ▶ 번체자 '爛'의 聲符(성부) '闌'(문채날 란; làn)을 '蘭'(난초 란; lán)의 간화자 '兰'으로 대체하였다. '火'(불 화; huǒ)部에 '兰'을 따른다. 形聲文字(형성문자)이다.

참고 ▶ 번체자 '爛'은 '火' 部에 '闌'聲(성)을 따르는 형성문자이다. '빛나다, 문드러지다'는 뜻이다. (146 '兰[蘭]' 참조)

단어 ▶ 灿烂[cànlàn] 찬란하다; 腐烂[fǔlàn] 문드러지다

150 累 [纍] lèi, lěi 쌓을 루 [묶을 류]
[뜻] (lèi) 힘들다, 피곤하다, 지치다; (lěi) 포개다, 쌓다, 연루되다, 거듭하다, 자주, 누차

설명 ▶ 번체자 '纍'와 同音(동음)의 '累'를 가차하였다. '累'는 '糸'(실 사; sī)部에 '田'(밭 전; tián)을 따른다. 形聲(형성) 겸 會意文字(회의문자)로, 실이 쌓인 모습을 형상화하였다.

참고 ▶ 번체자 '纍'와 '累'는 본래 각기 다른 글자이다. 번체자 '纍'는 '糸'에 '畾'(밭 갈피 뢰; léi)를 따르는 형성문자로, '밧줄'을 뜻한다. '갈피'란 일이나 사물의 갈래가 구별되는 어름을 말한다. '累'는 본래 '糸'와 '厽'(담 쌓을 루; lěi)를 따르는 형성 겸 회의문자로, '쌓다, 포개다'가 본뜻이다. '累'는 多音字(다음자)로서, '피곤하다'(lèi), '쌓이다'(lěi), '새끼줄, 묶다'(léi) 등의 뜻을 지닌다.

단어 ▶ 劳累[láolèi] 지치다; 积累[jīlěi] 쌓이다; 硕果累累 [shuòguǒlěilěi] 큰 과일이 주렁주렁 달리다

151   垒 [壘] lěi   쌓을 루 [보루 루]
[뜻] 진지, 보루, (야구)루, 쌓다

설명 번체자 '壘'와 同音(동음)의 뜻이 비슷한 '垒'를 가차하였다. '土'(흙 토; tǔ)部에 '厽'(담쌓을 루; lěi)를 따른다. 회의문자이다. '厽'가 소리를 겸한다.

참고 '垒'는 '흙벽돌을 쌓다'는 뜻이고, '壘'는 '보루, 성벽을 쌓다'는 뜻으로, 원래는 다른 글자였다. 서로 혼용하다가 漢代(한대)에는 '壘'만 썼다.(《說文》) 그러나 지금은 다시 '垒'를 취하여 간화자로 삼았다. 번체자 '壘'는 '土' 部에 '畾'(밭 갈피 뢰; léi)를 따르는 형성문자이다. '성채, 보루, 성벽을 쌓다'는 뜻이다.

단어 垒墙[lěiqiáng] 담을 쌓다

152   类 [類] lèi   무리 류
[뜻] 무리, 종류, 비슷하다

설명 번체자 '類'의 俗字(속자)이다.(《字彙補》) '類'의 좌편방을 취해 간화하면서, 아래 '犬'(개 견; quǎn)의 점[丶]을 없애어 '大'(큰 대; dà)로 간화하였다. '米'(쌀 미; mǐ)部에 '大'를 따른다. ㈜ 아래 부분은 '大'를 따르며, '犬'을 따르지 않는다.

참고 번체자 '類'는 오늘날 '頁'(머리 혈; yè)에 '米'와 '犬'을 따르나, 원래 이 글자는 '犬' 部에 '頪'(빠를 뢰; lèi)를 따른다. 형성문자로, '비슷하다, 종류'라는 뜻이다. '종류가 비슷한 것은 특히 개가 심하다'는 의미에서 '犬'을 따른다고 하였다.(《說文》)

단어 种类[zhǒnglèi] 종류; 类别[lèibié] 종류

153 ┃ 里 [裏] Ⅱ 마을 리 [속 리]
[뜻] 이웃, 마을, 리(거리단위), 가운데, 안

설명 ▶ 번체자 '裏'의 聲符(성부) 글자 '里'로 통일하였다. '里'는 '田'(밭 전; tián)과 '土'(흙 토; tǔ)로 이루어진 會意文字(회의문자)이다. 제 부수 '里'를 따른다. 밭(田)과 땅(土)이 있는 곳이 곧 '사람이 사는 곳'이라는 의미로, '마을'[鄕里]이 本義(본의)이다.

참고 ▶ 번체자 '裏'는 '衣'(옷 의; yī)에 '里'를 따르는 형성문자이다. '옷 안'이 본뜻이며, '裡'로 쓰기도 한다.

단어 ▶ 里面[lǐmiàn] 안쪽; 里外[lǐwài] 안팎

154 ┃ 礼 [禮] Ⅱ 예절 례
[뜻] 예, 예의, 예절, 예물, 의식

설명 ▶ 번체자 '禮'의 古字(고자)이다.(≪說文≫, ≪集韻≫) '礼'는 '示'(보일 시; shì)部에 'ㄴ'(숨을 은; yǐn)을 따른다. 會意文字(회의문자)이다.

참고 ▶ 번체자 '禮'는 '示'와 '豊'(풍성할 풍; fēng)으로 이루어진 회의문자로서, '귀신(示)에게 풍성하게(豊) 재물을 차려 복을 비다'는 뜻에서, '예의를 차리다'는 뜻으로 引伸(인신)되었다. '示'(보일 시; shì)는 '귀신'을 뜻하는 글자이다.

단어 ▶ 礼貌[lǐmào] 예의; 礼节[lǐjié] 예절

155 ┃ 隶 [隷] Ⅱ 노예 례
[뜻] 종, 노예, 속하다, 예속되다, 서체이름(예서)

설명 ▶ 번체자 '隷'의 聲符(성부) '柰'(능금나무 내; nài)를 생략하

고, 義符(의부) 글자 '肀'로 간화하였다. '肀'(미칠 이; yì)를 차용한 것이다. '肀'部를 따른다.

참고 ► '肀'(이; yì; 羊至切)는 원래 '손(크)으로 꼬리(氺)를 잡다'는 會意文字(회의문자)이다. 多音字(다음자)로서 '미치다(及)'(dài), '연한 나뭇가지'(yì), '여우'(dì) 등의 뜻을 지녔으나, 이제 '隷'의 간화자가 되면서, '隷'(례, lì)의 발음을 갖게 되었다. 번체자 '隷'는 '肀' 部에 '柰'를 聲符(성부)로 취한 形聲文字(형성문자)이다. '노예'가 본뜻으로, '예속하다, 딸리다'와 '隷書(예서)' 등을 뜻한다.

단어 ► 奴隶[núlì] 노예; 隶属[lìshǔ] 예속되다

┌───┐
│ 156 │ 帘 [簾] lián 발 렴   │
│   │ [뜻] 발, 커튼, 간판깃발   │
└───┘

설명 ► 번체자 '簾'과 동음인 '帘'으로 가차하였다. '巾'(수건 건; jīn)部에 '穴'(구멍 혈; xué)을 따른다. 會意文字(회의문자)이다.

참고 ► '帘'은 옛날 주막의 표시로 내건 깃발을 뜻하고, '簾'은 문 앞에 늘어뜨린 발을 뜻한다. 번체자 '簾'은 '竹'(대 죽; zhú)部에 '廉'(청렴할 렴; lián)을 따르는 형성문자이다.

단어 ► 窗帘[chuānglián] 발, 커튼; 布帘[bùlián] 커튼

┌───┐
│ 157 │ 联 [聯] lián 잇달 련   │
│   │ [뜻] 잇다, 이어지다, 연합하다, 관련되다, 대련 │
└───┘

설명 ► 번체자 '聯'의 俗字(속자)이다.(≪宋元以來俗字譜≫) '聯'의 聲符(성부) '絲'(북에 실 끼울 관; guān)을 '关'(빗장 관; guān)으로 간화하였다. '耳'(귀 이; ěr)部에 '关'을 따른다. 형성

문자이다.

참고 '关'은 '關'(빗장 관; guān)의 간화자이다. 이는 '關'의 약자 '関'에서 '門'을 생략한 형태이므로, '关'은 곧 '絲'의 간화형태인 셈이다. (082 '关[關]' 참조) 번체자 '聯'은 '耳'와 '絲'(관)을 따르는 회의문자이다. '끈으로(絲) 그릇 귀(耳: 손잡이)를 꿰다 (絲)'는 의미로, '잇다, 연결하다'는 뜻이다. '絲'은 '絲'(실 사; sī) 의 뜻이다.

단어 联系[liánxì] 연락하다; 联合国[Liánhéguó] 유엔, 국제 연합

---

158 怜 [憐] lián 불쌍할 련
[뜻] 불쌍히 여기다, 가련하다, 귀여워하다

설명 번체자 '憐'과 同字(동자)인 '怜'으로 통일하였다.(≪集韻≫) 사실은 가차한 것이다. '憐'의 聲符(성부) '粦'(도깨비불 린; lín)을 '令'(시킬 령; ling)으로 대체한 형태와 같다. '怜'은 '忄' (心: 마음 심; xīn)部에 '令'을 따른다. 형성문자이다.

참고 '憐'은 '怜'으로도 쓴다고 하였다.(≪集韻≫: 憐, 或作怜.) 그러나 '怜'은 원래 '영리할 영'(líng)으로, '憐'(가련할 련)과 다 른 글자였으나, 가차하여 '憐'의 간화자가 되었다. '영리하다'는 뜻은 또 '伶'(령; líng)으로 쓴다. 번체자 '憐'은 '忄'(心)部에 '粦' 을 따르며, 本義(본의)는 '슬퍼하다, 동정하다'이다.

단어 可怜[kělián] 가련하다; 怜惜[liánxī] 동정하다

---

159 炼 [煉] liàn 쇠불릴 련
[뜻] 달구다, 다듬다, 정련하다, 수련하다

설명 번체자 '煉'의 聲符(성부) '柬'(가릴 간; jiǎn)을 '东'으로 간

화하였다. 초서체를 정자화한 것이다. '火'(불 화; huǒ)部에 '东'
을 따른다.

참고 ▶ 번체자 '煉'은 '火'部에 '柬'을 따르는 형성문자이다. '야금
하다, 제련하다'는 뜻이다. 이체자로 '鍊'으로 썼다고도 하였다.
편방의 '柬'의 간화형태 '东'은 '東'(동녘 동; dōng)의 간화자 '东'
과 형태가 다르다. (114 '拣[揀]' 참조)

단어 ▶ 锤炼[chuíliàn] 단련하다

---

160 | **练 [練] liàn 익힐 련**
[뜻] 익히다, 연습하다, 단련하다

설명 ▶ 번체자 '練'의 聲符(성부) '柬'(가릴 간; jiǎn)을 '东'으로 간
화하고, 義符(의부) '糸'(실 사; sī)를 '纟'로 바꾸었다. 모두 초서
체를 정자화한 것이다. '纟'(糸: 실 사; sī)部에 '东'을 따른다.
(114 '拣[揀]' 참조.)

참고 ▶ 번체자 '練'은 '糸'部에 '柬'을 따르는 형성문자이다. 本義
(본의)는 '실이나 삼베 등을 삶아 부드럽고 희게 하다'는 뜻이다.
引伸(인신)되어 '반복하다, 숙련하다'는 뜻을 지닌다.

단어 ▶ 练习[liànxí] 연습하다; 练就[liànjiù] 연마하여 이루다

---

161 | **粮 [糧] liáng 양식 량**
[뜻] 양식, 곡식, 식량

설명 ▶ '糧'의 이체자를 채용한 것이다.(≪漢字形義分析字典≫)
번체자 '糧'의 聲符(성부) '量'(헤아릴 량; liàng, liáng)을 동음자
인 '良'(어질 량; liáng)으로 대체하였다. '米'(쌀 미; mǐ)部에 '良'
을 따른다. 형성문자이다.

참고 ▶ 번체자 '糧'은 '米' 部에 '量'을 따르는 형성문자이다. 本義(본의)는 '먼 길을 떠날 때 준비하는 말린 양식'을 의미하나, 넓은 의미의 '양식, 양곡'이란 뜻으로 확대되었다.

단어 ▶ 粮食[liángshi] 양식; 口粮[kǒuliáng] 식량

---

162 | 疗 [療] liáo 병고칠 료
[뜻] 치료하다, 고치다

설명 ▶ 번체자 '療'의 聲符(성부) '尞'(횃불 료; liáo)를 동음자(同音字)인 '了'(마칠 료; liǎo)로 대체하였다. '疒'(병들어 기댈 녁; nè)部에 '了'를 따른다. 형성문자이다.

참고 ▶ 번체자 '療'는 '疒'部에 '尞'를 따르는 형성문자이다. 本義(본의)는 '병을 고치다'는 뜻이다.

단어 ▶ 治疗[zhìliáo] 치료하다; 疗养[liáoyǎng] 요양하다

---

163 | 辽 [遼] liáo 멀 료
[뜻] 멀다, 아득하다

설명 ▶ 번체자 '遼'의 聲符(성부) '尞'(횃불 료; liáo)를 동음자인 '了'(마칠 료; liǎo)로 대체하였다. '辶'(辵: 갈 착; chuò)部에 '了'를 따른다. 형성문자이다.

참고 ▶ 번체자 '遼'는 '辶'(辵)部에 '尞'를 따르는 형성문자이다. '멀다, 요원하다'가 本義(본의)이다.

단어 ▶ 辽东[Liáodōng] 요동; 辽阔[liáokuò] 아득히 멀고 넓다; 辽远[liáoyuǎn] 요원하다

164 了 [瞭] le, liǎo 마칠 료 [눈밝을 료]
[뜻] (le) 조사(행위의 완성, 사태의 변화 등을 나타냄);
(liǎo) 마치다, 완전히, 명료하다

설명 ▶ 번체자 '瞭'와 동음자인 '了'(마칠 료; le, liǎo)를 假借(가차)하였다. '了'는 '乙'(새 을; yǐ)部에 '亅'(갈고리 궐; jué)을 따른다. '了'는 원래 '아이를 요람에 눕히기 위하여 아이의 손을 가지런히 정리한 모습', 즉 '子(아들 자; zǐ)에서 팔(가로획: 一)이 없는 모습'을 본뜬 상형문자라고 하였다. '수습하다, 정리하다'가 本義(본의)이다.(≪說文≫) 그러나 일설에는 '손(手)을 구부린 모습'을 본뜬 상형문자로, '분명하다, 마치다'가 本義(본의)라고 하였다.(≪漢字形義分析字典≫)

참고 ▶ '了'는 多音字(다음자)로서, '행위의 완성을 나타내는 조사'(le)와 '마치다'(了: 료, liǎo), '瞭'의 간화자(liào)로 사용된다. 번체자 '瞭'는 '目'(눈 목; mù)部에 '尞'(횃불 료; liáo)를 따르며, 회의 겸 형성문자이다. 本義(본의)는 '눈이 밝다'이다. 인신되어 '밝다, 명백하다'는 뜻을 지닌다.

㊟ '瞭'는 'liǎo'(了解: 이해하다)로 읽는 경우 간화하지만, 'liào'(瞭望: 멀리 바라보다)로 읽는 경우는 '瞭'로 쓰며, 간화하지 않는다.

단어 ▶ 好了[hǎole] 좋다; 了解[liǎojiě] 이해하다; 了結[liǎojié] 끝을 맺다; 終了[zhōngliǎo] 종료하다; 沒完沒了[méiwánméiliǎo] 밑도 끝도 없다

165 猎 [獵] liè 사냥 렵
[뜻] 사냥하다, 추구하다, 사냥

설명 ▶ '猎'을 차용하였다. 번체자 '獵'의 聲符(성부) '巤'(머리털

렵; liē)을 기호화하여 '昔'(옛 석; xī)으로 대체한 형태와 같다. 편방의 '巤'은 오래 전부터 '昔'으로 대체하여 간화한 것으로 보인다. ('144 腊[臘]' 참조) '猎'은 '犭'(犬: 개 견; quǎn)部에 '昔'을 따른다.

참고 ▶ 간화자 '猎'은 원래 '짐승 이름 석; 전설에 나오는 곰을 닮은 짐승'(xī)과 '사냥개 작'(què)의 多音字(다음자)였으나, 이제 '獵'의 간화자로 차용되어, '사냥하다(獵)'는 뜻으로 사용된다. 번체자 '獵'은 '犭'(犬)部에 '巤'을 따르는 형성문자로, 本義(본의)는 '사냥개를 풀어 짐승을 좇다, 곧 사냥하다'는 뜻이다.

단어 ▶ 狩猎[shòuliè] 사냥하다; 打猎[dǎliè] 사냥하다; 猎人[lièrén] 사냥꾼

166 | 临 [臨] lín 임할 림
[뜻] 이르다, 다가서다, 마주하다

설명 ▶ 번체자 '臨'의 俗字(속자) '临'을 취한 뒤,(≪宋元以來俗字譜≫) 반흘림체의 속자를 正字化(정자화)하였다. 속자는 '临'처럼 좌편방이 'ㅣ'로 되어있다.(≪宋元以來俗字譜≫) 간화자 '临'은 'ㅣ'(뚫을 곤; gǔn)部에 'ㅣ'과 'ㄟ, 丶, 囗'을 따른다. 각 형태소 명칭은 'ㅣㅣ': 두 개의 세로획(兩竪), 'ㄟ': 누운 사람 인(臥人), '丶': 점(點), '囗': 붙은 입(連口)이다.

㊒ 왼 부분은 짧은 세로 획 하나와 긴 세로 획 하나를 따르며 (ㅣㅣ), 'ㅣ'를 따르지 않는다.

참고 ▶ 번체자 '臨'에 대해서는 두 가지 견해가 있다. 하나는 금문 (金文)이 '사람이 고개를 숙여 눈물을 흘리는 모습'으로 '울면서 죽은 사람을 조문하는 모양'의 會意文字(회의문자)였는데, 篆文(전문)에서 '臥'(누울 와; wò)와 聲符(성부) '品'(물건 품; pǐn)으로 이루어진 회의 겸 형성문자로 바뀐, 본뜻이 '울면서 다가서

다'(哭臨)는 것이고,(≪漢字源流字典≫) 또 하나는 고문자가 義符(의부)로 '눈'(臣)과 '사람'(人), 聲符(성부)로 '品'을 취한 형성문자로, '사람이 내려다보다'(俯視)가 本義(본의)라고 한 것이다.(≪漢字形音義字典≫) '臨'은 '이르다, 다가서다, 마주하다' 등의 뜻을 갖는다. '臣'(신하 신; chén)은 문자결구에서 '눈'(目)을 의미한다.

단어 ▶ 临时[línshí] 때가 되다, 그때그때, 面临[miànlín] 마주하다, 직면하다; 临终[línzhōng] 죽음에 이르다

167	**邻 [鄰] lín 이웃 린**
	[뜻] 이웃, 인접하다

설명 ▶ 번체자 '鄰'의 聲符(성부) '粦'(도깨비불 린; lín)을 '令'(명령할 령; ling)으로 대체하였다. 이 두 글자는 漢語拼音(한어병음)이 비슷하다. (158 '怜[憐]' 참조) '邻'은 ' 阝'(邑: 고을 읍; yì)部에 '令'을 따른다. 여전히 형성문자이다.

참고 ▶ 번체자 '鄰'은 ' 阝'(邑)部에 '粦'을 따르는 형성문자로, '이웃'이란 뜻이다. 중국의 고대 주민 조직은 '다섯 집이 鄰이 되고, 다섯 鄰이 里가 된다.'라고 하였다. (≪說文≫: 五家爲鄰, 五鄰爲里.)

단어 ▶ 邻居[línjū] 이웃집; 相邻[xiānglín] 인접하다

168	**岭 [嶺] lǐng 산깊을 령 [재 령]**
	[뜻] 재, 고개, 준령

설명 ▶ 번체자 '嶺'과 同音字(동음자)인 '岭'(산 깊을 령; lǐng)을 가차하였다. '岭'은 '산이 깊다'는 뜻으로, '山'(뫼 산; shān)部에

'令'(명령할 령; lìng)을 따른다. 형성문자이다.

㋥ '岑'(봉우리 잠; cén)과 혼동을 피하기 위하여, '岺'(岭)으로 쓰지 않는다.

참고 ▸ 사실 '岭'과 '岺'은 같은 글자라고 하였다.(《漢語大字典》) 간화자 '岭'은 번체자 '嶺'의 聲符(성부) '領'에서 '頁'(머리 혈; yè)을 생략한 것처럼 보이나, 사실은 가차한 것이다. 번체자 '嶺'은 '山'部에 '領'을 따르는 형성문자로, '산줄기 봉우리, 산맥'을 뜻한다. '嶺'은 본래 '領'으로 썼다고 하였다.(《漢字形音義字典》)

단어 ▸ 山岭[shānlǐng] 산줄기

---

169 庐 [廬] lú 집 려
[뜻] 오두막집

설명 ▸ 번체자 '廬'의 俗字(속자)이다.(《宋元以來俗字譜》) 번체자 '廬'의 聲符(성부) '盧'(밥그릇 로; lú)를 기호화하면서 同韻(동운)의 '户'(외짝문 호; hù)로 대체하였다. '广'(집 엄; yǎn)部에 '户'를 따른다. 형성문자로 분류된다.

참고 ▸ 번체자 '廬'는 '广'(집 엄; yǎn)部에 '盧'를 따르는 형성문자이다. '작은 집, 소박한 집', '객사'(客舍) 등의 뜻을 갖는다. 번체자 '廬'의 聲符(성부) '盧'(밥그릇 로; lú)가 편방에 사용되는 경우, 반드시 '户'로 간화되는 것은 아니다. 단독의 '盧'는 '卢'로 간화하며, '卜'(점 복; bǔ)部에 '尸'(펼칠 시; shī)를 따른다. [주의] 《簡化字總表》에는 '盧'를 '卢'로 간화하고, 이를 특별히 "第二表"(간화편방으로 사용할 수 있는 간화자와 간화편방)에 포함시키고 있다. 그러나 '盧'는 독립글자로 사용되는 경우 '卢'로 간화하고, 편방으로 사용된 경우 '鑪'(垆: 검은흙 로, lú) '瀘'(泸: 강이름 로, lú) '顱'(颅: 머리뼈 로, lú) 등의 글자는 '卢'로 간화하였지만, '廬(庐): 집 려', '蘆(芦): 갈대 로', '爐(炉): 화로 로)'에서는 또 '尸'로 간화하고 있다. '盧'는 글자에 따라 간화편방이 다르다. 특별히 주의를 요한다.

단어 ▶ 草庐[cǎolú] 초가집; 茅庐[máolú] 초가집, 누추한 집

---

170 | **芦 [蘆] lú 갈대 로**
[뜻] 갈대

설명 ▶ 번체자 '蘆'의 俗字(속자)이다.(≪宋元以來俗字譜≫) 번체자 '蘆'의 聲符(성부) '盧'(밥그릇 로; lú)를 기호화하여 同韻(동운)의 '尸'(외짝문 호, hù)로 대체하였다. '艹'(艸: 풀 초; cǎo)部에 '尸'를 따른다. 형성문자이다. (169 '庐[廬]' 참조.)

참고 ▶ '芦'는 본래 '호'(hú)로 발음되어 '芐'(지황 하/호; xià: 약초이름)와 同字(동자)였으나, 이제 '蘆'의 간화자가 되어 '갈대'(로; lú)의 뜻으로 사용된다. 번체자 '蘆'는 '艹'(艸)部에 '盧'를 따르는 형성문자이다.

단어 ▶ 芦苇[lúwěi] 갈대; 芦花[lúhuā] 갈대꽃

---

171 | **炉 [爐] lú 화로 로**
[뜻] 화로, 용광로, 화덕, 아궁이

설명 ▶ 번체자 '爐'의 俗字(속자)이다.(≪宋元以來俗字譜≫) 번체자 '爐'의 聲符(성부) '盧'(밥그릇 로; lú)를 기호화하여 同韻(동운)의 '尸'(외짝문 호; hú)로 대체하였다. '火'(불 화; huǒ)部에 '尸'를 따른다. 형성문자이다. (169 '庐[廬]' 참조)

참고 ▶ 간화자 '爐'의 우편방은 '尸'를 따르며, '卢'(lú)를 따르지 않음에 유의해야 한다. 번체자 '爐'는 '火'部에 '盧'를 따르는 형성문자이다. '爐'의 初文(초문)은 '盧'이며, '盧'는 '화덕'과 같이 불을 담는 용기를 본뜬 상형문자이다.(416 '卢[盧]' 참조)

단어 ▶ 火炉[huǒlú] 화로; 轻水炉[qīngshuǐlú] 경수로

172	陆 [陸] lù, liù 뭍 륙
	[뜻] (lù) 육지, 땅, 땅길; (liù) 육(六)

설명 ▶ 번체자 '陸'의 聲符(성부) '坴'(언덕 륙; liù)을 형태와 운모(韻母)가 비슷한 '击'(칠 격; jī)으로 간화하였다. 'ß'(阜: 언덕부; fù)部에 '击'을 따른다. 여전히 형성문자이다.

참고 ▶ '击'은 '擊'(칠 격; jī)의 간화자로서, '凵'(위 터진 그릇 감; kǎn)部에 '二'(두 이; èr)와 '丨'(뚫을 곤; gǔn)을 따른다. (103 '击[擊]' 참조) 번체자 '陸'은 'ß'(阜)部에 '坴'을 따르는 회의 겸 형성문자로, '높은 평지'라는 뜻이다. '坴'은 '땅덩이가 큰 모양'을 뜻한다.

단어 ▶ 大陆[dàlù] 대륙; 陆地[lùdì] 육지

173	驴 [驢] lǘ 나귀 려
	[뜻] 나귀

설명 ▶ 번체자 '驢'의 俗字(속자) '馿'(《宋元以來俗字譜》)를 취한 뒤, 다시 義符(의부) '馬'(말 마; mǎ)의 초서체를 정자화였다. 俗字(속자) '馿'는 번체자 '驢'의 聲符(성부) '盧'(밥그릇 로; lú)를 同韻(동운)의 '戶'(외짝문; hú)로 대체한 것이다. '马'(馬: 말마; mǎ)部에 '戶'를 따른다. 형성문자이다. (169 '庐[廬]' 참조.)

참고 ▶ 간화자 '驴'의 우편방은 '戶'를 따르며, '卢'(lú)를 따르지 않음에 유의해야 한다. 번체자 '驢'는 '馬' 部에 '盧'를 따르는 형성문자이다.

단어 ▶ 毛驴[máolǘ] 당나귀; 驴子[lǘzi] 나귀

174 乱 [亂]]luàn 어지러울 란
[뜻] 어지럽다, 난잡하다, 전란, 마구, 함부로

설명 '乱'은 본래 번체자 '亂'의 俗字(속자)이다.(≪漢字形義分析字典≫) 또 '亂'의 異體字(이체자)라고도 하였다.(≪廣韻≫: 亂, 或作乱.) '亂'의 聲符(성부)'䉜'(다스릴 란; luàn)을 '舌'(혀설; shé)로 대체하였다. 초서를 正字化(정자화)한 것이다.(≪書道大字典≫) '乱'은 'ㄴ'(乙: 새 을; yǐ)部에 '舌'을 따른다. (040 '辞[辭]' 참조.)

참고 번체자 '亂'은 'ㄴ'(乙)과 '䉜'(다스릴 란; luàn)을 따르는 회의문자이다. 'ㄴ'(乙)은 '다스리다'는 의미이고, '䉜'은 '亂'의 본자로, 또한 '어지러운 것을 다스리다'는 뜻이다. 따라서 '亂'의 本義(본의)는 '다스리다'(治)이나,(≪說文≫) 이는 반훈(反訓)으로 해석하여 '어지럽다'(混亂)는 뜻으로 쓰이게 되었다. '다스리다'는 것은, 바로 어지러운 상태이기 때문이다.

단어 混乱[hùnluàn] 혼란스럽다; 乱想[luànxiǎng] 멋대로 생각하다; 胡乱[húluàn] 멋대로

175 么 [麼] me, mó 작을 요 [작을 마]
[뜻] 지시대명사, 의문대명사 뒤에 쓰이는 구성글자, '-렇게' 정도에 상당함

설명 번체자 '麼'의 俗字(속자)이다.(≪宋元以來俗字譜≫) '麼'의 義符(의부) 겸 聲符(성부) '麻'(삼 마; má)를 생략하였다. 'ノ'(삐침 별; piě)部에 'ㄥ'(사사로울 사; sī)를 따른다. 접미사(接尾詞)로 사용된다.

참고 ▶ ‘么’는 원래 ‘幺’(작을 요; yāo)의 俗字(속자)이다.(≪古今
韻會擧要≫) ‘幺’는 ‘가는 실’(細絲)을 본뜬 상형문자(象形文字)
로, 本義(본의)는 ‘가늘다, 작다’이다. 갑골문, 금문에서 ‘幺’로 쓰
던 것을, 篆文(전문)에 이르러 ‘幺’를 편방으로 하고, ‘麻’를 聲符
(성부)로 더하였다고 한다. 이렇게 보면, ‘幺’(么)는 ‘麼’(麽)의
初文(초문)인 셈이다. 번체자 ‘麼’는 ‘幺’(么)의 경우와 같이, ‘麼’
에서 생겨난 俗字(속자)이다.(≪漢字原流字典≫) 본자 ‘麼’는
‘幺’部에 ‘麻’를 따르는 형성문자로, ‘가늘고 작다’(細小)는 뜻이
다. ‘幺’(么)와 뜻이 같다. 옛날부터 語氣詞(어기사)와 接尾詞(접
미사)로 가차되어, ‘這麼(이렇게), 什麼(무엇)’ 등과 같이 接尾
詞(접미사) 및 文末(문말) 어기사 ‘嗎’의 용법으로 사용되었다.
(≪漢字形義分析字典≫) 이제 ‘麼’(麽)의 간화자로는 ‘么’를 사
용하며, 오직 접미사로만 사용한다.

주 么: 경성 ‘me'로 읽는다. ‘yāo’(夭)로 읽는 ‘幺’는 마땅히
‘幺’(‘么’의 本字)로 써야 한다. ‘呦’(요)는 또 ‘吆’(애통한 소리
요; yāo)로 써야 한다. ‘麼’를 ‘mó’(摩)로 읽을 때는, ‘么麼小
丑’(yāomó xiǎochǒu; 하찮은 소인배, 어릿광대)에서와 같이 간화
하지 않는다.

단어 ▶ 什么[shénme] 무엇; 怎么[zěnme] 어떻게

---

176 │ 霉 [黴] méi 곰팡이 매 [곰팡이 미]
[뜻] 곰팡이, 썩다, 변질되다, 나쁜 운수

설명 ▶ 번체자 ‘黴’와 同字(동자)인 ‘霉’로 통일하였다.(≪正字
通≫) ‘霉’는 ‘雨’(비 우; yǔ)部에 ‘每’(매양 매; měi)를 따른다.
형성문자이다.

참고 ▶ 간체자 ‘霉’는 ‘곰팡이’ 외에, 또 ‘梅雨’(méiyǔ: 장맛비)를
뜻하는 글자라고 하였다.(≪正字通≫) 번체자 ‘黴’는 ‘黑’(검을

흑; hēi)部에 '薇'의 '几' 생략형태를 따르는 형성문자이다. 多音字(다음자)로서 '미'(méi; 眉)와 '매'(mèi; 妹)로 읽으며, 뜻은 모두 '곰팡이'이다.

단어 ▶ 发霉[fāméi] 곰팡이가 피다

---

177 **蒙 [矇] méng 입을 몽 [눈멀 몽], [濛] méng [가랑비 몽], [懞] méng [어두울 몽]**
[뜻] (méng) 덮다, (도움)입다, 받다, 젖다, 숨기다, 어둡다, 어리석다, 눈이 멀다

설명 ▶ 번체자 '矇', '濛', '懞'의 聲符(성부) 글자인 '蒙'로 통일하고, 번체자 '矇'(눈멀다), '濛'(가랑비, 젖다), '懞'(어둡다, 어리석다) 등의 뜻을 더하였다. '艹'(艸: 풀 초; cǎo)部에 '冡'(덮어쓸 몽; méng)을 따른다. 형성문자이다.

참고 ▶ '蒙'은 원래 '풀이름'(새삼)을 뜻하나, 또 聲符(성부) '冡'을 따라 '덮다'는 뜻을 갖는다. 이로부터 '입다, 받다', '어둡다, 무지하다', '속이다'는 뜻으로 引伸(인신)되었다. '朦'(月不明: 모호할 몽), '曚'(日不明: 어두울 몽), '矇'(目不明: 눈멀 몽), '懞'(心不明: 마음 어두울 몽) 등등과 같이, '蒙'을 편방으로 쓰는 글자는 대게 '어둡다'(不明)는 뜻을 갖는다.

단어 ▶ 蒙住[méngzhù] 눈이 멀다; 蒙蒙雨[méngméngyǔ] 보슬비; 启蒙[qǐméng] 계몽하다; 蒙骗[mēngpiàn] 속이다(기본적으로 번체자를 씀; 矇骗)

---

178 **梦 [夢] mèng 꿈 몽**
[뜻] 꿈, 환상, 꿈꾸다

설명 ▶ 번체자 '夢'의 俗字(속자)이다.(≪宋元以來俗字譜≫) 간화

자 '梦'은 '夕'(저녁 석; xī)部에 '林'(수풀 림; lín)을 따른다. 會意
文字(회의문자)로 '수풀(林)에 달(夕)이 떠오르다'는 개념을 형상
화하여, '어둡다, 자다, 꿈을 꾸다'는 의미로 引伸(인신)한 것으로
보인다.

참고 ▶ 번체자 '夢'은 '夕'部에 '瞢'(눈 어두울 몽; méng)의 '目'
생략형태를 따르는 형성문자로, '어둡다'(不明)가 本義(본의)이
나, '㝱'(꿈 몽)의 가차자(假借字)가 되어, '꿈, 꿈을 꾸다'는 뜻을
지니게 되었다.

단어 ▶ 梦想[mèngxiǎng] 꿈, 꿈꾸다; 恶梦[èmèng] 악몽

---

179 ┃ **面 [麵] miàn 얼굴 면 [밀가루 면]**
[뜻] 얼굴, 쪽, 차례, 방면, 마주보다, 향하다,
밀가루(음식)

설명 ▶ 번체자 '麵'의 聲符(성부) '面'으로 통일하고, 번체자의 뜻
(밀가루)을 더하였다. '面'部를 따른다.

참고 ▶ '面'은 본래 얼굴 모습을 본뜬 상형문자이다. 얼굴 전체의
윤곽과 눈, 코를 형상화한 것이다. 번체자 '麵'은 '麥'(보리 맥;
mài)部에 '面'을 聲符(성부)로 취한 형성문자이다. '밀가루'가 본
뜻이며, '국수, 밀가루 음식'으로 引伸(인신)되었다.

단어 ▶ 面条儿[miàntiáo'er] 국수; 白面[báimiàn] 밀가루; 面粉
[miànfěn] 밀가루

---

180 ┃ **庙 [廟] miào 사당 묘**
[뜻] 사당, 사원, 묘당

설명 ▶ 번체자 '廟'의 俗字(속자)이다.(《字彙》) '廟'의 聲符(성
부) '朝'(cháo; 알현할 조)를 '由'(말미암을 유; yóu)로 대체하였

다. '庙'는 '广'(집 엄; yǎn)部에 '由'를 따른다. 形聲(형성) 겸 會意文字(회의문자)이다.

참고 간화자 '庙'에서 '由'는 '苗'(싹 묘; miáo)의 생략형태이다. (≪漢字源流字典≫) '苗'에서 생략(艹) 및 변형(田→由)을 거쳐 '由'로 형상화하고, 聲符(성부) 겸 의미를 표시하게 하였다. 곧 '由'는 번체자 '廟'의 소리와 뜻을 겸하며, 또 지붕(广) 아래의 집 얼개까지 표현해냄으로써, 간화자 '庙'는 형음의(形音義)의 세 요소를 절묘하게 구현하였다. 번체자 '廟'는 '广'에 '朝'를 따르는 형성문자이다. 聲符(성부) '朝'는 'zhāo'(아침)와 'cháo'(향하다, 마주하다, 배알하다, 조정, 왕조)의 多音字(다음자)이다.

단어 寺庙[sìmiào] 사원, 절; 庙院[miàoyuàn] 사원

---

181 **灭 [滅] miè 없앨 멸**
[뜻] (불)꺼지다, 끄다, 없애다, 소멸하다

설명 번체자 '滅'에서 '灭'을 취하고, '氵'(水: 물 수; shuǐ)와 '戊'(무성할 무; wù)를 생략하였다. '火'(불 화; huǒ)部에 '一'을 따른다. '灭'은 '불(火)을 덮어(一) 끄다'는 의미로, 指事文字(지사문자)로 이해할 수 있다.

참고 번체자 '滅'은 '氵'(水)에 '威'(꺼질 멸, 없앨 혈; xuè)을 따르는 형성문자이다. '威'은 또 'miè'로 읽으며, '滅'과 古今字(고금자)라고 하였다.(≪漢字源流字典≫)

단어 灭之[mièzhī] 끄다; 消灭[xiāomiè] 소멸하다

---

182 **蔑 [衊] miè 업신여길 멸 [모독할 멸]**
[뜻] 업신여기다, 경미하다, 모독하다, 더럽히다

설명 번체자 '衊'의 聲符(성부) 글자 '蔑'로 통일하였다. '蔑'은

'艹'(艸: 풀 초; cǎo)部에 '罒'(网: 그물 망; wǎng), '戍'(지킬 수; shù)를 따른다. 會意文字(회의문자)이다.

참고▶ '蔑'은 본래 '苜'(거여목 목; mù : 콩과 식물)에 '戍'(지킬 수; shù)를 따르는 회의문자이다. 갑골문은 '사람이 창(戍)을 들고 싸워 기진맥진하여 눈에 초점이 없다(苜: 눈곱이 낀 모양)'는 뜻을 형상화하였다. '蔑'의 본뜻은 '피곤하여 눈에 눈곱이 끼어 초점이 없다'는 뜻이다.(≪說文≫) 이로부터 '업신여기다, 없다 (无, 莫), 없애다'는 뜻으로 引伸(인신)되었다. 다시 '더럽다'는 뜻으로 인신되면서, 義符(의부)로 '血'(피 혈; xiě, xuè)을 추가하여 '衊'이 되었다. 이제 '蔑'은 引伸義(인신의)인 '경미하다, 없다'는 뜻으로 쓰이며, 本義(본의)인 '눈이 어둡다'는 '矊'(멸; miè)로 쓴다.

단어▶ 蔑視[mièshì] 멸시하다; 侮蔑[wǔmiè] 모욕하다

---

183 ┃ **畝 [畝] mǔ 이랑 무**
[뜻] 무(畝: 중국식 면적단위)

설명▶ 번체자 '畝'의 聲符(성부) '久'(오랠 구; jiǔ)를 생략하였다. '畝'는 '亠'(돼지해머리 두; tóu)部에 '田'(밭 전; tián)을 따른다.

참고▶ 번체자 '畝'의 本字(본자)는 '畮'(이랑 무; mǔ)로서, '밭 가운데 높은 곳, 곧 둑, 두렁'이란 뜻이다. 본자의 '每'(매양 매; měi)를 '久'로 바꾼 것은 뜻과 음을 더욱 잘 표현하기 위해서였다. '久'는 義符(의부)와 聲符(성부)를 겸한다. '亠'(머리부 두; tóu)는 단독으로 글자를 이루지 아니한다.

184 恼 [惱] nǎo 괴로워할 뇌
[뜻] 고민하다, 고뇌하다, 괴로워하다, 화내다

설명 번체자 '惱'의 우측 편방 '﨟'에서 '巛'(내 천; chuān)을 생략하고, '囟'(정수리 신; xìn)의 자형을 '凶'(흉할 흉, xiōng)으로 바꾸었다.(185 '脑[腦]' 참조) '忄'(心)部에 '凶'을 따른다. 會意文字(회의문자)이다.

참고 번체자 '惱'는 '忄'(心)部에 '﨟'(腦)를 따르는 형성문자이다. '﨟'는 단독으로 글자를 이루지 못하며, 편방으로만 사용한다.

단어 烦恼[fánnǎo] 번뇌하다; 苦恼[kǔnǎo] 괴로워하다

185 脑 [腦] nǎo 뇌 뇌
[뜻] 뇌, 머리, 두뇌

설명 번체자 '腦'의 聲符(성부) '﨟'(腦)에서 '巛'(천, chuān)을 생략하고, '囟'(정수리 신; xìn)의 자형을 '凶'(흉할 흉, xiōng)으로 바꾸었다. '月'(肉: 고기 육; ròu)部에 '凶'을 따른다. 會意文字(회의문자)이다. (184 '恼[惱]' 참조.)

참고 번체자 '腦'는 '月'(肉)에 '﨟'(腦)를 따르는 형성문자이다. '惱'(괴로워할 뇌; nǎo), '腦'의 간화자 '恼', '脑'에서 '囟'의 자형을 '凶'으로 바꾼 것은 참으로 난해하다. '囟'(신)은 '정수리'이고, '凶'은 '凶'(흉할 흉; xiōng)의 俗字(속자)이니, 맥락이 통하지 않는다. 마땅히 '囟'을 취했어야 했다. '囟': 머리가 모이는 곳의 뇌의 덮개이다. 상형문자이다. (頭會﨟蓋也. 象形.≪說文≫) 이는 바로 '숫구멍'(囟門·신문: 갓난아이의 정수리가 굳지 않아서 숨 쉴 때마다 발딱발딱 뛰는 곳)을 말한다. '凶': '凶'(흉할 흉,

xiōng)으로 읽으며, 속자이다.(≪篇海類編≫: 囟, 音凶, 俗字.) 그
러나 아직 그 어떤 문헌에도 '凶'의 간화형태로서의 '囟'과, '凶'의
속자로서의 '囟'이 어떻게 다른지에 관한 언급은 보이지 않는다.
아무튼, 이제 간화자에서는 '囟'을 '囟'의 변형으로 여겨, '뇌'와
관련된 '정수리'의 개념으로 사용하고, 더 이상 '凶'(흉)의 뜻으로
사용하지 않음에 유의해야 한다.

단어 ▶ 大脑[dànǎo] 대뇌; 脑袋[nǎodai] 머리, 두뇌; 脑筋[nǎojīn]
의식, 지능

---

186 ┃ **拟 [擬] nǐ 헤아릴 의**
[뜻] …할 작정이다. 기초하다, 계획하다, 모방하다

설명 ▶ 번체자 '擬'의 聲符(성부) '疑'(의심할 의; yí)를 漢語拼音
(한어병음)이 같은 '以'(써 이; yǐ)로 대체하였다. '扌'(手: 손 수;
shǒu)部에 '以'를 따른다. 형성문자이다.

참고 ▶ 번체자 '擬'는 '扌'(手)部에 '疑'를 따르는 형성문자이다.
본뜻은 '헤아리다'(度)이다.

단어 ▶ 拟人[nǐrén] 의인화; 模拟[mónǐ] 모의

---

187 ┃ **酿 [釀] niàng 빚을 양**
[뜻] 술빚다, 양조하다, 조성하다, 술

설명 ▶ 번체자 '釀'의 聲符(성부) '襄'(도울 양, 옛음 상; xiāng)을
同韻(동운)의 '良'(좋을 량; liáng)으로 대체하였다. '酉'(술담는
그릇 유; yǒu)'部에 '良'을 따른다. 형성문자이다.

참고 ▶ 번체자 '釀'은 '酉' 部에 '襄'을 따르는 형성문자이다. '술을
빚다'가 本義(본의)이다.

단어 釀造[niàngzào] 양조하다; 釀酒[niàngjiǔ] 술을 빚다; 醞釀 [yùnniàng] 술을 빚다

---

188 疟 [瘧] nüè, yaò 학질 학
[뜻] (nüè) 학질, 말라리아; (yaò) "瘧子"(말라리아)의 구성글자

설명 번체자 '瘧'의 聲符(성부) '虐'(사나울 학; nüè)에서 '虍' (호피무늬 호; hū)를 생략하였다. '疒'(병들어 기댈 녁; nè)部에 'E'를 따른다. 'E'는 단독으로 글자를 이루지 못한다.

참고 번체자 '瘧'은 '疒' 部에 '虐'을 따르는 형성문자이다. '질병 (疒)이 사람에게 침해하다(虐)'는 의미를 형상화하였다. '虐'은 원래 '잔학하다'는 뜻으로, 음과 뜻을 겸한다.

단어 疟疾[nüèji] 학질; 疟子[yàozi] 학질

---

189 盘 [盤] pán 소반 반
[뜻] 소반, 쟁반, 받침, 빙빙 돌다

설명 번체자 '盤'의 聲符(성부) '般'(나를 반; bān)에서 '殳'(몽 둥이 수; shū)를 생략하였다. '皿'(그릇 명; mǐn)部에 '舟'(배 주; zhōu)를 따른다.

참고 번체자 '盤'은 '皿' 部에 '般'을 따르는 형성문자이다. 큰 접시가 本義(본의)이며, 引伸(인신)되어 '빙빙 돌다'는 뜻을 지 닌다.

단어 盘子[pánzi] 쟁반; 盘旋[pánxuán] 선회하다; 盘算

[pánsuan] 따져보다, 계산하다

---

190 | **辟 [闢] pì, bì 법 벽 [열 벽]**
[뜻] (pì) 열다, 일구다, 개척하다, 투철하다; (bì) 법도, 군주, 제거하다, 물리치다

설명 번체자 '闢'의 聲符(성부) '辟'으로 통일하였다. '辟'은 '辛'(매울 신; xīn)部에 '卩'(병부 절; jié)과 '口'(입 구; kǒu)를 따른다. 회의문자이다. '꿇어앉은 사람에게(卩) 입(口)으로 형벌 (辛)을 집행하다'는 뜻으로, '법, 열다', '군주'(법을 집행하는 사람) 등을 뜻한다.

참고 번체자 '闢'은 '門'(문 문; mén)部에 '辟'을 따르는 형성문 자이다. '문을 열다'가 본뜻이다. 인신하여 '개척하다'는 뜻을 갖는다.

단어 开辟[kāipì] 개척하다

---

191 | **苹 [蘋] píng 부평초 평 [사과 평]**
[뜻] '苹果'(사과)의 구성글자

설명 번체자 '蘋'과 동음자인 '苹'을 假借(가차)하였다. '苹'은 '艹'(艸: 풀 초; cǎo)部에 '平'(평평할 평; píng)을 따른다. 형성문 자이다.

참고 '蘋'의 간화자 '苹'은 '蘋'의 聲符(성부) '頻'(자주 빈; pín) 을 '平'(평평할 평; píng)으로 대체한 것 같지만, 사실 '苹'은 '부 평초 평'(píng)이고, '蘋'은 '사과 평(píng)'과 '개구리 밥풀 빈 (pín)'의 서로 다른 글자이다. 번체자 '蘋'은 '艹'(艸)部에 '頻'(자 주 빈; pín) 聲(성)을 따르는 형성문자이다.

단어 苹果[píngguǒ] 사과

192	凭 [憑] píng 기댈 빙
	[뜻] 기대다, 의지하다, …에 의거하여, 증거

설명 ▶ '凭'과 '憑'은 同字(동자)이다.(≪字林≫) '凭'으로 통일하였다. '凭'은 '几'(앉은 책상 궤; jī)와 '任'(맡길 임; rèn)을 따르는 會意文字(회의문자)이다. '几'를 部首(부수)로 삼는다. '책상(几)에 기대다(任)'는 의미로, '의지하다'가 본뜻이다.

참고 ▶ 번체자 '憑'은 '心'(마음 심; xīn)部에 '馮'(탈 빙; píng)을 따르는 형성문자이다. '만족하다', '기대다'는 뜻이다. '憑'과 '凭'은 다른 글자였다. '憑'은 원래 '만족하다'(≪廣雅≫: 滿也), '화내다'(≪方言≫: 怒也)는 뜻인데, '기대다'(依憑)는 의미를 차용하면서, '凭'과 통하게 되었다.(≪漢字形義分析字典≫)

단어 ▶ 任凭[rènpíng] 맘대로 하게 하다; 凭借[píngjiè] …에 의거하다

193	扑 [撲] pū 칠 복 [칠 박]
	[뜻] 치다, 때리다, 뛰어들다, 몰두하다

설명 ▶ 번체자 '撲'과 뜻이 비슷한 동음(同音)의 '扑'을 가차하였다. '扑'은 '扌'(手: 손 수; shǒu)部에 '卜'(점칠 복; bǔ)을 따른다. 형성문자이다.

참고 ▶ 번체자 '撲'은 '扌'(手)部에 '菐'(복; pú)을 따르는 형성문자이다. '扑'과 '撲'의 관계는 '撲'의 聲符(성부)인 '菐'(번거로울 복; 蒲木切; pú)을 동음자인 '卜'으로 대체한 것으로 보이나, 원래 이 두 글자는 다른 글자이다.(≪漢字形義分析字典≫) '扑'은 '치다, 가격하다'(擊)는 뜻이고, '撲'은 '때리다'(挨)는 뜻이다. '扑'이 이미 존재하는 글자이므로, 가차한 것이라고 하였다.

단어 ▶ 扑向[pūxiàng] 향하여 덮치다; 扑灭[pūmiè] 진압하다

194 ┃ 仆 [僕] pú, pū 엎드릴 부 [종 복]
[뜻] (pú) 종, 하인, 소인; (pū) 엎어지다

설명 ▶ 번체자 ‘僕’과 동음(同音)인 ‘仆’를 가차하였다. ‘人’(사람
인; rén)部에 ‘卜’(점칠 복; bǔ)을 따른다. 형성문자이다.

참고 ▶ ‘仆’와 ‘僕’은 원래 다른 글자이다. ‘仆’(부/복; pū)는 ‘엎어
지다’(仆倒)는 뜻이고, ‘僕’은 ‘人’ 部에 ‘菐’(번거로울 복; pú)을
따르는 형성문자로, ‘하인, 종’(奴僕)이라는 뜻이다. 이제 ‘仆’은
‘僕’의 간화자로 ‘노비, 종’(pú)이라는 뜻을 함께 갖는다.

ⓒ ‘前仆后继’(qiánpūhòujì; 앞 사람이 넘어지면, 뒷사람이 계속
이어 나아간다)의 ‘仆’는 ‘pū’(扑)로 읽는다.

단어 ▶ 仆人[púrén] 하인; 仆从[púcóng] 몸종; 仆倒[pūdǎo] 엎
어지다

195 ┃ 朴 [樸] pǔ, piáo 성 박 [통나무 박]
[뜻] (pǔ) 소박하다, 질박하다, 순박하다; (piáo) 성씨

설명 ▶ 번체자 ‘樸’과 同字(동자)인 ‘朴’으로 통일하였다. (≪廣
韻≫: 朴, 同樸.) ‘樸’의 俗字(속자)라고도 하였다.(≪宋元以來
俗字譜≫) ‘朴’은 ‘木’(나무 목; mù)部에 ‘卜’(점칠 복; bǔ)을 따
른다. 형성문자이다.

참고 ▶ ‘朴’과 ‘樸’은 원래 다른 글자이다. ‘朴’(박; pò)은 ‘나무껍
질, 나무이름’ 외에, ‘성씨’(박; Piáo)를 뜻하고, ‘樸’(박; pǔ)은
‘木’ 部에 ‘菐’(번거로울 복; pú)을 따르는 형성문자로, ‘통나무’,
‘질박하다, 중후하다’는 뜻이다. ‘樸’의 聲符(성부) ‘菐’(복)과 ‘朴’
의 聲符(성부) ‘卜’(복)은 동음(同音)이다. 이에 간화과정에서
‘菐’을 ‘卜’으로 대체하였다.

단어 ▶ 朴素[pǔsù] 소박하다; 朴实[pǔshí] 정직하다; 姓朴

[xìng Piáo] 박씨

Q

196	启 [啓] qǐ 열 계
	[뜻] 열다, 펼치다, 시작하다, 일깨우다, 진술하다, 편지

설명 ▶ 번체자 '啓'의 本字(본자)이다. 'ㅁ'(입 구; kǒu)部에 '戶' (외짝문 호; hù)를 따른다. '문을 열다'가 본뜻이다.

참고 ▶ '启'는 번체자의 편방 '攵'(攴: 칠 복; pū)을 생략하여 간화한 것 같으나, 사실은 本字(본자)이다. '启'의 갑골문은 '손(又)으로 문(戶)을 열다'는 형태였으나, 金文(금문)에 이르러 '손 대신 막대기(攴: 攵)로 문을 두드리다'는 개념에서 '戌'가 되었다. 또 '문을 열 듯, 말(ㅁ)로써 이끌어주다(열어주다: 戶)'는 뜻으로 '손 대신 ㅁ'를 취해, '启'가 되었다. '계도하다'는 뜻이다. 번체자 '啓'는 이 두 글자를 합친 것이다. 후에 사람들이 '열다'(開)는 뜻으로 '啓'를 쓰면서, '启'를 폐하였다고 하였다.(≪說文解字注≫) 번체자 '啓'는 'ㅁ'部에 '戶'와 '攵'(攴)을 따른다. 회의문자이다. '열다, 일깨우다'는 뜻이다.

단어 ▶ 启发[qǐfā] 일깨우다; 开启[kāiqǐ] 열다

197	签 [籤] qiān 제비 첨
	[뜻] 서명하다, 메모하다, 제비, 추첨표, 꼬리표, 바코드

설명 ▶ '签'과 '籤'은 같은 글자이다.(≪正字通≫: 签, 同籤.) 두 글자 모두 죽간에 쓴 표식이나 서명을 말한다. '籤'을 '签'으로 통일하고, '签'의 초서체를 정자화하여 '签'으로 간화하였다. '竹'(대 죽; zhú)部에 '佥'(모두 첨; qiān)을 따른다. 형성문자이

다. (438 '佥[僉]' 참조.)

참고 ▶ '제비'란 '여럿 가운데 어느 하나를 골라잡게 하여 승부나 차례를 결정짓기 위해 적어 놓은 기호나 글, 또는 그 종이나 물건'을 말한다. 옛날에는 주로 '죽간'을 사용하였다. 번체자 '籤'은 '竹'部에 '韱'(산부추 섬; xiān)을 따르는 형성문자이다. '韱'은 뜻(가늘다)을 겸한다. '가늘고 뾰족한 죽간, 목간'이 본뜻이다. '표지, 제비'로 引伸(인신)되었다. '簽'은 '竹'部에 '僉'(모두 첨; qiān)을 따르는 형성문자이다. 본의는 '서명하다'이다. '간단한 의견', '증빙'을 뜻하게 되었다. '籤'이 '簽'을 차용(借用)하면서 통용자(通用字)가 되었다.(≪漢字源流字典≫)

단어 ▶ 签名[qiānmíng] 서명하다; 竹签[zhúqiān] 제비, 대꼬챙이; 抽签[chōuqiān] 제비뽑다

---

198 | 千 [韆] qiān 일천 천 [그네 천]
[뜻] 천(1,000), 많다, '秋千'(그네)의 구성글자

설명 ▶ 번체자 '韆'을 발음이 같은 '千'으로 가차하였다. '千'은 '十'(열 십; shí)部에 'ノ'(삐침 별; piě)을 따른다.

참고 ▶ '千'은 형성문자이다. '千'은 '人'(사람 인; rén)과 '十'(열 십; shí)을 따른다고도 하였고,(≪說文≫) 또 '人'과 '一'(한 일; yī)을 따른다고도 하였다.(≪中國字例≫) 갑골문을 보면, '千'은 '一'과 '人'을 따르며, '人'을 빌려 '千'을 표시하며, '一'은 '千'이 하나(一)라는 뜻이라고 하였다.(≪漢字形義分析字典≫) 번체자 '韆'은 '革'(가죽 혁; gé)部에 '遷'(옮길 천; qiān)을 따르는 회의 겸 형성문자로, '그네'를 뜻한다. '遷'이 뜻을 겸한다. '가죽(革)으로 만든 움직이는(遷) 밧줄, 그네'라는 뜻이다.

단어 ▶ 千万[qiānwàn] 절대; 千差万别[qiānchāwànbié] 천차만별; 秋千[qiūqiān] 그네

199 牵 [牽] qiān 끌 견

[뜻] 끌다, 당기다, 연루되다, 근심하다, 견제하다

설명 ▶ 번체자 '牽'의 俗字(속자)를 취하였다.(≪宋元以來俗字譜≫) '牽'의 머리 '玄'(검을 현; xuán)을 '大'(큰 대; dà)로 대체하였다. '牛'(소 우; niú)部에 '大'와 '冖'(덮을 멱; mì)을 따른다.

참고 ▶ 번체자 '牽'은 '牛'(소 우; niú)部에 '玄'(검을 현; xuán)과 '冖'을 따르며, 會意(회의) 겸 形聲文字(형성문자)이다. '玄'이 聲符(성부)를 겸한다. '밧줄(玄)로 소(牛)를 문 앞으로(冖) 끌다'는 의미를 형상화하였다. '잡아끌다'가 본의이다.

단어 ▶ 牵手[qiānshǒu] 손을 잡다, 연합하다

200 纤 [縴] qiàn 밧줄 견, [纖] xiān 가늘 섬

[뜻] (qiàn) 밧줄, 화학섬유; (xiān) 가늘다, 섬세하다

설명 ▶ '밧줄 견'의 번체자 '縴'의 聲符(성부) '牽'(끌 견, qiān)을 漢語拼音(한어병음)이 같은 '千'(일천 천; qiān)으로, 또 '가늘 섬'의 번체자 '纖'의 聲符(성부) '韱'(산부추 섬; xiǎn)을 同韻(동운)의 '千'으로 대체하고, 각각 義符(의부) '糹'(실 사; sī)를 '纟'로 간화하였다. '纤'은 '纟'(실 사; sì)部에 '千'을 따른다. 形聲文字(형성문자)이다. '밧줄 견'(qiàn), '가늘 섬'(xiān)의 多音字(다음자)가 되었다.

주 ▶ '纤维'의 '纤'은 'xiān'(先)으로 읽는다.

참고 ▶ '韱'과 '千'은 漢語拼音(한어병음)으로 同韻(동운)이다. 번체자 '縴'은 '糹'(실 사; sī)部에 '牽'을 따르는 회의문자이다. '牽'이 소리를 겸한다. '가축을 끄는 새끼줄'이 본뜻으로, '밧줄'을 의미한다. 번체자 '纖'은 '糹'(실 사; sī)部에 '韱'을 따르는 회의문자

이다. '韱'이 소리를 겸한다. '가늘다, 섬세하다'는 뜻이다.

단어 ▶ 纤绳[qiànshéng] 밧줄; 拉纤[lāqiàn] 밧줄로 배를 끌다; 纤细[xiānxì] 섬세하다; 纤巧[xiānqiǎo] 섬세하고 정교하다

201	窍 [竅] qiào 구멍 규
	[뜻] 구멍, (인체)기관 구멍, 요령, 관건

설명 ▶ 번체자 '竅'의 聲符(성부)인 '敫'(노래할 교; jiǎo)를 同音字(동음자)인 '巧(공교로울 교; qiǎo)로 대체하였다. '穴'(구멍 혈; xué)部에 '巧'를 따른다. 形聲文字(형성문자)이다.

참고 ▶ 번체자 '竅'는 '穴' 部에 '敫'를 따르는 형성문자이다. '구멍'이 본뜻이다.

단어 ▶ 开窍[kāiqiào] 트이다; 窍门[qiàomén] 요령

202	窃 [竊] qiè 훔칠 절
	[뜻] 훔치다, 표절하다, 몰래

설명 ▶ 번체자 '竊'의 俗字(속자)이다.(≪宋元以來俗字譜≫) '竊'의 발음을 따라 義符(의부) '穴'(구멍 혈; xué)을 제외한 나머지 부분을 '切'(끊을 절; qiē, 절박할 절; qiè)로 대체하였다. '穴' 部에 '切'을 따른다. 형성문자이다.

참고 ▶ 번체자 '竊'은 원래 '穴, 廿, 米, 卨'을 따르는 會意(회의) 겸 形聲文字(형성문자)이다. '구멍(穴)으로 쌀(米)을 훔쳐(廿: 疾) 내다'는 의미라고 하였고,(≪說文≫) 또 '穴, 米, 卨'을 따라, '구멍(穴)을 파서(卨: 전갈[蝎]류의 파충류) 물건[米]을 훔치다'는 뜻이라고도 하였다.(≪漢字源流字典≫) '卨'(사람 이름 설; xiè)이 소리를 겸한다.

단어 ▶ 窃取[qièqǔ] 훔치다; 窃听[qiètīng] 엿듣다

---

203 ‖ 寝 [寢] qǐn 잠잘 침
[뜻] 잠자다, 잠잠하다

설명 ▶ 번체자 ‘寢’의 俗字(속자)이다.(≪宋元以來俗字譜≫) ‘寢’의 편방 ‘爿’(나뭇조각 장; qiáng)을 ‘丬’으로 간화하였다.

참고 ▶ 편방의 ‘爿’은 대개 ‘丬’으로 간화하였다. 초서체를 正字化(정자화)한 것이다. 번체자 ‘寢’은 ‘寢’(잘 침; qǐn)의 생략형과 ‘寖’(寖: 잠잘 침; qǐn)의 생략형을 따르며,(≪說文≫) 이 두 글자의 생략형이 결합된 글자이다. 會意文字(회의문자)이다. 이제 ‘寢’은 ‘宀’(집 면; mián)部에 ‘爿’과 ‘寖’을 따른다. ‘寖’은 단독으로 글자를 이루지 못한다.

단어 ▶ 寝室[qǐnshì] 침실; 就寝[jiùqǐn] 취침하다

---

204 ‖ 庆 [慶] qìng 경사 경
[뜻] 길하다, 경축하다, (좋은) 큰 일

설명 ▶ 번체자 ‘慶’의 내부 구성요소를 ‘大’(큰 대; dà)로 기호화하였다. ‘广’(집 엄; yǎn)部에 ‘大’를 따른다. ‘집안(广)에 좋은 큰 일(大)이 있다’는 의미를 형상화 한 것으로, 會意文字(회의문자)이다.

㊟ 庆 : ‘大’를 따르며, ‘犬’(개 견; quǎn)을 따르지 않는다.

참고 ▶ 번체자 ‘慶’은 ‘心’(마음 심; xīn)과 ‘夊’(천천히 걸을 쇠; suī) 그리고 ‘鹿’(사슴 록; lù)의 생략형을 따르는 會意文字(회의문자)이다. ‘좋은 일이 있으면, 기쁜 마음(心)으로 가서(夊) 사슴 가죽(鹿)을 선물하여 도타운 정분을 표시하다’는 의미로,(≪說文

≫) '축하하다'가 본뜻이다. '좋은 일, 경사' 등을 뜻한다.

단어 ▶ 庆贺[qìnghè] 경축하다; 庆祝[qìngzhù] 경축하다

---

205 | **琼 [瓊] qióng 옥 경**
    [뜻] 아름다운 옥, 해남(海南)의 약칭

설명 ▶ 번체자 '瓊'의 聲符(성부) '夐'(멀 형; xiòng)을 '京'(서울 경; jīng)으로 바꾸었다. '王(玉: 옥 옥; yù)部에 '京'을 따른다. '옥(玉) 가운데에 최고(京)'라는 의미로 해석할 수 있다. 會意(회의) 겸 形聲文字(형성문자)로 분류할 수 있다. '京'이 뜻을 겸한다.

참고 ▶ 번체자 '瓊'은 '王'(玉: 옥 옥; yù)部에 '夐'(멀 형; xiòng)을 따르는 형성문자이다. '미옥'(美玉)이란 뜻이다.

단어 ▶ 琼瑶[qióngyáo] 아름다운 구슬, 주옥; 琼楼玉宇 [qiónglóuyùyǔ] 호화로운 집

---

206 | **秋 [鞦] qiū 가을 추 [그네 추]**
    [뜻] 가을, 때, 해, 그네

설명 ▶ 번체자 '鞦'의 聲符(성부) 글자 '秋'로 통일하였다. '秋'는 '禾'(벼 화; hé)部에 '火'(불 화; huǒ)를 따른다. 會意文字(회의문자)이다.

참고 ▶ '秋'는 원래 '禾' 部에 '爐'(jiāo)의 '龜'(거북 구; guī) 생략형을 따르는 형성문자로,(《說文》) '龝'로 쓰며, '곡식이 익다'가 본뜻이다. 번체자 '鞦'는 '革'(가죽 혁; gé)部에 '秋'를 따르는 형성문자로, 본뜻은 '그네'이다. '鞦韆'(추천: 그네)으로 단어를 이룬다.

단어 ▶ 立秋[lìqiū] 입추; 秋風[qiūfēng] 가을바람; 秋千
[qiūqiān] 그네

---

207 曲 [麯] qū, qǔ 굽을 곡 [누룩 국]
　　[뜻] (qū) 굽다, 구부리다, 굽이, 누룩; (qǔ) 가락,
　　노래, 곡

설명 ▶ 번체자 '麯'의 義符(의부) '麥'(보리 맥; mài)을 생략하고,
聲符(성부) '曲'으로 통일하였다. '曲'은 '曰'(가로 왈; yuē)部에
두 개의 ' l '(뚫을 곤; gǔn)을 따른다. 굽은 용기를 본뜬 상형문
자이다.

참고 ▶ 번체자 '麯'은 '麥' 部에 '曲'(굽을 곡; qū)을 따르는 형성문
자이다. '누룩, 효모'를 뜻한다.

단어 ▶ 曲解[qūjiě] 곡해하다; 曲折[qūzhé] 굽다, 곡절; 歌曲
[gēqǔ] 노래, 戏曲[xìqǔ] 희곡

---

208 权 [權] quán 저울대 권
　　[뜻] 저울, 권세, 권력, 권리, 헤아리다

설명 ▶ 번체자 '權'의 俗字(속자)이다.(《宋元以來俗字譜》) '權'
의 聲符(성부) '藋'(부엉이 관; guān)을 기호화하여 '又'(또 우;
yòu)로 대체하였다. '木'(나무 목; mù)部에 '又'를 따른다. 여기에
서 '又'는 아무런 의미가 없는 부호일 뿐이다. (083 '观
[觀]'(guān) 참조.)

참고 ▶ 번체자 '權'은 '木' 部에 '藋'을 따르는 형성문자이다. '황화
목'(黃化木)이 본뜻이나, 假借(가차)하여 '저울, 권세, 권리' 등을
뜻한다.(《漢字形義分析字典》)

단어 ▶ 权力[quánlì] 권력; 权利[quánlì] 권리

209 | **劝 [勸] quàn 권할 권**
[뜻] 권하다, 격려하다, 설득하다, 힘쓰다

설명 ▶ 번체자 '勸'의 俗字(속자)이다.(≪宋元以來俗字譜≫) '勸'의 聲符(성부) '雚'(부엉이 관; guān)을 기호화하여 '又'(또 우; yòu)로 대체하였다. '力'(힘 력; lì)部에 '又'를 따른다. (083 '观[觀]'(guān) 참조.)

참고 ▶ 번체자 '勸'은 '力'部에 '雚'을 따르는 형성문자이다. 義符(의부) '力'은 '힘써 권하다'는 뜻이다.

단어 ▶ 劝说[quànshuō] 설득하다; 劝慰[quànwèi] 달래다

210 | **确 [確] què 자갈땅 학 [굳을 확]**
[뜻] 확실하다, 굳다, 견고하다

설명 ▶ 번체자 '確'의 俗字(속자)이다.(≪說文≫大徐本) '確'과 漢語拼音(한어병음)이 같고 뜻이 비슷하여 '确'을 가차하였다. '确'은 '石'(돌 석; shí)部에 '角'(뿔 각; jué)을 따른다. 형성문자이다. 본뜻은 '딱딱하다'(堅硬)이다.

참고 ▶ 원래 '确'은 音(음)이 '학'으로, '(땅)메마르고 척박하다, 견고하다, 얇다, 확실하다'는 뜻이고, '確'(확)은 '견고하다, 군세다, 확실하다'는 뜻으로, 서로 다른 글자이다. 민간에서는 '确을 確의 俗字(속자)로 사용하는데, 이는 잘못이다.'(≪說文≫大徐本)라고 한 것으로 보아, 이미 송대(宋代) 이전부터 '確'의 속자로 사용한 것으로 인지된다. 번체자 '確'은 '石'部에 '寉'(마음 굳을 각; què)을 따르는 형성문자이다. '굳다, 견고하다'는 뜻이다. '確의 聲符(성부) '寉'은 '새(隹)가 문(冖)을 뚫고 높이 날아오르

다'는 의미를 형상화한 것으로, '높이 이르다'가 본의이다. '높이 이를 혹'(hú), '굳을 각'(què), '두루미 학'(hè) 등의 訓音(훈음)을 갖는 多音字(다음자)이다. '崔'(추: 뜻 미상)는 잘못 쓴 글자이다.

단어 ▶ 正确[zhèngquè] 정확하다; 确实[quèshí] 확실하다; 确认 [quèrèn] 확인하다

R

211 **让 [讓] ràng 사양할 양**
[뜻] 양보하다, 하게하다

설명 ▶ 번체자 '讓'의 聲符(성부) '襄'(도울 양; xiāng; 옛음 상)을 동음 가차하여 '上'(위 상; shàng)으로 대체하고, 義符(의부) '言'(말씀 언; yán)을 'ⅰ'으로 간화하였다. 'ⅰ'部에 '上'을 따른다. 형성문자이다.

참고 ▶ 번체자 '讓'은 '言'部에 '襄'을 따르는 형성문자이다. '책망하다'가 본의이나, 인신되어 '겸양하다, 양보하다, 하게 하다' 등의 뜻을 지닌다.

단어 ▶ 让步[ràngbù] 양보하다; 谦让[qiānràng] 겸양하다; 礼让 [lǐràng] 예의를 갖춰 양보하다

212 **扰 [擾] rǎo 어지러울 요**
[뜻] 어지럽다, 혼란스럽다, 귀찮게 하다

설명 ▶ 번체자 '擾'의 聲符(성부) '憂'(근심 우; yōu)를 동음자인 '尤'(더욱 우; yóu)로 대체하였다. 'ⅰ'(手: 손 수; shǒu)部에 '尤'

를 따른다. 형성문자이다.

참고 ► 번체자 '擾'는 '扌'(手)部에 '憂'를 따르는 형성문자이다. '요란하다'가 본의이다.

단어 ► 打扰[dǎrǎo] 귀찮게 하다; 扰乱[rǎoluàn] 혼란시키다

---

213 **热 [熱] rè 더울 열**
　　 [뜻] 덥다, 뜨겁다, 데우다, 열정적이다, 열렬하다, 열

설명 ► 번체자 '熱'의 俗字(속자)이다.(≪宋元以來俗字譜≫) 번체자 '熱'의 聲符(성부) '埶'(형세 세; shì)를 漢語拼音(한어병음)으로 同韻(동운)인 '执'(잡을 집; zhí)으로 대체하였다. '灬'(火: 불화; huǒ)部와 '执'을 따른다.

참고 ► '执'은 원래 '執'(잡을 집; zhí)의 간화자이다. '熱'의 聲符(성부) '埶'를 '执'으로 간화한 것은, '坴'(언덕 륙; liù)의 초서를 정자화하여 '扌'로 기호화한 것이다. 번체자 '熱'은 '灬'(火)部에 '埶'을 聲符(성부)로 취한 형성문자이다. 본의는 '따뜻하다'(溫) 이나, '뜨겁다'는 뜻으로 확장되었다. '埶'는 '형세 세'(shì)와 '심을 예'(yì)의 多音字이다.

단어 ► 热烈[rèliè] 열렬하다; 热情[rèqíng] 열정

---

214 **认 [認] rèn 알 인**
　　 [뜻] 알다, 인식하다, 여기다

설명 ► 번체자 '認'의 聲符(성부) '忍'(참을 인; rěn)을 동음자인 '人'(사람 인; rén)으로 대체하고, 義符(의부) '言'(말씀 언; yán)을 'ⅰ'으로 간화하였다. 'ⅰ'部에 '人'을 따른다. 형성문자이다.

참고 ► 번체자 '認'은 '言' 部에 '忍'을 따르는 형성문자이다. '인식

하다'가 본뜻이다.

단어 ▶ 认真[rènzhēn] 성실하다; 认识[rènshi] 알다; 认为 [rènwéi] 여기다

S

215 **洒 [灑] sǎ 씻을 쇄(세) [물뿌릴 쇄]**
[뜻] (물)뿌리다, 흩뜨리다, 씻다

설명 ▶ '洒'와 '灑'는 가차자(假借字)로 통용한 글자이다.(≪説文≫) '洒'는 'ㆍ氵'(水: 물 수; shuǐ)部에 '西'(서녘 서; xī)를 따른다. 형성 문자이다. 본뜻은 '씻다'(滌)이다.

참고 ▶ '洒'와 '灑'는 본래 다른 글자이다. '洒'는 '씻을 세'(xǐ)이 고, '灑'는 '물 뿌릴 쇄'(sǎ)로서, '氵'(水)部에 '麗'를 따르는 형성 문자이다. 그러나 고문(古文)에는 이미 '洒'를 '灑埽'(쇄소; sǎsào: 물 뿌리고 쓸다, 청소하다)의 '灑'로 여겨 통용하였다. 聲 母(성모)가 같아 가차한 것이다.(≪説文解字注≫: 洒, 古文爲灑 埽字. 注: 洒灑本殊義而雙聲, 故相假借.) '洒'의 본뜻인 '씻다'(洗 滌)는 '洗'(씻을 세; xǐ)를 사용한다.

단어 ▶ 潇洒[xiāosǎ] 말쑥하다;, 洒水[sǎshuǐ] 물을 뿌리다

216 **伞 [傘] sǎn 우산 산**
[뜻] 우산

설명 ▶ 번체자 '傘' 가운데 네 개의 '人'(사람 인; rén)을 기호화하 여 두 점(丶), 곧 '八'(여덟 팔; bā)로 대체하였다. '人'部에 '八' 과 '十'(열 십; shí)을 따른다. 여전히 상형문자이다.

참고 번체자 '傘'은 '人'部에 '伞'(虞: 우; yú)와 '十'을 따른다.
본래 우산 모양을 본뜬 상형문자이다. '伞'는 '우산살'을 그린 것
이다.

단어 雨伞[yǔsǎn] 우산; 阳伞[yángsǎn] 양산

---

217 **丧 [喪] sāng, sàng 죽을 상**
[뜻] (sāng)문상, 조문; (sàng) 죽다, 잃다

설명 번체자 '喪'의 俗字(속자)이다.(≪宋元以來俗字譜≫) 초서
체를 正字化(정자화)하여, 두 개의 '口'를 점(丶), 곧 'ㅆ'(八: 여
덟 팔; bā)로 바꾸었다. '一'部를 따르며, 총 8획이다. 필순은 '一,
丨, ㅆ(八), 一, ㄴ, ㄱ, ㄴ'와 같다.

참고 번체자 '喪'의 갑골문은 '㗊'(여러 입 집; jí)과 '桑'(뽕나무
상; sāng)을 따른다. 會意文字(회의문자)로, 고대 뽕나무 아래에
서 많은 사람들이 곡을 하는 의미를 형상화하였다. 고대 상례는
뽕나무 가지를 표시로 삼았다고 한다. 篆文(전문)에서 자형이
'喪'으로 변하였다.(≪漢字源流字典≫) 또 '喪'은 '哭'(울 곡; kū)
과 '亡'(없을 망; wáng)을 따르는 會意文字(회의문자)라고 하였
다. '亡'이 聲符(성부)를 겸한다. '망명하다, 없다(亡)'가 본의이
며,(≪說文≫) 引伸(인신)하여 '잃다'는 뜻을 나타낸다.

단어 丧事[sāngshì] 장례; 哭丧[kūsāng] 울며 문상하다

---

218 **扫 [掃] sǎo, sào 쓸 소**
[뜻] (sǎo) 쓸다, 청소하다, 없애다; (sào) 빗자루

설명 번체자 '掃'의 俗字(속자)이다.(≪宋元以來俗字譜≫) 번체
자 '掃'의 편방 '帚'(빗자루 추; zhǒu)에서 'ㅋ'(돼지머리 계; jì)만

취하고, 나머지 부분을 생략하였다. '扌'(手: 손 수; shǒu)部에 'ユ'를 따른다.

참고 ▶ 번체자 '掃'는 '扌'(手)部에 '帚'를 따르는 會意文字(회의문자)이다. '빗자루(帚)를 잡고(手) 쓸다'는 뜻이다. 편방의 '帚'는 대개 'ユ'로 간화하였다. 'ユ'(歸: 돌아올 귀; guī), '妇'(婦: 며느리 부; fù) 등등.

단어 ▶ 打扫[dǎsǎo] 청소하다; 清扫[qīngsǎo] 청소하다; 扫帚 [sàozhou] 빗자루

219	涩 [澀] sè 떫을 삽
	[뜻] 떫다, 난해하다, 매끈하지 않다, 껄끄럽다

설명 ▶ 번체자 '澀'의 聲符(성부)인 '歰'(껄끄러울 삽; sè)에서 '刃'(칼날 인; rèn)과 '止'(그칠 지; zhǐ) 하나씩을 생략하였다. 'ㅣ'(水: 물 수; shuǐ)部에 '刃'과 '止'를 따른다. 형성문자이다.

참고 ▶ 번체자 '澀'은 'ㅣ'(水)部에 '歰'을 따르며, 會意文字(회의문자)이다. '歰'은 聲符(성부)를 겸한다. 聲符(성부)인 '歰'은 사실 '澀'의 초문(初文), 곧 本字(본자)이다. 이는 '止'(그칠 지; zhǐ)가 위 아래로 마주보는 형태(歰)를 중첩한 것이다. '止'는 원래 '발'을 의미하며, 위와 아래가 서로 마주보는 형태를 취함으로써 '매끄럽게 나아가지 못하다, 껄끄럽다'는 의미를 나타낸다. 楷書(해서)로 넘어오면서, 위에 거꾸로 된 '止'가 '刃'(칼날 인; rèn)으로 바뀌어, '澀'의 형태를 띠게 되었다. 후에 '매끄럽지 못하다'는 의미를 강조하기 위하여 義符(의부)로 '水'를 더하였다. 引伸(인신)하여, '떫다, 원활하지 못하다, 난해하다'는 뜻을 갖는다.

단어 ▶ 苦涩[kǔsè] 씁쓸하고 떫다; 酸涩[suānsè] 시고 떫다

220	晒 [曬] shài 볕쬘 쇄

[뜻] 햇볕을 쬐다, 내리쬐다, 푸대접하다

설명 ▸ 번체자 '曬'와 同字(동자)이다.(《正字通》) '晒'는 '日'(해 일; rì)部에 '西'(서녘 서; xī)를 따른다. 형성문자이다.

참고 ▸ 번체자 '曬'는 '日'部에 '麗'(고울 려; lì)를 따르는 형성문 자이다. '뙤약볕을 쬐다'는 뜻이다. 편방의 '麗'는 대개 '西'로 간 화되는 경향이 있다. '晒'와 '曬'는 성모(聲母)가 같은 쌍성(雙聲) 관계이다. (215 '洒[灑]' 참조)

단어 ▸ 晒黑[shàihēi] 햇볕에 그을리다; 晒太陽[shàitàiyang] 햇 볕을 쬐다; 晒衣服[shàiyīfú] 빨래를 말리다

221	伤 [傷] shāng 상처 상

[뜻] 다치다, 아프다, 질리다, 방해하다, 슬퍼하다, 상처

설명 ▸ 번체자 '傷'의 俗字(속자)이다.(《宋元以來俗字譜》) '傷' 의 초서체를 바탕으로 聲符(성부) 가운데의 '昜'(볕 양; yáng)을 '力'(힘 력; lì)으로 대체하였다. 'イ'(人: 사람 인; rén)部에 '𠂉' (人)과 '力'을 따른다.

참고 ▸ '𠂉'은 '人'의 이형태로, '누운 사람(臥人) 인'이라고 한다. 단독으로는 글자를 이루지 못한다. 번체자 '傷'은 'イ'(人)部에 '𥛁'(화살 상처 상; shāng)의 '矢'(화살 시; shǐ) 생략형을 따르는 회의 겸 형성문자이다. '𥛁'이 聲符(성부)를 겸한다. '화살로 입은 상처'가 본뜻이다.

단어 ▸ 受伤[shòushāng]상처를 입다; 伤心[shāngxīn] 상심하다

222 舍 [捨] shè, shě 집 사 [버릴 사]

[뜻] (shè) 집; (shě) 버리다, 그만두다

설명 ▶ 번체자 '捨'의 聲符(성부)이자 本字(본자)인 '舍'로 통일하였다. '舍'는 '舌'(혀 설; shé)部에 '人'(사람 인; rén)을 따른다. '舍'는 원래 집 모양을 본뜬 상형문자이다.

참고 ▶ 번체자 '捨'는 '扌'(手: 손 수; shǒu)部에 '舍'를 따르는 형성문자이다. '버리다'는 뜻을 강조하기 위하여 '扌'(手)를 더하였다. '舍'는 '捨'의 初文(초문), 곧 本字(본자)이다.

단어 ▶ 宿舍[sùshè] 기숙사; 寒舍[hánshè] 초라한 집; 舍不得 [shěbude] 아쉬워하다; 依依不舍[yīyībùshě] 차마 헤어지지 못하다

223 沈 [瀋] shěn 가라앉을 심/침 [즙 심]

[뜻] (shěn) 즙, 심양(瀋陽: 沈阳)

설명 ▶ '沈'과 '瀋'은 同音(동음)으로, '沈'으로 가차하였다. '氵' (水: 물 수; shuǐ)部에 '尤'(나아갈 임; yín)을 따른다. 형성문자이다. 본뜻은 '가라앉다'이다.

참고 ▶ 번체자 '瀋'은 '氵'(水)部에 '審'(살필 심; shěn)을 따르는 형성문자이다. '즙'이 본뜻이다. 간화자 '沈'은 원래 '沉'(가라앉을 침; chén)의 本字(본자)이다. 그러나 이제 의미를 분화하여, '沉'(가라앉을 침; chén)과 '沈'(지명이름 심; shěn)으로 구분한다. 따라서 '깊다, 가라앉다, 잠기다' 등의 뜻은 '沉'(침; chén)이 담당하고, '沈'(심; shěn)은 지명이름으로 사용한다.

단어 ▶ 沈阳[Shěnyáng] 심양

224 声 [聲] shēng 소리 성
[뜻] 소리, 명성, 소식, 성모, 성조, 마디

설명 번체자 '聲'의 俗字(속자)이다.(≪改倂四聲篇海≫: 声, 音 聲. 俗用.) '聲'의 聲符(성부) '殸'(경쇠 경; qìng)의 좌편방 '声'을 취하여, 글자 전체를 대신하였다. '声'은 '士'(선비 사; shì)部에 '尸'를 따른다.

참고 번체자 '聲'은 '耳'(귀 이; ér)部에 '殸'을 따르는 형성문자 이다. '殸'은 뜻을 겸한다. '소리(殸)가 귀(耳)에 들리다'는 의미 로, '소리'를 뜻하게 되었다. '聲'의 聲符(성부) '殸'은 본래 '磬' (경쇠 경; qìng)과 '聲'(소리 성; shēng)의 통용자로 사용된 多音 字(다음자)이다. '声' 또한 마찬가지이다. '尸'는 자체로 글자를 이루지 못한다.

단어 声音[shēngyīn] 소리; 大声[dàshēng] 큰소리

225 胜 [勝] shèng 비릴 성 [이길 승]
[뜻] 이기다, 낫다, 물리치다, 훌륭하다

설명 번체자 '勝'과 漢語拼音(한어병음)이 같은 '胜'을 가차하였 다. '胜'은 '月'(肉: 고기 육; ròu)部에 '生'(날 생; shēng)을 따른 다. 형성문자이다.

참고 '胜'은 원래 '개고기 노린 내'를 뜻하는 '비릴 성'(xīng)과 '야윌 성'(shěng)의 多音字(다음자)이다. 이제 '勝'의 간화자가 되어 '이기다'는 뜻으로 쓰인다. 원래 가진 '비린 내'의 뜻은 '腥' (비릴 성; xīng)을 사용한다. 번체자 '勝'은 '力'(힘 력; lì)部에 '朕'(나 짐; zhèn)을 따르는 형성문자이다. '朕'은 ≪石經≫에 '𦩎' 으로 되어있다고 하였다.(≪漢語大字典≫) '勝'은 '맡다'가 본뜻 이며, 引伸(인신)되어 '다하다, 이기다'는 뜻을 갖는다.

단어 ▶ 胜利[shènglì] 이기다; 取胜[qǔshèng] 승리하다

226 **湿 [濕] shī 축축할 습**
[뜻] 축축하다, 습하다, 젖다, 습기

설명 ▶ 번체자 '濕'의 俗字(속자)를 재정리하였다. 俗字(속자)는 우편방을 '显'으로 썼다.(≪宋元以來俗字譜≫) 초서체를 정자화한 것이다. 간화자 '湿'은 '氵'(水: 물 수; shuǐ)部에 '显'(드러날 현; xiǎn)을 따른다.

참고 ▶ '显'은 '顯'(나타날 현; xiǎn)의 간화자이다. 번체자 '濕'은 '氵'(水)部에 '㬎'을 따르는 형성문자이다. '㬎'은 '드러날 현(顯)'과 '물기 습(濕)'의 古字(고자)이다. '햇볕(日)에 실(絲)을 말리다'는 뜻으로, '드러나다'와 '축축하다'의 뜻을 함께 갖는다. '頁'(머리 혈; yè)과 결합하여 '드러날 현'(顯)으로, '水'와 결합하여 '축축할 습'(濕)으로 분화되었다. 이제 '顯'은 '显'으로 간화하고, '濕'은 '湿'으로 간화하였다.

단어 ▶ 潮湿[cháoshī] 축축하다; 湿气[shīqì] 습기

227 **实 [實] shí 열매 실**
[뜻] 열매, 과일, 사실, 성실하다, 참되다, 가득차다

설명 ▶ 번체자 '實'의 俗字(속자)이다.(≪宋元以來俗字譜≫) 초서체를 正字化(정자화)한 것으로, '貫'(꿸 관; guàn)을 '头'(머리 두; tóu)로 대체하였다. '宀'(집 면; mián)과 '头'를 따른다.

참고 ▶ '头'는 또 '頭'(머리 두; tóu)의 간화자이다. 번체자 '實'은 '宀'(집 면; miàn)部에 '貫'(꿸 관; guàn)을 따르는 會意文字(회의문자)이다. 본의는 '가득 차다, 충만하다'이다. 인신하여 '꽉 찬 성질의 물건, 곧 열매, 씨앗'을 뜻하게 되었다. 이 외에 또 '충실

하다, 성실하다, 풍부하다' 등의 뜻을 지닌다.

단어 ▶ 果实[guǒshí] 과실; 诚实[chéngshí] 성실하다; 实际 [shíjì] 실제

---

228 ‖ 适 [適] shì 갈 적
[뜻] 가다, 알맞다, 적당하다, 마침

설명 ▶ 번체자 '適'의 聲符(성부) '啇'(밑동 적; dī)을 기호화하여 '舌'(혀 설; shé)로 대체하였다. '辶'(辵: 갈 착; chuò)部에 '舌'을 따른다. (048 '敌[敵]'(적, dí) 참조.)

참고 ▶ '适'은 원래 '빠를 괄'(kuò)과 성씨(괄; kuò)로 사용되던 글자이다. '啇'을 '舌'로 간화하면서, '適'의 간화자가 되었으나, 사실은 차용하여 뜻을 기탁한 것이다. 번체자 '適'은 '辶'(辵: 갈 착; chuò)部에 '啻'(뿐 시; chì)를 따르는 형성문자이다. '啻'는 이제 편방으로 '啇'을 쓴다. '가다'가 본뜻이며, '부합하다, 편안하다, 적 당하다' 등으로 인신되었다.

㊒ 옛 인명 '南宮适' '洪适'의 '适'(옛글자로 드물게 쓰임)은 'kuò'(括, 괄)로 읽는다. 이 '适'자는 본래 '𠯑'로 썼으니, 혼동을 피하기 위하여 본래 글자 '𠯑'을 회복시킬 수 있다.

단어 ▶ 合适[héshì] 적당하다; 适合[shìhé] 적합하다

---

229 ‖ 势 [勢] shì 기세 세
[뜻] 기세, 세력, 힘, 정세, 몸짓

설명 ▶ 번체자 '勢'의 俗字(속자)이다.(≪宋元以來俗字譜≫) 초서 체를 正字化(정자화)하였다. '勢'의 聲符(성부) '埶'(기세 세; shì)의 좌편방 '坴'(언덕 륙; liù)을 '扌'(손 수; shǒu)로 간화하여, 聲符(성부) '埶'(세)를 '执'(잡을 집; zhí)으로 바꾸었다. '力'(힘

력; lì)部에 '执'을 따른다. 여전히 形聲文字(형성문자)이다.

참고 ▶ 번체자 '勢'는 원래 '埶'로 썼다. '埶'는 또 '기세 세(shì)'와 '심을 예(yì)'로 발음되는 多音字(다음자)이기도 하다. 권세의 뜻으로 쓰는 경우, 특별히 義符(의부) '力'을 더하였다. 간화자 '势'의 성부 '执'은 또 '執'(잡을 집; zhí)의 간화자이다. (213 '热[熱]'(열; rè) 참조)

단어 ▶ 势力[shìlì] 세력; 气势[qìshì] 기세

---

230 | 兽 [獸] shòu 짐승 수
[뜻] 짐승

설명 ▶ 번체자 '獸'의 義符(의부) '犬'(개 견; quǎn)을 생략하고, 聲符(성부) '嘼'(짐승 수; shòu)를 취한 뒤, 위 두 개의 'ㅁ'를 점(ヽ)으로 바꾸어 '八'(여덟 팔; bā)로 간화하였다. '八' 部에 '田', 一, ㅁ를 따른다.

참고 ▶ 번체자 '獸'는 '犬' 部에 '嘼'를 따르는 회의문자이다. '사냥에는 개(犬)가 필수적이므로, 義符(의부)로 삼았다. 본의는 '사냥하다'이다. 인신하여 '사냥하는 동물, 곧 야수, 짐승'을 뜻하며, 다시 '난폭하다'는 뜻으로 확대되었다. '嘼'는 '獸'와 同字(동자)이면서, 또 '가축'(추, chù)이란 뜻으로, '畜'(기를 축; chù, xù)의 古字(고자)이기도 하다.

단어 ▶ 野兽[yěshòu] 야수; 禽兽不如[qínshòubùrú] 짐승만도 못한

---

231 | 书 [書] shū 글 서
[뜻] 글, 책, 문서, 편지, 쓰다

설명 ▶ 번체자 '書'의 초서체를 正字化(정자화)하였다. 초서에는

우측상변에 점(ㆍ)이 없다. '书'는 '乙'(새 을; yǐ)部에 'ㅣ'(뚫을 곤; gǔn), 'ㆍ'(점)을 따른다. 총 4획이다.

참고 ▶ 번체자 '書'는 '聿'(붓 율; yù)에 '者'(사람 자; zhě)를 聲符 (성부)로 취한 형성문자이다. 隷書(예서)로 변하면서 '書'의 자형으로 축약되었다. '쓰다, 기록하다'가 본뜻이며, '문자, 문건, 책' 등으로 引伸(인신)되었다. 지금은 '曰'(가로 왈; yuē) 部에 '聿'을 따른다.

단어 ▶ 读书[dúshū] 공부하다; 书信[shūxìn] 편지

---

232 ┃ **术 [術] shù, zhú 차조 출 [꾀 술]**
[뜻] 꾀, 기술, 기예, 책략

설명 ▶ 번체자 '術'의 義符(의부) '行'(갈 행; xíng)을 생략하고, 聲符(성부) 글자 '朮'(차조 출; shù)로 통일한 뒤, 그 자형을 '术' 로 바꾸었다. 간화자 '术'은 '木'(나무 목; mù)部에 'ㆍ'(점)을 따른다. '术'은 원래 '수수 이삭'을 본뜬 象形文字(상형문자)로, 本 義(본의)는 '차조(수수의 일종)'이다.

참고 ▶ 번체자 '術'은 '行' 部에 '朮'을 따르는 형성문자로, 本義는 '고을 한 가운데에 난 길'이다. 이로부터 '방법, 책략'이란 뜻이 引 伸(인신)되었고, 다시 '예술, 기술'이란 뜻으로 인신되었다. '術' 의 聲符는 '朮'이나, 간화자는 '术'로 쓴다. 'ㆍ'은 통상 '점'이라고 하나, 정확한 訓音(훈음)은 '점 주'(zhǔ)이다.

㋟ 한약재인 '蒼术'(창출), '白术'(백출)의 '术'은 '출'(zhú; 竹)로 읽는다.

단어 ▶ 手术[shǒushù] 수술; 艺术[yìshù] 예술

233 树 [樹] shù 나무 수

[뜻] 나무, 그루, 세우다, 심다

설명 번체자 '樹'의 聲符(성부) 글자 '尌'(세울 주; zhù)의 '壴'
(악기이름 주; zhǔ)를 同韻(동운)의 '又'(또 우; yòu)로 기호화하
였다. '树'는 '木'(나무 목; mù)部에 '又'와 '寸'(마디 촌; cùn)을
따른다.

참고 번체자 '樹'는 '木' 部에 '尌'(주)를 따르는 형성문자이다.
'尌'가 뜻을 겸한다. '나무를 세우다'는 뜻이다. 간화자 '树'는 사
실 번체자 '樹'의 가운데 부분 '壴'(악기 이름 주; zhǔ)를 '又'(또
우; yòu)로 대체한 것인데, 공교롭게도 번체자 '樹'의 聲符(성부)
'尌'가 '对'(대할 대; duì)로 바뀐 형태가 되고 말았다. '对'는 또
'對'(마주할 대; duì)의 간화자이다.

단어 树木[shùmù] 나무; 树立[shùlì] 수립하다

234 帅 [帥] shuài 장수 수

[뜻] 장수, 장군, 멋있다, 훌륭하다

설명 번체자 '帥'의 俗字(속자)이다.(≪宋元以來俗字譜≫) '帥'
의 편방 '𠂤'(작은 언덕 퇴; duī; 堆)를 'ㅣ'로 부호화하였다. 초서
체를 正字化(정자화)한 것이다. '巾'(수건 건; jīn)部에 'ㅣ'를 따
른다.

참고 'ㅣ'는 글자를 이루지 못한다. 짧은 'ㅣ'과 세운 'ノ'을 따른
다. 번체자 '帥'는 갑골문을 보면, '두 손을 펼쳐 수건을 잡은 모
습'으로, 會意文字(회의문자)이다. '𠂤'(퇴)는 바로 두 손의 변형
이다. '帥'는 '佩巾'(패건: 장식으로 허리에 찬 수건)이 본뜻이다.
가차하여 '장수, 거느리다'는 의미를 뜻하게 되었다.(≪漢子源流
字典≫) 篆文(전문)에 이르러 '帥'의 자형은 '巾' 部에 '𠂤'를 따르

는 형성문자가 되었다.

단어 ▶ 元帅[yuánshuài] 원수; 将帅[jiàngshuài] 장수

---

235 | **松 [鬆] sōng 솔 송 [더벅머리 송]**
[뜻] 소나무, 느슨하다, 풀다, 여유롭다, 부드럽다

설명 ▶ '松'은 '鬆'과 같다고도 하였고,(≪字彙補≫: 松與鬆同.) 또 俗字(속자)라고도 하였다.(≪宋元以來俗字譜≫) 번체자 '鬆'의 義符(의부) '髟'(머리털 드리워질 표; biāo)를 생략하고, 聲符(성부) 글자 '松'으로 통일하였다. '木'(나무 목; mù)部에 '公'(드러낼 공; gōng)을 따른다. 형성문자이다.

참고 ▶ 번체자 '鬆'은 '髟'(표)部에 '松'을 따르는 형성문자이다. '더벅머리'가 본뜻이며, '풀어헤치다, 느슨하다'는 뜻으로 인신되었다.

단어 ▶ 松树[sōngshù] 소나무; 松手[sōngshǒu] 손을 놓다; 放松[fàngsōng] 늦추다, 홀가분하다

---

236 | **苏 [蘇] sū 깨어날 소, [囌] sū [군소리할 소]**
[뜻] 깨어나다, 차조기, 지명(소주, 강소성), 지껄이다

설명 ▶ 번체자 '蘇'의 聲符(성부) '穌'(긁어모을 소; sū)를 '办'(힘쓸 판; bàn)으로 대체하였다. 초서체를 정자화한 것이다. 또 同音假借(동음가차)하여 '囌'의 뜻을 더하였다. '艹'(艸: 풀 초; cǎo)部에 '办'을 따른다.

참고 ▶ '办'은 '辦'(힘쓸 판; bàn)의 간화자이다.

단어 ▶ 复苏[fùsū] 소생하다; 苏醒[sūxǐng] 되살아나다; 噜苏[lūsū] 군소리하다, 지껄이다

237 　虽 [雖] suī 비록 수
[뜻] 비록(…일지라도)

설명 번체자 '雖'의 俗字(속자)이다.(≪宋元以來俗字譜≫) '雖'의 聲符(성부)인 '隹'(새 추; zhuī)를 생략하였다. '虫'(벌레 충; chóng)部에 '口'(입구; kǒu)를 따른다.

참고 번체자 '雖'는 '虫'과 '唯'로 이루어진 형성문자이다. 원래 큰 도마뱀과 비슷한 동물을 뜻하는 글자였으나, 가차하여 連詞 (연사: 접속사)로서 '비록'이라는 뜻으로 쓰이게 되었다. 오늘 날 '雖'는 '隹' 部에 '口'와 '虫'를 따른다. 여전히 형성문자이다.

단어 虽然[suīrán] 비록 …할지라도

238 　随 [隨] suí 따를 수
[뜻] 따르다, 순응하다

설명 번체자 '隨'의 聲符(성부) '隋'(나라이름 수; suí)를 동음 (同音)의 '㝌'(나라이름 수 suí)로 가차하였다. '隨'의 聲符(성부) '隋'(나라이름 수; suí)에서 우편방의 '工'(장인 공; gōng)을 생략 한 것이다. '辶'(辵: 갈 착, chuò)部에 '㝌'(나라이름 수; suí)를 따른다. 여전히 形聲文字(형성문자)이다.

참고 '隋'와 '㝌'는 同音字(동음자)로서, 모두 多音字(다음자)이 다. '隋'(떨어질 타, duò; 나라이름 수, suí), '㝌'(과일이름 타, duò; 나라이름 수 suí). 번체자 '隨'는 원래 '辶'(辵)部에 '隋'를 따 르는 형성문자이나, 오늘 날 字典(자전)에는 '阝'(阜: 언덕 부; fù)部에 '遀'(따를 수; suí)를 따르는 것으로 되어있다. '隋'가 다 른 글자의 聲符(성부)로 사용되는 것을 보면, 전자가 타당해 보 인다. 예를 들면, '墮'(떨어질 타; duò)는 '土'(흙 토; tǔ)部에 '隋'(타)를 聲符(성부)로 삼는 형성문자이다.

▶ 随便[suíbiàn] 마음대로, 편한 대로; 随时[suíshí] 편리한 때, 아무 때나

T

239	台 [臺] tái 별이름 태 [높은집 대], [檯] tái [등대 대], [颱] tái [태풍 태]
	[뜻] 높은 집, 받침대, 탁자, 무대, 누대, 등대, 별이름, 존칭, 대만, 태풍

설명 ▶ 번체자 '臺'의 俗字(속자)이다.(≪宋元以來俗字譜≫) 발음이 같아 가차한 것이다. 또한 '臺'를 聲符(성부)로 취한 '檯'(등대 대; tái)와, '台'를 聲符(성부)로 취한 '颱'(태풍 태; tái) 또한 모두 '台'로 간화하였다. 간화자 '台'는 '口'(입구; kǒu)部에 '厶'(사사로울 사; sī)를 따른다.

참고 ▶ '台'는 원래 '口'와 '㠯'(以: 써 이; yǐ)를 따르는 형성문자이며, '기쁘다'가 本義(본의)이다. '㠯'는 후에 '厶'로 썼다. '台'는 多音字(다음자)로서, '기쁠 이'(yí)와 '별이름, 태풍 태'(tái), '무대, 누대 대'(tái) 등의 訓音(훈음)을 갖는다. '기쁘다'는 뜻으로서 '台'는 '怡'(기쁠 이; yí)의 본자이다. '台'(이; yí)를 聲符(성부)로 삼는 글자로는 '怡' 외에 '貽'(드릴 이; yí), '飴'(엿 이; yí) 등이 있다. 또 '台'(태; tái)를 성부를 삼는 글자로는 '颱' 외에 '怠'(게으를 태; dài), '殆'(위태로울 태; dài) 등이 있다. 번체자 '臺'는 '누대'를 본뜬 모양으로, 윗부분은 '단상 위에 지은 누대의 꼭대기 부분의 장식'을 본떴고, 가운데는 '高'(높을 고; gāo)의 생략형이며, 그리고 아랫부분은 '至'(이를 지; zhì)를 따른다. 會意文字(회의문자)이다. '높이 올라 사방을 볼 수 있는 누대'가 본뜻이다.

단어 台词[táicí] 대사; 台灯[táidēng] 탁상용 전등; 台球 [táiqiú] 당구; 台風[táifēng] 태풍

---

240 态 [態] tài 모양 태
[뜻] 모양, 형태, 상태, 정황

설명 번체자 '態'의 발음을 따라 '能'(능할 능; néng)을 '太'(클 태; tài)로 바꾸어 聲符(성부)로 삼았다. '心'(마음 심; xīn)部에 '太'를 따른다. 形聲文字(형성문자)이다.

참고 번체자 '態'는 '心'과 '能'을 따르며, 會意文字(회의문자)이다. '能'은 聲符(성부)를 겸한다고 하였다.(≪漢字源流字典≫) 본의는 '의태, 상태'이며, 引伸(인신)하여 '태도'를 뜻한다.

단어 态度[tàidu] 태도; 姿态[zītài] 자태

---

241 坛 [壇] tán 제터 단, [罎] tán [항아리 담]
[뜻] 제단, 강단, 단지, 항아리

설명 번체자 '壇'의 聲符(성부) '亶'(믿음 단; dǎn, dàn)을 '云'(구름 운; yún)으로 기호화하였다. '亶'의 俗字(속자) '亣'을 취하여 다시 '云'으로 간화한 것으로 보인다.(≪宋元以來俗字譜≫) 또 '罎'(항아리 담; tán)을 漢語拼音(한어병음)이 같은 '坛'으로 가차하였다. 간화자 '坛'은 '土'(흙 토; tǔ)部에 '云'을 따른다. 會意文字(회의문자)로 이해할 수 있다. 흙(土)이 층층(云)을 이룬 상태를 형상화하였다.

참고 '云'은 '雲'(구름 운; yún)의 古字이다. 번체자 '壇'은 '土'部에 '亶'을 따르며, 형성문자이다. 제사를 지내기 위해 '흙을 쌓아 만든 제단'이 본뜻이다. 또 '罎'은 '缶'(질그릇 부; fǒu)에 '曇'

(흐릴 담; tán)을 따르는 형성문자이다. '입이 작고 배가 불룩한 도자기'를 뜻한다.

단어 ▶ 花坛[huātán] 화단; 坛子[tánzi] 단지; 酒坛[jiǔtán] 술 단지

---

242 叹 [嘆] tàn 탄식할 탄
[뜻] 탄식하다, 한숨 쉬다, 감탄하다

설명 ▶ 번체자 '嘆'의 聲符(성부)인 '𦰩'("堇: 찰흙/제비꽃 근; jǐn"의 이형태)을 '又'(또 우; yòu)로 기호화하였다. '口'(입구; kǒu)部에 '又'를 따른다.

참고 ▶ '叹'은 원래 '이'(yǐ)와 '우'(yòu: 又와 동자)로 발음되는 독립된 글자이다.(≪龍龕手鑑≫) '嘆'의 간화자가 된 것은 일종의 차용(借用)인 셈이다. 번체자 '嘆'은 '口'部에 '歎'(탄식할 탄; tàn)의 생략형, 곧 '𦰩'(堇)을 따르며, 형성문자이다. '숨을 크게 쉬다'는 의미로, '탄식하다, 감탄하다'는 뜻이다.

단어 ▶ 叹气[tànqì] 탄식하다; 叹息[tànxī] 탄식하다

---

243 誊 [謄] téng 베낄 등
[뜻] 베끼다

설명 ▶ 번체자 '謄'의 편방 '月'을 생략하였다. '誊'은 '言'(말씀 언; yán)部에 '龹'(둘둘 말/뭉칠 단; tuán)을 따른다. 형성문자이다.

참고 ▶ '龹'은 '米'(쌀 미; mǐ)와 '廾'(두 손으로 받들 공; gǒng)을 따르는 會意文字(회의문자)로, '摶'(뭉칠 단; tuán)의 本字(본자)이다. 楷書(해서)로 '龹'(关)으로 쓰게 되었다. 본뜻은 '밥을 말다'이다. '龹'(关)은 더 이상 단독으로 글자를 이루지 않는다. 번

체자 '謄'은 '言' 部에 '朕'(나 짐; zhèn)을 따른다. (≪說文≫: "从言, 朕聲.") '베껴 쓰다, 옮겨 쓰다'는 뜻이다. 聲符(성부) '朕'은 ≪石經≫에 '朕'으로 되어있다고 하였다.(≪漢語大字典≫)

단어 ▶ 誊写[téngxiě] 베끼다, 등사하다

<table>
<tr><td>244</td><td>体 [體] tǐ 몸 체
[뜻] 몸, 신체, 물체, 형체, 체제, 체험하다, 깨닫다, 드러내다</td></tr>
</table>

설명 ▶ 번체자 '體'의 俗字(속자)이다.(≪宋元以來俗字譜≫) '笨'(어리석을 분; bèn)의 뜻을 가진 '体'(분)을 차용한 것이다. '體'의 뜻을 따라 '사람(人)의 몸체(本)'라는 뜻으로 會意文字를 이루었다. '人'(사람 인; rén)部에 '本'(근본 본; běn)을 따른다.

참고 ▶ '體'의 간화자 '体'는 본래 '어리석을 분'(笨: bèn)이었다. '體'의 俗字(속자)가 되면서, '体'(笨: 분)과 同形字(동형자)가 되었다. 혼동을 피하기 위하여 '어리석다'는 뜻은 '笨'(분: bèn)으로 쓰게 되었다. '体'(분)은 본래 '笨'(어리석을 분; bèn)과 같은 글자로서,(≪廣韻≫) '감옥이름 체'(cuì)로도 사용된 多音字(다음자)이다.(≪龍龕手鑑≫) '體'의 俗字(속자)로 쓰이면서 '신체, 체험하다'는 뜻을 더하게 되었다. 번체자 '體'는 '骨' 部에 '豊'을 따르는 形聲文字(형성문자)이다. '豊'은 '풍성할 풍'(fēng)과 '제사용 제기 례'(lǐ)의 多音字(다음자)이다. '豊'이 뜻을 겸하여, '뼈(骨)에 살이 풍성하게(豊) 붙은 육체'라는 뜻으로 형상화할 수 있다. 사람의 육체 전체를 가리키는 말이다.

단어 ▶ 体操[tǐcāo] 체조; 身体[shēntǐ] 신체, 건강

245 粜 [糶] tiào 쌀내어팔 조

[뜻] 쌀을 내어팔다

설명 번체자 '糶'와 同字(동자)이다.(≪廣韻≫) '糶'의 聲符(성부) '翟'(꿩 적; dí)을 생략하였다. '米'(쌀 미; mǐ)部에 '出'(날 출; chū)을 따른다. 會意文字(회의문자)이다. (049 '籴[糴]'(적, dí) 참조.)

참고 '翟'(적)은 'dí'(꿩)와 'zhái'(성씨)의 多音字(다음자)이다. 번체자 '糶'는 '出'에 '糴'(곡식이름 적)이 결합된 회의문자이다. 글자 그대로 '곡식을 내어팔다'는 뜻이다. 오늘날 자전에는 '米'를 部首(부수)로 설정하였다.

단어 粜米[tiàomǐ] 양곡을 팔다

246 铁 [鐵] tiě 쇠 철

[뜻] 쇠, 철 굳세다, 강하다, 단단하다

설명 번체자 '鐵'의 俗字(속자)이다. (≪經傳文字辨證書≫, ≪宋元以來俗字譜≫) 번체자 '鐵'의 聲符(성부) '戴'(클 질; zhì, 秩)을 同韻(동운)의 '失'(잃을 실; shī)로 대체하고, 義符(의부) '金'(쇠 금; jīn)을 '钅'으로 간화하였다. '钅'部에 '失'을 따른다. 형성문자 이다.

참고 '铁'은 원래 '紩'(꿰멜 질; zhì)의 假借字(가차자)였으나, 聲符(성부) '糸'(실 사; sī)를 '金'으로 통용하면서, 잘못 '鐵'의 俗字(속자)가 되었다. 번체자 '鐵'은 '金'部에 '戴'(클 질; zhì)을 따르는 형성문자이다.

단어 钢铁[gāngtiě] 강철; 铁器 [tiěqì] 철기

听 [聽] tīng 들을 청
[뜻] 듣다, 통(캔)

설명 번체자 '聽'의 俗字(속자)로 차용되었다.(≪正字通≫: 听, 俗借爲聽字省文.) '听'은 원래 '웃는 모습 은'(yǐn)으로, '口'(입구; kǒu)部에 '斤'(도끼 근; jīn)을 따른다. 형성문자이다.

참고 '听'은 원래 '웃는 모습'(笑貌)이라고도 하였고,(≪說文≫) 또 '입을 크게 벌린 모습'(大口貌)이라고도 하였다.(≪廣韻≫) 번 체자 '聽'은 '耳'(귀 이; ěr)部에 '悳'(클 덕)과 聲符(성부) '壬'(솟 을 정; tīng)을 따르는 회의 겸 형성문자이다. '귀(耳)에 얻는 바 (悳)가 있다'는 것이다. '壬'(솟을 정; tīng)과 '壬'(아홉째 천간 임; rén)의 자형은 매우 비슷하다. 가운데 획의 길이가 전자는 같 으나, 후자는 조금 길다.

단어 听写[tīngxiě] 받아쓰기; 听录音[tīnglùyīn] 녹음을 듣다; 听觉[tīngjué] 청각

---

248 厅 [廳] tīng 관청 청
[뜻] 큰 방, 큰 집, 관공서

설명 번체자 '廳'의 聲符(성부) '聽'(들을 청; tīng)을 발음이 비 슷한 '丁'(못 정; dīng)으로 대체하고, 義符(의부) '广'(집 엄; yǎn)을 '厂'(굴바위 한; hǎn)으로 대체하였다. '厂'部에 '丁'을 따 른다. 형성문자이다.

㊟ 厅: '厂'을 따르며, '广'을 따르지 않는다.

참고 번체자 '廳'은 '广'部에 '聽'을 따르는 形聲(형성) 겸 會意 文字(회의문자)이다. '聽'이 소리와 뜻을 겸한다. '廳'은 '관원이 업무를 듣는(聽) 큰 집(广)'이라는 뜻이다.

단어 大厅[dàtīng] 대청; 厅长[tīngzhǎng] 청장

249	头 [頭] tóu, tou 머리 두
	[뜻] (tóu) 머리, 우두머리, 꼭대기, 처음, 자투리, 마리, 통; (tou) 명사 접미어

설명 ▶ 번체자 '頭'의 초서를 正字化(정자화)한 것으로,(≪書道大字典≫) 전체 윤곽을 부호화하였다. '大'(큰 대; dà)部에 두 점 (ㆍㆍ)을 따른다.

참고 ▶ 번체자 '頭'는 '頁'(머리 혈; yè)部에 '豆'(콩 두; dòu)를 따른다. 형성문자이다. (470 '页[頁]' 참조.)

단어 ▶ 头痛[tóutòng] 머리가 아프다; 头脑[tóunǎo] 두뇌; 石头[shítou] 돌

250	图 [圖] tú 그림 도
	[뜻] 그림, 의도, 그리다, 꾀하다

설명 ▶ 번체자 '圖'의 초서를 正字化(정자화)하였다.(≪書道大字典≫) '圖'의 聲符(성부) '啚'(그림 도; tú)를 '冬'(겨울 동; dōng)으로 대체하였다. '囗'(둘러쌀 위; wéi)部에 '冬'을 따른다.

참고 ▶ '啚'는 '인색할 비'(bǐ), '그림 도'(tú)의 多音字(다음자)이다. 번체자 '圖'는 '囗'(위)部에 '啚'(도; tú)를 따르는 형성문자이다.

단어 ▶ 地图 [dìtú] 지도; 图书[túshū] 도서, 서적

251	涂 [塗] tú 강이름 도 [진흙 도]
	[뜻] 진흙, 칠하다, 낙서하다, 지우다

설명 ▶ 번체자 '塗'의 聲符(성부) 글자 '涂'(물이름 도; tú)로 통일

하였다. '涂'는 'ᅵ'(水: 물 수; shuǐ)部에 '余'(노랑어리연꽃 도; tú)를 따른다. 형성문자이다.

참고 ► '余'는 多音字(다음자)이다. '남을/나 여'(yú), '노랑어리연꽃 도'(tú), '강이름 서'(xú) 등의 訓音(훈음)을 갖는다. '涂'는 '길'의 뜻으로 상용되었다. 번체자 '塗'는 '土'(흙 토; tǔ)部에 '涂'를 따른다. 형성문자로, '진흙'이 本義(본의)이다. 引伸(인신)하여 '칠하다, 낙서하다'는 뜻을 갖는다.

단어 ► 涂写[túxiě] 아무렇게나 쓰다; 涂抹[túmǒ] 칠하다

---

252 | 团 [團] tuán 모을 단, [糰] tuán [경단 단]
[뜻] 모이다, 둥글다, 모임, 조직, 덩이, 뭉치

설명 ► 번체자 '團'의 聲符(성부) '專'(오로지 전; zhuān)을 기호화하여 '才'(재주 재; cái)로 대체하였다. '团'(수; qiú; 뜻 미상)를 차용한 것이다. '团'은 '囗'(둘러쌀 위; wéi)部에 '才'를 따른다. '團'(团)을 聲符(성부)로 삼는 '糰'(경단 단; tuán)을 통합하고, '糰'의 뜻을 더하였다.

참고 ► '团'은 원래 발음이 '수(qiú)'인 의미 미상(未詳)의 글자였으나,(≪龍龕手鑑≫) 이제 '團, 糰'의 간화자가 되었다. 번체자 '團'은 '囗'部에 '專'을 따르는 會意(회의) 겸 形聲文字(형성문자)이다. '원형'(圓形)이 본뜻이며, '둥글게 하다, 단합하다' 등의 뜻으로 引伸(인신)되었다.

단어 ► 团圆[tuányuán] 함께하다, 한데 모이다; 团团转[tuántuánzhuàn] 빙글빙글 돌다; 饭团[fàntuán] 주먹밥, 쌈밥, 초밥 등

椭 [橢] tuǒ 길쭉할 타
[뜻] 타원

설명 ▶ 번체자 '橢'의 聲符(성부) '隋'(떨어질 타, duò)를 동음가
차하여 '隋'(박[瓜]과의 과일이름 타; duò)로 대체하였다. '辶'
(辵: 갈 착, chuò)部에 '隋'를 따른다. 形聲文字(형성문자)이다.

참고 ▶ '橢'의 '椭' 간화는 일견 번체자의 聲符(성부) '隋'(떨어질
타, duò)에서 '工'(장인 공; gōng)을 생략한 것처럼 보이지만, 사
실은 동음가차한 것이다. '隋'와 '隋'는 동음자로서 모두 多音字
(다음자)이다. '隋'(떨어질 타, duò; 나라이름 수, suí), '隋'(박
[瓜]과의 과일이름 타, duò; 나라이름 수, suí). (238 '随[隨]' 참
조) 번체자 '橢'는 '木' 部에 '隋'(타)를 따르는 형성문자이다. 본
뜻은 '타원형의 그릇'이다.

단어 ▶ 椭圆[tuǒyuán] 타원

洼 [窪] wā 웅덩이 와
[뜻] 웅덩이, 움푹 패다

설명 ▶ 번체자 '窪'의 義符(의부) '穴'(구멍 혈; xué)을 생략하여
聲符(성부) 글자 '洼'로 통일하였다. '氵'(水: 물 수; shuǐ)部에
'圭'(홀 규; guī)를 따른다. 형성문자이다.

참고 ▶ '洼'는 多音字(다음자)이다. '성 규'(guī), '웅덩이 와'(wā).
'洼'의 본의는 '깊은 못'이다. 引伸(인신)하여 '깊은 구덩이, 깊은
웅덩이'의 뜻으로 쓰였으며, 후에 '깊은 웅덩이'라는 개념을 강조
하기 위하여 義符(의부)로 '穴'을 더하였다. 번체자 '窪'는 '穴' 部
에 '洼'를 따르는 형성문자이다.

단어 ▸ 洼地[wādì] 움푹한 지대; 坑坑洼洼[kēngkengwāwā] 울퉁
불퉁하다

---

255 ┃ 袜 [襪] wà   버선 말
     [뜻] 양말

설명 ▸ ‘襪’과 同字(동자)이다.(≪一切經音義≫: 袜, 或作襪.) ‘袜’
은 ‘衣’(옷 의; yī)部에 ‘末’(끝 말; mò)을 따른다. 形聲文字(형성
문자)이다. ‘몸의 끝부분 발에 입는 옷’으로 이해할 수 있다.

㊚ 袜 : ‘末’을 따르며, ‘未’(아닐 미; wèi)를 따르지 않는다.

참고 ▸ 번체자 ‘襪’은 ‘衣’ 部에 ‘蔑’(업신여길 멸; miè)을 따른다.
역시 형성문자이다.

단어 ▸ 袜子[wàzi] 양말; 棉袜[miánwà] 면양말

---

256 ┃ 网 [網] wǎng   그물 망
     [뜻] 그물, 망, 인터넷, 그물치다, 덮어씌우다

설명 ▸ 번체자 ‘網’의 古字(고자)이다. 그물모양을 본뜬 상형문자
이다. ‘网’을 따른다.

참고 ▸ ‘网’은 異體字(이체자)로 ‘罔’으로 썼다. ‘罔’은 또 否定詞
(부정사) ‘없다’는 뜻으로 차용되었다. 이에 본래 가진 ‘그물’의
뜻을 분명히 하기 위하여 義符(의부)로 ‘糸’(실 사; sī)를 더하
여 ‘網’이 되었다. 번체자 ‘網’은 ‘糸’ 部에 ‘罔’을 따르는 형성문
자이다.

단어 ▸ 鱼网[yúwǎng] 어망; 网络[wǎngluò] 망, 조직, 네트워크

卫 [衛] wèi 지킬 위
[뜻] 지키다, 수위, 나라 이름

설명 ▶ 번체자 '衛'의 초서를 바탕으로 글자 전체 윤곽을 正字化 (정자화)한 것으로 추정된다. '乙'(새 을; yǐ)部에 'ㅣ'(뚫을 곤; gǔn)과 '一'을 따른다.

참고 ▶ 번체자 '衛'는 본래 '衞'의 俗字(속자)이다.(≪篇海類編≫, ≪正字通≫) 本字(본자) '衞'는 '行'(갈 행; xíng)部에 '韋'(다룸 가죽 위; wéi)와 '帀'(빙 두를 잡; zā)를 따르는 形聲文字(형성문 자)이다. '둘러싸고 지키다'는 뜻이다. 여기에서 '行'은 '줄지어 둘 러싸다'는 뜻이다. '行'은 본래 '갈 행'(xíng)과 '줄, 열 항'(háng) 의 多音字(다음자)이다. '韋'는 '衛'(지킬 위; wèi)와 '圍'(둘러쌀 위; wéi)의 本字(본자)이다. (458 '韦[韋]' 참조)

단어 ▶ 守卫[shǒuwèi] 수비하다; 保卫[bǎowèi] 보위하다

稳 [穩] wěn 평온할 온
[뜻] 평온하다, 안정되다

설명 ▶ 번체자 '穩'의 聲符(성부) '㥯'(삼갈 은; yǐn)을 '急'(급할 급; jí)으로 대체하였다. 초서를 정자화한 것이다.(≪書道大字 典≫) '禾'(벼 화; hé)部에 '急'을 따른다.

참고 ▶ 번체자 '穩'은 '禾' 部에 '㥯'(은; yǐn)을 따른다. 형성문자 로서, 본뜻은 '탈곡을 할 때 쭉정이를 날려버리고 알곡만 남겨 모 으다'는 뜻이다. '안정되다, 평온하다'는 뜻은 이로부터 引伸(인 신)된 것이다. '穩'은 본래 '禾' 部에 '隱'(숨을 은; yǐn)의 생략형 을 따른다고 하였다.(≪說文≫)

단어 ▶ 稳定[wěndìng] 안정되다; 安稳[ānwěn] 편안하다, 안정 되다

259 务 [務] wù 힘쓸 무

[뜻] 힘쓰다, 일하다, 일, 꼭

설명 ▶ 번체자 '務'의 俗字(속자)이다.(≪宋元以來俗字譜≫) '務'의 聲符(성부) '敄'(힘쓸 무; wù)에서 '矛'(창 모; máo)를 생략하였다. '力'(힘 력; lì)部에 '夂'(뒤져서 올 치; zhǐ)를 따른다.

참고 ▶ 번체자 '務'는 '力'部에 '敄'를 따르는 회의 겸 형성문자로, 원래 '攵'(攴: 칠 복; pū)을 구성요소로 취하였으나, 간화자 '务'는 '攵'(복)을 '夂'(치)로 바꾸었다. '攵'은 4획이고, '夂'는 3획이다.

단어 ▶ 任务[rènwu] 임무; 务必[wùbì] 기필코

260 雾 [霧] wù 안개 무

[뜻] 안개

설명 ▶ 번체자 '霧'의 俗字(속자)이다.(≪宋元以來俗字譜≫) '霧'의 聲符(성부) '務'(힘쓸 무; wù)를 그 간화자 '务'로 대체하였다. '雨'(비 우; yǔ)部에 '务'를 따른다. 형성문자이다. (259 '务[務]' 참조.)

참고 ▶ 번체자 '霧'는 '雨'部에 '務'를 따르는 형성문자이다.

단어 ▶ 雾气[wùqì] 안개; 大雾[dàwù] 짙은 안개

261 牺 [犧] xī 희생 희

[뜻] 희생, 제물

설명 ▶ 번체자 '犧'의 聲符(성부) '羲'(성씨 희; xī)를 漢語拼音(한

어병음)이 같은 '西'(서녘 서; xī)로 대체하였다. '牛'(소 우; niú) 部에 '西'를 따른다. 형성문자이다.

참고 번체자 '犧'는 '牛'部에 '義'를 따르는 형성문자이다. '희생(犧牲)'이란 '제물로 바치는 순결한 가축'을 말한다.

단어 牺牲[xīshēng] 희생, 제물

---

262 习 [習] xí 익힐 습
[뜻] 익히다, 배우다, 습관

설명 번체자 '習'에서 '习' 한 부분을 취하여 전체를 대신하였다. '习'은 '乙'(새 을; yǐ: '乚'의 원형)部에 두 점 (冫)을 따른다.

참고 '習'은 원래 '새끼 새가 첫 비행을 하기 직전 둥지에서 쉬지 않고 날개짓을 해대는 모습'을 형상화한 것으로, '羽'(깃 우; yǔ)와 '白'(흰 백; bái − 일설에는 '日'의 잘못이라고 함.)을 따르는 會意文字(회의문자)이다. '반복하다, 익히다'가 본뜻이다. 간화자 '习'은 바로 한쪽 날개에 해당한다.

단어 学习[xuéxí] 공부하다; 复习[fùxí] 복습하다

---

263 系 [係] xì 실마리 계 [이을 계], [繫] jì [맬 계]
[뜻] (xì) 맺다, 연결하다, 계통; (jì) 묶다, 매다

설명 번체자 '係'의 本字(본자)로서, 서로 통용하였다. '系'는 '糸'(실 사; sī)部에 'ノ'(삐침 별; piě)을 따른다. "손('爪: 손톱 조, zhuǎ'의 생략형태)으로 실(糸)을 잡고 있는 모습"을 본뜬 會意文字(회의문자)이다. 또 同音字(동음자)로 통용한 '繫'(맬 계; jì)의 간화자로 통합하고, '繫'의 뜻을 더하였다.

주 '系带子'(허리띠를 매다)의 '系'는 'jì'(計)로 읽는다.

참고 ▶ 번체자 '係'는 'イ(人)'部에 '系'를 따르는 회의 겸 형성문
자이다. '사람(人)의 목덜미를 새끼줄로 포박하다(系)'는 의미로,
'묶다'는 뜻이다. '繫'는 '糸'(실 사; sī)部에 '毄'(칠 격, jī; 멜 계,
jì)를 따르는 형성문자로, '묶다'(jì), '연결하다'(xì)의 뜻을 지니
는 多音字(다음자)이다.

단어 ▶ 关系[guānxi] 관계; 联系[liánxì] 연락하다; 系马[jìmǎ] 말
을 매다, 系紧[jìjǐn] 단단히 매다

---

264 戏 [戲] xì 희롱할 희
[뜻] 장난치다, 연극, 게임

설명 ▶ 번체자 '戲'의 聲符(성부) '䖒'(옛날 그릇 희; xī)를 '又'(또
우; yòu)로 기호화하였다. '戈'(창 과; gē)部에 '又'를 따른다.

참고 ▶ 번체자 '戲'는 '戈' 部에 '䖒'를 따르는 형성문자이다. '투구
(虍)를 쓴 채 무기(戈)를 잡고 북소리(豆)에 따라 힘을 겨루다'
는 뜻이다. 引伸(인신)하여 '겨루다, 시합하다, 놀다, 장난치다,
재주'라는 뜻으로 인신되었다.(≪漢字源流字典≫) 일설에는 '창
(戈)에 매단 장식 끈'이 본뜻이며, '䖒'의 '虍'는 '장식'을 뜻한다
고 하였다.(≪漢字形義分析字典≫) '무기'라는 뜻으로, '겨루다,
시합하다' 등의 뜻으로 引伸(인신)되었다는 것이다. '戲'는 또 俗
字(속자)로 '戯'로 썼다. '虚'(빌 허; xū)를 聲符(성부)로 취한 것
이다.

단어 ▶ 游戏[yóuxì] 게임, 놀이; 戏弄[xìnòng] 놀리다, 희롱하다

---

265 虾 [蝦] xiā 새우 하
[뜻] 새우

설명 ▶ 번체자 '蝦'의 聲符(성부) '叚'(티 하; xiá)를 동음가차하여

'下'(아래 하; xià)로 대체하였다. '虫'(벌레 충; chóng)部에 '下'를 따른다. 새로운 형성문자를 이루었다.

참고 '叚'는 '빌릴 가'(jiǎ)와 '티 하'(xiá)의 多音字(다음자)이다.(≪漢語大字典≫) 번체자 '蝦'는 '虫' 部에 '叚'를 따르는 형성문자이다.

단어 鱼虾[yúxiā] 물고기와 새우; 大虾[dàxiā] 대하

266 **吓 [嚇] xià, hè 무서워할 혁**
[뜻] (xià) 놀라다, 두려워하다; (hè) 위협하다

설명 번체자 '嚇'(혁, hè; 하 xià)와 同音字(동음자)인 '吓'(하; xià)를 가차하였다. '口'(입 구; kǒu)部에 '下'(아래 하; xià)를 따른다. 형성문자이다.

참고 '吓'는 원래 '하'(xià)로 읽으며 '어기조사, 감탄사'로 사용된 글자이고, '嚇'은 '노하다, 꾸짖다'(혁; hè)와 '웃음소리, 위협하다'(하; xià)는 뜻을 지닌 多音字(다음자)이다.(≪漢語大字典≫) '嚇'은 '口' 部에 '赫'(빛날 혁; hè)을 따르는 형성문자이다.

㊟ '恐吓'(위협하다)의 '吓'는 'hè'(赫)로 읽는다.

단어 吓死[xiàsǐ] 혼나다; 吓人[xiàrén] 소름이 끼치다, 놀라게 하다; 恐吓[kǒnghè] 위협하다

267 **咸 [鹹] xián 다 함 [짤 함]**
[뜻] 모두, 짜다

설명 번체자 '鹹'의 聲符(성부) 글자 '咸'으로 통일하였다. '咸'은 '口'(입 구; kǒu)部에 '戌'(개 술; xū, qū)을 따른다. 會意文字(회의문자)이다. '멸절하다, 없애다'가 本義(본의)이나, '소리쳐

부르다', '모두, 다'란 뜻으로 引伸(인신)되었고, 이제 '鹹'의 간화자가 되어 '짜다'는 뜻을 더하게 되었다.

참고 ▶ 번체자 '鹹'은 '鹵'(소금 로; lǔ)部에 '咸'을 따르는 형성문자이다. '짜다'는 뜻이다.

단어 ▶ 咸淡[xiándàn] 짜고 싱거움; 咸菜[xiáncài] 장아찌, 짠지

268	显 [顯] xiǎn 나타날 현

[뜻] 드러나다, 보이다, 분명하다, 성대하다

설명 ▶ 번체자 '顯'의 俗字(속자) '㬎'(≪宋元以來俗字譜≫)을 다시 간화하였다. 속자 '㬎'의 아래 부분 '亚'(버금 아; yà)를 '业'(일 업; yè)으로 바꾸었다. '顯'의 聲符(성부)이자 古字(고자)인 '㬎'(드러날 현; xiǎn)의 초서를 정자화한 것이다. 간화자 '显'은 '日'(해 일' rì)部에 '业'를 따른다.

참고 ▶ '㬎'은 '顯'의 古字이다.(≪說文≫) '햇볕(日)에 실(絲)을 말리다'는 뜻으로, '드러나다'와 '축축하다'의 뜻을 함께 갖는다. '頁'(머리 혈; yè)과 결합하여 '드러날 현'(顯)으로, '水'와 결합하여 '축축할 습'(濕)으로 분화되었다.(226 '湿[濕]' 참조) 번체자 '顯'은 '頁'머리 혈; yè)部에 '㬎'을 따르는 형성문자이다.

단어 ▶ 显现[xiǎnxiàn] 드러나다, 두드러지다; 明显[míngxiǎn] 뚜렷하다

269	宪 [憲] xiàn 법 헌

[뜻] 법, 헌법, 법령

설명 ▶ 번체자 '憲'의 漢語拼音(한어병음)을 따라 '先'(먼저 선; xiān)을 취하여 聲符(성부)로 삼았다. '宀'(집 면; mián)部에 '先'을 따른다. 形聲文字(형성문자)이다.

참고 ▶ '憲'과 '先'은 한자음으로 同韻(동운)이다. 번체자 '憲'은 本義(본의)가 '민첩하다'는 뜻으로, '害'(해칠 해; hài)에서 '口' (입 구; kǒu)를 생략하고 '罒'(目)과 '心'을 더해 만든 會意文字 (회의문자)이다. '눈'(罒)과 '마음'(心)을 함께 쓰는 것이 곧 '민 첩함'의 의미라는 것이다.

단어 ▶ 宪法[xiànfǎ] 헌법; 宪章[xiànzhāng] 헌장

---

270 | **县 [縣] xiàn 고을 현**
[뜻] 현(행정단위: 군(郡)에 상당함), 매달다(고문)

설명 ▶ 번체자 '縣'의 俗字(속자)를 正字化(정자화)하였다.(≪宋元 以來俗字譜≫: 县의 흘림체가 보임.) '縣'의 義符(의부) '系'(이을 계; jì)를 생략하고, 聲符(성부) '県'(매달 현; xiàn)의 초서를 정자 화한 것이다. 'ㄙ'(사사로울 사; sī)部에 '且'(또 차; qiě)를 따른다.
㊅ 县: 7획이다. 윗부분은 '且'를 따른다.

참고 ▶ 번체자 '縣'은 '系'와 '県'으로 이루어진 會意文字(회의문 자)이다. '사람의 머리를 거꾸로(県) 매단(系) 모습'으로, '매달 다, 내걸다'가 본뜻이다. '県'은 '사람의 머리를 거꾸로 한 형상'이 며, 金文(금문)에는 '나무'(木: 목, mù)이 하나 더 있다. 후에 '행 정단위'로 사용되면서, '매달다'는 뜻은 '心'(마음 심; xīn)을 義符 (의부)로 하여 '懸'으로 쓰게 되었다.(279 '悬[懸]' 참조) 오늘날 '縣'은 '糸'(실 사; sī)部에 'ノ'(삐침 별; biě)과 '県'을 따른다.

단어 ▶ 县长[xiànzhǎng] 현장; 县区[xiànqū] 현 지역

---

271 | **响 [響] xiǎng 소리 향**
[뜻] 소리, 울리다

설명 ▶ 번체자 '響'과 同音(동음)인 '向'(향할 향; xiàng)을 취하여

聲符(성부)로 삼고, 義符(의부)로 '口'(입 구; kǒu)를 취하였다.
'口'部에 '向'을 따른다. 形聲文字(형성문자)이다.

참고 번체자 '響'은 '音'(소리 음; yīn)部에 '鄕'(시골 향; xiāng)
을 따르는 형성문자이다. '鄕'에서 분화된 글자로, '소리, 울리다'
는 뜻이다. (462 '乡[鄕]' 참조)

단어 影响[yǐngxiǎng] 영향(끼치다); 音响[yīnxiǎng] 음향(기기)

---

272 **向 [嚮] xiàng 향할 향 [받을 향]**
[뜻] 향하다, 방향, −에게/으로, 여태까지

설명 번체자 '嚮'의 聲符(성부) '向'(향할 향; xiàng)으로 통일하
였다. '向'은 '口'(입 구; kǒu)部에 '宀'(집 면; mián)을 따른다. 會
意文字(회의문자)이다. '벽에 난 창문'을 본뜬 글자로, 本義(본
의)는 '북쪽 창문'이다. 인신되어 '향하다'는 뜻을 나타낸다.

참고 '向'은 引伸(인신)되어 '향하다', '방향'을 뜻한다. 일설에는
가차한 것이라고 하였다.(≪漢字源流字典≫) '嚮'과 '向'은 본래
다른 글자였으나, 후에 서로 통용하였다. 번체자 '嚮'은 본래 '向'
과 '鄕'(시골 향; xiāng)을 따르는 形聲(형성) 겸 會意文字(회의
문자)이다. '鄕'이 소리와 뜻을 겸한다. '향하다, 방향'이란 뜻이
다. '嚮'은 오늘날 '口'部에 속하며 '宀'과 '鄕'을 따른다. (462 '乡
[鄕]' 참조)

단어 方向[fāngxiàng] 방향; 向往[xiàngwǎng] 동경하다, 열
망하다

---

273 **协 [協] xié 화합할 협**
[뜻] 화합하다, 협조하다, 어울리다, 모으다

설명 번체자 '協'의 聲符(성부) '劦'(힘 합칠 협; xié, liè)을

‘办’(힘쓸 판; bàn)으로 대체하였다. 두 개의 ‘力’(힘 력; lì)을 점 (ヽ)으로 간화한 것이다. ‘十’(열 십; shí)部에 ‘办’을 따른다.

참고 ▶ ‘办’은 ‘辦’(힘쓸 판; bàn)의 간화자이다. 번체자 ‘協’은 ‘十’ 部에 ‘劦’(힘 합칠 협; xié)을 따르며, 形聲(형성) 겸 會意文字 (회의문자)이다. ‘劦’이 소리와 뜻을 겸한다. 사실 ‘協’의 갑골문 은 ‘劦’이다. ‘힘(力)을 합치다’는 뜻의 회의문자이다. 후에 ‘많은 사람들이 힘을 합치다’는 의미로 ‘十’을 義符(의부)로 더하게 되 었다.

단어 ▶ 协助[xiézhù] 협조하다; 协作[xiézuò] 협력하다

---

274 ‖ 胁 [脅] xié 옆구리 협
　　　　　[뜻] 옆구리, 겁주다, 위협하다

설명 ▶ 번체자 ‘脅’의 聲符(성부) ‘劦’(힘 합칠 협; xié, liè)을 ‘办’(힘쓸 판; bàn)으로 대체하였다. ‘月’(肉: 고기 육; ròu)部에 ‘办’을 따른다. (273 ‘协[協]’ 참조)

참고 ▶ 번체자 ‘脅’은 ‘月’(肉: 고기 육; ròu)部에 ‘劦’을 따르는 形 聲文字(형성문자)이다.

단어 ▶ 威胁[wēixié] 위협하다; 胁持[xiéchí] 양 옆을 껴서 붙잡다

---

275 ‖ 亵 [褻] xiè 더러울 설
　　　　　[뜻] 얕보다, 깔보다, 음란하다

설명 ▶ 번체자 ‘褻’의 俗字(속자)이다.(≪宋元以來俗字譜≫) 초서 를 바탕으로, 번체자의 聲符(성부) ‘埶’(심을 예; yì)의 좌편방 ‘坴’(언덕 륙; liú)을 ‘扌’(手: 손 수; shǒu)로 간화하였다. 전체적 으로 보면 聲符(성부) ‘埶’를 同韻字(동운자인 ‘执’(잡을 집; zhí) 으로 대체한 셈이다. ‘衣’(옷 의; yī)部에 ‘执’을 따른다.

참고 ▸ '埶'는 '기세 세'(shì)와 '심을 예'(yì)로, 多音字(다음자)이
다. '执'은 본래 '執'(잡을 집; zhí)의 간화자이다. 번체자 '褻'은
'衣'(옷 의; yī)部에 '埶'(예; yì)를 따르는 形聲文字(형성문자)이
다. 본뜻은 집에서 입는 간편복으로 '사복'(私服)을 말한다. '평
복, 내복'을 뜻하며, '친근하다, 경망스럽다, 저질스럽다' 등으로
引伸(인신)되었다.

단어 ▸ 褻渎[xièdú] 얕보다; 褻语[xièyǔ] 비어

---

276 **衅 [釁] xìn 피바를 흔**
[뜻] 싸움, 분쟁, (종의 틈에)피를 칠하다(고대의 제사
의식)

설명 ▸ '衅'은 '釁'의 異體字(이체자)이다.(《漢字形義分析字典》,
《玉篇》) '衅'은 '血'(피 혈; xiě)部에 '半'(반 반; bàn)을 따른다.
形聲(형성) 겸 會意文字(회의문자)이다.

참고 ▸ 번체자 '釁'은 '酉'(닭 유; yǒu)部에 '爨'(불땔 찬; cān)의
생략형과 '分'(나눌 분; fēn)을 따른다. '分'이 소리를 겸한다. 會
意(회의) 겸 形聲文字(회의문자)이다. 고대 희생(제물로 바치는
가축)의 피로 종(鐘)의 틈을 매우는 제례의식을 말한다. '爨'은
'부뚜막'을 뜻하고, '酉'는 술을 뜻한다. 제사를 지내다는 뜻이다.
이체자 '衅' 또한 '피(血)로써 틈을 매우다(半)'는 뜻이다.

단어 ▸ 挑衅[tiǎoxìn] 싸움을 걸다; 衅端[xìnduān] 싸움의 발단

---

277 **兴 [興] xīng, xìng 일어날 흥**
[뜻] (xīng) 일으키다, 시작하다, 유행하다, 흥성하다,
아마; (xìng) 흥미, 취미

설명 ▸ 번체자 '興'의 머리 부분을 세 점('')으로 부호화하였다.

초서를 正字化(정자화)하여 글자 전체의 윤곽을 유지하였다. '八'(여덟 팔; bā)部에 세 점('丷')과 'ー'을 따른다.

참고 ▶ 번체자 '興'은, 갑골문을 보면, '네 개의 손이 기물을 들어 올리는 모양'을 형상화한 會意文字(회의문자)이다. 金文(금문)에 이르러 '口'(입 구; kǒu)를 더하여 '소리를 맞추어 힘을 합치다'는 뜻을 부가하였다. '일으키다'가 본뜻이며, 引伸(인신)하여 '시작하다, 일어나다, 발생하다, 흥성하다, 흥취' 등을 뜻하게 되었다.

단어 ▶ 兴起[xīngqǐ] 흥기하다; 兴旺[xīngwàng] 창성하다; *高兴 [gāoxìng] 기쁘다; 兴趣[xìngqù] 흥미

---

278 | **须 [鬚] xū 모름지기 수 [수염 수]**
[뜻] 모름지기, 반드시, 수염

설명 ▶ 번체자 '鬚'의 聲符(성부) 글자 '須'로 통일하고, '頁'(머리 혈; yè)을 '页'로 간화하였다. '须'는 '页' 部에 '彡'(터럭 삼; shān)을 따른다. '얼굴에 난 구레나룻 모양'을 본뜬 象形文字(상형문자)이다. '구레나룻 수염'이 본뜻이나, 인신되어 '잠깐, 반드시' 등의 뜻을 지닌다.

참고 ▶ 번체자 '鬚'는 '髟'(머리털 드리워질 표; biāo)部에 '須'를 따르는 형성문자이다. '須'는 원래 '구레나룻 수염'을 뜻하는 글자였으나, 뒤에 '반드시, 모름지기'라는 뜻으로 사용되면서, '수염'을 뜻하는 경우는 다시 義符(의부) '髟'(표)를 더하여 '鬚'가 되었다.

단어 ▶ 必须[bìxū] 반드시; 胡须[húxū] 수염

---

279 | **悬 [懸] xuán 매달 현**
[뜻] 매달다, 드러내다

설명 ▶ 번체자 '懸'의 聲符(성부) '縣'(고을 현; xiàn)을 그 간화자

'县'으로 대체하였다. '悬'은 '心'(마음 심; xīn)部에 '县'(고을 현; xiàn)을 따른다. 형성문자이다.

참고 ▶ 번체자 '懸'은 '心' 部에 '縣'을 따른다. 會意(회의) 겸 形聲文字(형성문자)로, '마음속에 생각을 매달다'가 본뜻이다. '근심하다, 매달다'는 뜻으로 유추되었다. '县'은 '縣'(고을 현; xiàn)의 간화자이다. (270 '县[縣]' 참조)

단어 ▶ 悬念[xuánniàn] 염려하다; 悬挂[xuánguà] 내걸다

---

280 | 选 [選] xuǎn 가릴 선
[뜻] 고르다, 뽑다, 선택하다

설명 ▶ 번체자 '選'의 발음을 따라 聲符(성부) '巽'(갖출 손; xùn)을 '先'(먼저 선; xiān)으로 대체하였다. '辶'(辵: 천천히 갈 착; chuò)部에 '先'을 따른다. 形聲文字(형성문자)이다. '보내다, 파견하다'가 本義(본의)이나, 引伸(인신)되어 '고르다'를 뜻한다.

참고 ▶ 번체자 '選'은 '辶'(辵)部에 '巽'을 따르는 會意(회의) 겸 形聲文字(형성문자)이다.

단어 ▶ 挑选[tiāoxuǎn] 고르다; 选择[xuǎnzé] 선택하다

---

281 | 旋 [鏇] xuán, xuàn 돌 선 [선반 선]
[뜻] (xuán) 돌다, 돌아가다; (xuàn) 회전하다, 돌려깎다

설명 ▶ 번체자 '鏇'의 聲符(성부) 글자 '旋'으로 통일하였다. '旋'은 '方'(네모 방; fāng)部에 '𠂉'(人의 이형태: 누운 사람 인), '疋'(발 소; shū)를 따른다. 會意文字(회의문자)이다.

참고 ▶ '旋'은 본래 '㫃'(깃발이 나부끼는 모양 언; yǎn)과 '疋'(발 소; shū)를 따르는 회의문자이다. '사람들이 군대의 깃발(㫃)을

따라 돌다(疋)'는 뜻이다. 지금은 '方'을 部首(부수)로 한다. 번체자 '鏇'은 '金'(쇠 금; jīn)部에 '旋'을 따르는 형성문자이다. '굴대를 돌려 물건을 깍는 기계, 곧 선반'을 뜻한다.

단어 旋转[xuánzhuǎn] 돌다; 旋即[xuánjí] 곧장, 바로

Y

282 压 [壓] yā, yà 누를 압
[뜻] 누르다, 억압하다, 압도하다, 압력

설명 번체자 '壓'의 俗字(속자) '厌'을 취한 뒤,(≪宋元以來俗字譜≫) 다시 '犬'(개 견; quǎn)의 점(丶)을 제외한 '大'(큰 대; dà)를 생략하였다. '壓'의 聲符(성부) '厭'(누를 압; yā)에서 '猒'(싫어할 염; yān)을 점(丶)으로 부호화한 셈이다. '厂'(굴바위 한; hǎn)部에 '圡'(흙 토; tǔ)를 따른다.

㊟ 压 : 6획이다. '土'의 오른쪽 중간에 점(丶)이 있다.

참고 '圡'는 '土'와 同字(동자)이다. 비석 등에 글을 새길 때 특별히 점(丶)을 찍어 '士'(선비 사; shì)와 구별을 꾀하였다. 번체자 '壓'은 '土' 部에 '厭'을 따르는 형성문자이다. 본뜻은 '누르다'이다. '壓'의 성부 '厭'은 '싫을 염'(yàn)과 '누를 압'(yā)의 多音字(다음자)이다.

단어 压力[yālì] 압력, 부담; 压抑[yāyì] 억누르다; 压根儿[yàgēnr] 전혀, 근본적으로

283 盐 [鹽] yán, yàn 소금 염
[뜻] (yán) 소금; (yàn) 절이다

설명 번체자 '鹽'의 俗字(속자) '塩'을 다시 간화하였다.(≪宋元

以來俗字譜≫) 속자에서 '亻'(人의 이형태: 누운 사람 인)을 '卜'(점 복; bǔ)으로 바꾸고, '口'를 생략하였다. 번체자 '鹽'의 머리부분 전체 윤곽을 '朴'(흙덩이 복; pú)으로 부호화한 셈이다. '皿'(그릇 명; mǐn)部에 '朴'을 따른다.

참고 ▸ '鹽'은 본래 '鹵'(소금 로; lǔ)部에 '監'(볼 감; jiān)을 따르는 형성문자이다.(≪說文≫) 지금은 '皿'을 部首(부수)로 삼는다.

단어 ▸ 盐水[yánshuǐ] 식염수; 盐卤[yánlǔ] 간수

284	阳 [陽] yáng 별 양
	[뜻] 햇볕, 햇빛, 양지, 음양의 양성, 돌출하다, 돕다

설명 ▸ 번체자 '陽'과 同字(동자)라고 하였다.(≪字彙補≫, ≪道藏≫) '陽'의 聲符(성부) '昜'(별 양; yáng)에서 '日'(해 일; rì)을 취하였다. '阳'은 'ß'(阜: 언덕 부; fù)部에 '日'을 따른다. 會意文字(회의문자)가 된 셈이다.

참고 ▸ 번체자 '陽'은 'ß'(阜)部에 '昜'을 따르는 형성문자이다. '태양, 양지'라는 뜻이다. '陽'의 초기 형태는 '昜'이다. 이는 '나뭇가지 위로 해(日)가 비치는 모양'을 본뜬 象形文字(상형문자)이다.(≪甲骨文字集釋≫) 후에 '阜'(ß)를 더하여 해(昜)를 향하는 산의 남쪽, 곧 양지란 뜻의 '陽'이 되었다.

단어 ▸ 太阳[tàiyáng] 태양; 阳历[yánglì] 양력

285	养 [養] yǎng 기를 양
	[뜻] 기르다, 키우다, 휴양하다, 가꾸다

설명 ▸ 번체자 '養'의 俗字(속자)이다.(≪宋元以來俗字譜≫) '養'의 義符(의부) '食'(밥 식; shí)을 '介'(끼일 개; jiè)로 대체한 모양이다. 초서를 정자화한 것이다. '八' 部에 '三'과 '介'를 따른다.

총 9획이다.

참고 ▶ 번체자 '養'은 '食' 部에 '羊'(양 양; yáng)을 따르며, 형성문자이다.

단어 ▶ 抚养[fǔyǎng] 부양하다; 饲养[sìyǎng] 먹이다

---

286 **痒 [癢] yǎng 가려울 양**
[뜻] 가렵다, 근질근질하다

설명 ▶ 번체자 '癢'과 동음(同音) 通用字(통용자)인 '痒'으로 통일하였다. '疒'(병들어 기댈 녁; nè)部에 '羊'(양 양; yáng)을 따른다. 형성문자이다.

참고 ▶ 간화자 '痒'은 번체자 '癢'의 聲符(성부) '養'(기를 양; yǎng)에서 그 義符(의부) '食'(밥 식; shí)을 생략한 것으로 보이나, 사실 두 글자는 별개이다. '痒'은 본래 '근심으로 인해 생기는 병'(≪爾雅≫)과 '헐다, 종기, 부스럼'(≪說文≫)을 뜻하고, '癢'은 '가렵다'가 본뜻이다. 그러나 이 두 글자는 발음이 같아 이전부터 같은 글자로 통용해왔다.(≪說文解字注≫)

단어 ▶ 手痒[shǒuyǎng] 손이 근질근질하다; 痒痒[yǎngyǎng] 근질근질하다, 좀 쑤시다

---

287 **样 [樣] yàng 모양 양**
[뜻] 모양, 모습, 형태, 견본, 상태, 양태

설명 ▶ 번체자 '樣'의 聲符(성부) 글자 '羕'(길 양; yàng)에서 '永'(길 영; yǒng)을 생략하였다. '木'(나무 목; mù)部에 '羊'(양 양; yáng)을 따른다. 여전히 形聲文字(형성문자)이다.

참고 ▶ 번체자 '樣'은 '木' 部에 '羕'을 따르는 형성문자이다. 본뜻

은 '상수리나무 열매'이다. '樣'은 원래 '橡'(상수리나무 상; xiàng)의 本字(본자)이나, 후에 '㨾'(법식 양; yàng)을 가차하여 '모양, 형태, 상태'를 뜻하게 되었다.

단어 模样[múyàng] 모습; 样子[yàngzi] 모양

---

288 钥 [鑰] yào, yuè 열쇠 약
[뜻] (yào) 열쇠

설명 번체자 '鑰'의 聲符(성부) '龠'(대피리 약; yuè)을 漢語拼音(한어병음)이 같은 '月'(달 월; yuè)로 대체하고, 義符(의부) '金'(쇠 금; jīn)을 '钅'으로 간화하였다. '钅'部에 '月'을 따른다. 形聲文字(형성문자)이다.

참고 번체자 '鑰'은 '金'部에 '龠'을 따르는 형성문자로서, 본뜻은 '빗장을 고정시키는 쐐기'이다. '열쇠'를 의미한다.

단어 钥匙[yàoshi] 열쇠

---

289 药 [藥] yào 약초이름 약 [약 약]
[뜻] 약

설명 번체자 '藥'과 동음자인 '葯'을 가차하고, '糸'(실 사; sī)를 '纟'로 간화하였다. '艹'(艸: 풀 초; cǎo)部에 '约'(묶을 약; yuē)을 따른다. 형성문자이다.

참고 간화자 '药'은 번체자 '藥'의 聲符(성부) '樂'을 同韻(동운)의 '約'으로 대체한 것처럼 보이지만, 사실은 가차한 것이다. '葯'은 원래 '白芷(백지)'라는 약초를 뜻하는 글자이다. '꽃가루주머니'라는 뜻과 '藥'의 뜻으로도 쓰였다. '藥'은 '艹'(艸)部에 '樂'(즐거울 락; lè)을 따르는 형성문자로, 병을 치료하는 약초의 총칭이다.

단어 ▶ 吃药[chīyào] 약을 먹다; 药水[yàoshuǐ] 물약, 약물

290	爷 [爺] yé 아비 야
	[뜻] 아버지, 할아버지, 어르신, 지체 높은 사람에 대한 호칭

설명 ▶ 번체자 '爺'의 俗字(속자)이다.(≪宋元以來俗字譜≫) '爺'의 聲符(성부) 글자 '耶'(어조사 야; yē)를 漢語拼音(한어병음)으로 同韻(동운)인 'ㅁ'(부절 절; jié)로 대체하였다. '父'(아비 부; fù)部에 'ㅁ'을 따른다. 形聲文字(형성문자)로 분류된다.

참고 ▶ 번체자 '爺'는 '父'部에 '耶'를 따르는 형성문자이다. '父'(아버지)의 俗語(속어)라고 하였다. (≪玉篇≫: 爺, 俗爲父爺字.)

단어 ▶ 爷爷[yéye] 할아버지; 老爷[lǎoye] 나리, 영감

291	叶 [葉] yè, xié 화합할 협 [잎 엽]
	[뜻] (yè) 잎, 시대; (xié) 협력하다, 어울리다, 화합하다

설명 ▶ 번체자 '葉'과 同韻(동운)의 '叶'을 가차하였다. '叶'은 'ㅁ'(입 구; kǒu)部에 '十'(열 십; shí)을 따른다. 형성문자이다.

㊟ '叶韻'(협운)의 '叶'은 'xié'(協)로 읽는다.

참고 ▶ '叶'은 원래 '協'(합칠 협; xié)의 古文(고문)으로, 異體字(이체자)이다. '입을 모으다, (소리)조화를 이루다, 협력하다'가 본뜻이다.(≪說文解字注≫) 번체자 '葉'은 '艹'(艸: 풀 초; cǎo)部에 '枼'(나뭇잎 엽; yè)을 따른다. 會意(회의) 겸 形聲文字(형성문자)이다. '枼'이 뜻을 겸한다.

단어 ▶ 叶子[yèzi] 잎; 树叶[shùyè] 나뭇잎; 叶韵[xiéyùn] 운율을 맞추다, 압운하다

292 医 [醫] yī 치료할 의
[뜻] 치료하다, 의사

설명 번체자 '醫'의 俗字(속자)이다.(≪宋元以來俗字譜≫) '醫'의 形態素(형태소)이자 同音字(동음자)인 '医'(동개 예; yì)를 假借(가차)하였다. '医'는 'ㄷ'(감출 혜; xǐ)部에 '矢'(화살 시; shǐ)를 따른다. 會意文字(회의문자)라고 하였다.(≪漢字源流字典≫)

참고 간화자 '医'는 번체자 '醫'에서 '医'를 제외한 나머지 부분을 생략한 듯이 보이나, '医' '醫'는 同音(동음)의 다른 글자이다. '医'(동개 예; yì)는 원래 '활과 화살통을 지는 기구인 동개'를 뜻하는 글자로, '翳'(몸가리개 예; yì)의 가차자(假借字)로도 사용되었다. 번체자 '醫'는 '酉'(술항아리 유; yǒu)部에 '殹'(앓는 소리 예; yì)를 따르는 會意文字(회의문자)이다. '화살로 입은 상처(殹)를 술(酉: 酒)로 치료하다'는 뜻이다. '醫'는 또 '毉'로도 썼다. 異體字(이체자)이다. 옛날에는 무당과 의사를 구분하지 않았다는 뜻이다.

단어 医生[yīshēng] 의사; 医院[yīyuàn] 병원

293 亿 [億] yì 만만 억
[뜻] 억

설명 번체자 '億'의 聲符(성부) '意'(뜻 의; yì)를 漢語拼音(한어병음)이 같은 '乙'(새 을; yǐ)로 대체하였다. 'イ'(人: 사람 인; rén)部에 '乙'을 따른다. 形聲文字(형성문자)이다.

참고 번체자 '億'은 'イ'(人)部에 '意'를 따르는 형성문자이다. '편안하다'가 本義(본의)이나, '만족하다, 가득 차다'로 引伸(인신)되었고, 다시 숫자 '억'(万万)으로 引伸(인신)되었다.

단어 亿万[yìwàn] 억만

294	忆 [憶] yì 생각할 억
	[뜻] 기억하다, 생각하다, 그리워하다

설명 ▶ 번체자 '憶'의 聲符(성부) '意'(뜻 의; yì)를 漢語拼音(한어병음)이 같은 '乙'(새 을; yǐ)로 대체하였다. '忄'(心: 마음 심; xīn)部에 '乙'을 따른다. 形聲文字(형성문자)이다. '생각하다, 그리워하다, 추억하다'는 뜻이다.

참고 ▶ 번체자 '憶'은 '忄'(心)部에 '意'를 따르는 형성문자이다.

단어 ▶ 回忆[huíyì] 회상하다; 记忆[jìyì] 기억하다

295	应 [應] yīng, yìng 응당 응
	[뜻] (yīng) 마땅히, 해야 하다; (yìng) 응하다, 대응하다,
	응답하다, 적응하다

설명 ▶ 번체자 '應'의 俗字(속자)이다.(≪宋元以來俗字譜≫) '應'의 편방 '倠'(추할 휴; xū)와 '心'(마음 심; xīn)을 부호화하여 세 점(丷)과 '一'로 간화하였다. 글자 전체의 윤곽을 살린 것으로, 초서체를 正字化(정자화)하였다.(≪王羲之書法字典≫) '广'(집 엄; yǎn)部에 세 점(丷)과 '一'을 따른다.

참고 ▶ 번체자 '應'은 '心'部에 '倠'(鷹: 매 응; yīng)을 따르는 形聲文字(형성문자)이다. '倠'이 뜻을 겸한다. '마음으로 마땅하게 여기다'는 뜻이다.

단어 ▶ 应当[yīngdāng] 마땅히 해야 하다; 应该[yīnggāi] 반드시 해야 하다

296　痈 [癰] yōng 악창 옹
[뜻] 종기, 악창

설명 ▶ 번체자 '癰'의 聲符(성부) '雝'(할미새 옹; yōng)을 同韻(동운)의 '用'(쓸 용; yòng)으로 대체하였다. '疒'(기댈 녁; nè)部에 '用'을 따른다. 形聲文字(형성문자)이다.

참고 ▶ 번체자 '癰'은 '疒'(병질 녁; nè)部에 '雝'을 따르는 형성문자이다. '종기'를 뜻한다. '癰'의 聲符(성부) '雝'과 '用'은 漢語拼音(한어병음)이 같다.

단어 ▶ 痈疽[yōngjū] 독창

297　拥 [擁] yōng 안을 옹
[뜻] 안다, 끌어안다, 둘러싸다, 붐비다, 지지하다, 지니다

설명 ▶ 번체자 '擁'의 聲符(성부) '雍'(누그러질 옹; yōng)을 漢語拼音(한어병음)이 같은 '用'(쓸 용; yòng)으로 대체하였다. '扌'(手: 손 수; shǒu)部에 '用'을 따른다. 形聲文字(형성문자)이다.

참고 ▶ 번체자 '擁'은 '扌'(手)部에 '雍'을 따르는 형성문자이다. '안다'는 뜻이다.

단어 ▶ 拥抱[yōngbào] 포옹하다; 拥有[yōngyǒu] 보유하다

298　佣 [傭] yōng 품팔이할 용
[뜻] 고용하다, 고용인

설명 ▶ 번체자 '傭'의 聲符(성부) '庸'(쓸 용; yōng)을 '用'(쓸 용; yòng)으로 대체하였다. '亻'(人: 사람 인; rén)部에 '用'을 따른다.

'남에게 고용되다'는 뜻으로, 會意(회의) 겸 形聲文字(형성문자)이다.

참고 ▶ 번체자 '傭'은 'イ'(人)部에 '庸'(쓸 용; yōng)을 따르는 회의 겸 형성문자이다. '庸'은 '用'의 뜻이다.

단어 ▶ 佣人[yōngrén] 고용인; 雇佣兵[gùyōngbīng] 용병('의무병'과 구별됨)

299	踊 [踴] yǒng 뛸 용
	[뜻] 뛰다, 뛰어오르다

설명 ▶ 두 글자는 同音同義(동음동의)이다. 聲符(성부)가 간단한 '踊'으로 통일하였다. '踊'은 '足'(발 족; zú)部에 '甬'(종머리 용; yǒng)을 따른다. 形聲文字(형성문자)이다.

참고 ▶ 번체자 '踴'은 '足'部에 '勇'(용감할 용; yǒn)을 따르는 會意(회의) 겸 形聲文字(형성문자)이다. '힘써(勇) 발질을(足) 하다'는 개념으로, '뛰어오르다'는 뜻이다. '踴'은 본래 '踊'의 俗字(속자)였는데, 번체자의 正字(정자)가 되었다. 이제 다시 '踊'을 '踴'의 간화자로 채택하면서, 규범자가 되었다.(《漢字形義分析字典》)

단어 ▶ 踊跃[yǒngyuè] 껑충껑충 뛰다, 적극적이다

300	忧 [憂] yōu 설렐 우 [근심 우]
	[뜻] 근심하다, 우울하다, 근심, 우환

설명 ▶ 번체자 '憂'와 同音(동음)인 '忧'를 假借(가차)하였다. '忧'는 'イ'(心: 마음 심; xīn)部에 '尤'(더욱 우; yóu)를 따른다. 形聲文字(형성문자)이다. '마음이 움직이다, 설레다'가 본뜻이나, '憂'

의 간화자로 '근심하다'는 뜻으로 사용한다.

참고 ▸ '忧'는 원래 'yòu'(설레다; 心動)로 읽었으나, 이제 '憂'의 간화자가 되어, 'yōu'로 읽는다. 번체자 '憂'는 '夊'(천천히 걸을 쇠; suī)部에 '㥑'(근심 우; yōu)를 따르며, 會意(회의) 겸 형성문자이다. '근심하다'는 뜻이다.

단어 ▸ 忧郁[yōuyù] 우울하다; 忧愁[yōuchóu] 근심스럽다

301	**优 [優] yōu 우수할 우**
	[뜻] 우수하다, 좋다, 넉넉하다, 우대하다, 배우

설명 ▸ 번체자 '優'의 聲符(성부) '憂'(근심 우; yōu)를 同音字(동음자)인 '尤'(더욱 우; yóu)로 대체하였다. '亻'(人: 사람 인; rén)部에 '尤'를 따른다. 形聲文字(형성문자)이다. (212 '扰[擾]' 참조)

참고 ▸ 번체자 '優'는 '亻'(人)部에 '憂'를 따르는 형성문자이다. 본의는 '배우'와 '풍부하다'는 뜻이다. '풍부하다'에서 引伸(인신)하여 '깊다', '두텁다', '우수하다'는 뜻으로 확대되었다. 주로 '우수하다'는 뜻으로 사용된다.

단어 ▸ 优秀[yōuxiù] 뛰어나다; 优류[yōuyì] 특출하다

302	**邮 [郵] yóu 역참 우**
	[뜻] 우편, 우표, 부치다, 역참

설명 ▸ 번체자 '郵'와 同音(동음)인 '邮'를 가차하였다. '阝'(邑: 고을 읍; yì)部에 '由'(말미암을 유; yóu)를 따른다. 형성문자이다.

참고 ▸ '邮'는 원래 '지명'과 '邮亭'(유정; yóutíng)이라는 정자 이름을 뜻하는 글자였으나, 이제 '郵'의 간화자가 되어 주로 '역참,

배달하다'는 뜻으로 사용된다. 번체자 '郵'는 'ß'(邑)部에 '垂'(드리울 수; chuí)를 따르며, 會意文字(회의문자)이다. '변경(垂)의 마을(邑)'이란 개념으로, '역참', '치달리다, 우편' 등을 뜻한다.

단어 ▶ 邮票[yóupiào] 우표; 邮递[yóudì] 우송하다

303	余 [餘] yú 나 여 [남을 여]
	[뜻] 나(我), 남다, 나머지, 남짓

설명 ▶ 번체자 '餘'의 聲符(성부) 글자 '余'로 통일하였다. '人'(사람 인; rén)部에 '于'(어조사 우; yú)와 '八'(여덟 팔; bā)을 따른다. '어조사, 나'가 본뜻이나, 일찍부터 '餘'의 가차자로 통용하였다.

㊗ '余'와 '餘'가 의미상 혼란을 일으킬 때는 여전히 '餘'를 사용한다. 예를 들면, 문언문 "餘年无多"(남은 해가 많지 않다.)와 같은 경우이다.

참고 ▶ 갑골문을 보면, '余'는 '舍'(집 사; shě)의 생략형에 '八'이 결합된 경우로, '나무로 지탱한 집'을 본뜬 글자이다. 번체자 '餘'는 '食'(먹을 식; shí)部에 '余'를 따른다. 會意(회의) 겸 形聲文字(형성문자)로, '余'가 뜻을 겸한다. '먹을 것이 넉넉하다'는 뜻이다.

단어 ▶ 剩余[shèngyú] 남기다; 余地[yúdì] 여지

304	御 [禦] yù 모실 어 [막을 어]
	[뜻] (말을) 몰다, 모시다, 부리다, 다스리다, 막다, 임금의

설명 ▶ 번체자 '禦'의 聲符(성부) 글자인 '御'로 통일하였다. 'ㄔ'

(천천히 걸을 척; chì)部에 '卸'(떨어질 사; xiè)를 따른다. '말을 몰다'가 본뜻이나, 이로부터 다시 차례로 '다스리다, 통치하다', '임금과 관련된' 등의 뜻으로 引伸(인신)되었다.

참고 ▶ '御'의 古字(고자)는 '馭'(말 부릴 어; yù)로 썼다. '馬'(말 마; mǎ)와 '又'(또 우; yòu: 오른손을 의미함)의 결합으로서 會意文字(회의문자)이다. '말을 몰다'는 뜻이다. '彳'은 '두인 변'(双人旁; shuāngrénpáng)이라고도 한다. 번체자 '禦'는 '示'(보일 시; shì)部에 '御'를 따르는 형성문자이다. 본뜻은 '제사'(祀)이나, 주로 '막다, 제지하다'는 뜻으로 사용되었다. '御'와 '禦'는 통용하였다.(≪漢字形義分析字典≫)

단어 ▶ 御史[yùshǐ] 어사; 御笔[yùbǐ] 임금이 쓴 글씨; 御害 [yùhài] 피해를 막다

---

305 **吁[籲] yù, xū 탄식할 우 [부르짖을 유]**
[뜻] (yù) 외치다, 호소하다, 부르짖다; (xū) 탄식하다, 한숨 쉬다, 감탄사(놀람)

설명 ▶ 번체자 '籲'와 同韻(동운)의 '吁'를 가차하였다. '吁'는 '口'(입 구; kǒu)部에 '于'(어조사 우; yú)를 따른다. 형성문자이다. '탄식하는 소리'를 뜻한다.

주 '喘吁吁'(chuǎnxūxū; 헐떡이다), '長吁短嘆'(chángxūduǎntàn; 한숨을 연달아 쉬다)의 '吁'는 'xū'(虛)로 읽는다.

참고 ▶ 번체자 '籲'는 원래 '頁'(머리 혈; yè)과 '龠'(피리 약; yuè)을 따르는 形聲文字(형성문자)이다. '악기를 불어, 포고하다'는 뜻이다. 지금은 '竹'部에 '顄'(부를 유; yuè)를 따른다고 하였다.

단어 ▶ 呼吁[hūyù] 호소하다, 요청하다

306 郁 [鬱] yù 향기로울 욱 [울창할 울]

[뜻] 향기가 짙다, 문채가 나다, 울창하다, 우거지다,
답답하다, 우울하다, 막히다

설명 번체자 '鬱'과 漢語拼音(한어병음)이 같은 '郁'을 가차하였
다. '郁'은 'ß'(邑: 고을 읍; yì)部에 '有'(있을 유; yǒu)를 따르는
形聲文字(형성문자)이다. 원래 지명을 뜻하던 글자였으나, 가차
하여 '향기가 짙다'는 뜻을 지닌다.

참고 번체자 '鬱'은 원래 '臼(→林: 수풀 림; lín), 缶(중두리 부;
fǒu), 冖(덮을 멱; mì), 鬯(술이름 창; chàng), 彡(터럭 삼;
shān)'으로 이루어진 會意文字(회의문자)로, '두 손(臼→林)으
로 항아리(缶)를 잘 덮어(冖) 향기로운 술(鬯)을 빚다'는 뜻이다.
'彡'는 '향기가 날리다'는 뜻이다.(≪漢字源流字典≫) '鬱'은 '향기
가 짙다'는 뜻이다. 또 引伸(인신)되어 '울창하다', '막히다'는 뜻
을 나타낸다.

단어 浓郁[nóngyù] 짙다; 郁烈[yùliè] 강렬하다

307 誉 [譽] yù 기릴 예

[뜻] 기리다, 칭찬하다, 명예, 명망

설명 번체자 '譽'의 聲符(성부) '與'(더불 여; yǔ)를 '兴'(흥할
흥; xīng)으로 간화하였다. 초서체를 정자화하여, 머리 부분을 세
점(丷)으로 부호화한 것이다.(≪書道大字典≫) '言'(말씀 언;
yán)部에 '兴'을 따른다.

참고 '與'(与; 여)는 多音字(다음자)로서, '더불다'(yǔ), '참여하
다' (yù), '어기조사'(yú) 등의 뜻을 갖는다. 번체자 '譽'는 '言' 部
에 '與'를 따르는 形聲文字(형성문자)이다. '칭찬하다, 칭송하다'
는 뜻이다.

단어 ▶ 名誉[míngyù] 명예; 声誉[shēngyù] 명성

308 渊[淵] yuān 못 연
[뜻] 깊은 못, 깊다

설명 ▶ 번체자 '淵'의 俗字(속자)이다.(≪宋元以來俗字譜≫) '淵'의 聲符(성부) '㡜'(못 연; yuān) 내부를 '米'(쌀 미; mǐ)'로 부호화하였다. 행서(行書)를 정자화한 것으로 보인다. 'ㆍ'(水: 물 수; shuǐ)部에 '㡜'을 따른다. 여전히 形聲文字(형성문자)이다.

참고 ▶ '㡜'은 본래 '큰 못의 깊은 물'을 본뜬 象形文字(상형문자)이다. ('㡜'의) 좌우 세로 획은 언덕이고, 가운데 문양은 물을 본뜬 모양이라고 하였다.(≪說文≫) 후에 義符(의부) 'ㆍ'(水)를 더하였다.

단어 ▶ 深渊[shēnyuān] 깊은 못; 渊源[yuānyuán] 연원, 근원

309 园 [園] yuán 동산 원
[뜻] 동산, 정원, 밭

설명 ▶ 번체자 '園'의 聲符(성부) '袁'(옷이 길 원; yuán)을 同音(동음)인 '元'(으뜸 원; yuán)으로 대체하였다. '囗'(둘러쌀 위(圍); wéi)部에 '元'을 따른다. 형성문자이다.

참고 ▶ 번체자 '園'은 '囗'(위)部에 '袁'을 따르는 形聲文字(형성문자)이다. 本義(본의)의 '과수나무를 심은 곳'에서 쉼터의 뜻을 지닌 '동산, 정원' 등으로 인신되었다.

단어 ▶ 花园[huāyuán] 화원; 菜园[càiyuán] 채소밭, 채전

310 | 远 [遠] yuǎn 멀 원
[뜻] 멀다

설명 ▸ 번체자 '遠'의 聲符(성부) '袁'(옷이 길 원; yuán)을 同音 (동음)인 '元'(으뜸 원; yuán)으로 대체하였다. '辶'(辵: 갈 착; chuò)部에 '元'을 따른다. 형성문자이다.

참고 ▸ 번체자 '遠'은 '辶'(辵)部에 '袁'을 따르는 형성문자이다.

단어 ▸ 远程[yuǎnchéng] 원거리, 원격; 远大[yuǎndà] 원대하다

311 | 愿 [願] yuàn 정성 원 [바랄 원]
[뜻] 삼가다, 공손하다, 바라다, 빌다

설명 ▸ 번체자 '願'과 동음자인 '愿'을 假借(가차)하였다. '愿'은 '心'(마음 심; xīn)部에 '原'(근원 원; yuán)을 따른다. 形聲文字 (형성문자)이다. '성실하다, 신중하다'가 本義(본의)이다. 이제 '願'의 간화자로 '희망하다, 바라다'는 뜻을 더하였다.

참고 ▸ 번체자인 '願'은 '頁'(머리 혈; yè)部에 '原'을 따르며, 또한 형성문자이다. 본뜻은 '큰머리(大頭)'이나, 상용하는 뜻은 '바라 다, 희망하다'이다.

단어 ▸ 愿意[yuànyì] 바라다; 心愿[xīnyuàn] 염원

312 | 跃 [躍] yuè 뛸 약
[뜻] 뛰다, 도약하다

설명 ▸ 번체자 '躍'의 聲符(성부) '翟'(꿩 적; zhái)을 같은 入聲字 (입성자)인 '夭'(지명 옥, wò)으로 대체하였다. '足'(발 족; zú)部 에 '夭'을 따른다. 형성문자이다.

참고 ▶ '夭'은 多音字(다음자)이다. '어리다, 아리땁다, 구부리다, 요절하다'(요; yāo)와 '沃의 생략'(옥; wò; 烏酷切, 비옥하다. 지명) 등의 뜻을 갖는다. 번체자 '躍'은 '足' 部에 '翟'을 따르는 형성문자이다. '뛰다'(跳)는 뜻이다.

단어 ▶ 跳跃[tiàoyuè] 뛰어오르다; 踊跃[yǒngyuè] 뛰어오르다, 열렬하다

---

313 | 运 [運] yùn 달아나는 모양 운 [운행할 운]
[뜻] 돌다, 이동하다, 운동하다, 운반하다, 운용하다

설명 ▶ 번체자 '運'과 同音(동음)인 '运'을 가차하였다. '运'은 '辶'(辵: 갈 착; chuò)部에 '云'(구름 운; yún)을 따른다. 형성문자이다.

참고 ▶ '运'(운; yǔn)은 본래 '달려가는 모습'(走貌)을 뜻하는 글자이다. (≪集韻≫) 번체자 '運'은 '辶'(辵)部에 '軍'(군사 군; jūn)을 따르는 형성문자로, '구르다, 옮기다'는 뜻이다.

단어 ▶ 运气[yùnqì] 운수; 运动[yùndòng] 운동

---

314 | 酝 [醞] yùn 술빚을 온
[뜻] 술을 빚다, 양조하다, 술

설명 ▶ 번체자 '醞'의 聲符(성부) '昷'(어질 온; wēn)을 발음이 비슷한 '云'(구름 운; yún)으로 대체하였다. '酉'(술담는 그릇 유; yǒu)部에 '云'을 따른다. 形聲文字(형성문자)이다.

참고 ▶ 번체자 '醞'은 '酉'(술항아리 유; yǒu)部에 '昷'을 따른다. 형성문자이다. '술을 빚다'는 뜻이다. '醖'은 異體字(이체자)이다.

단어 ▶ 酝酿[yùnniàng] 술을 빚다

Z

315 | **杂 [雜] zá 섞일 잡**
[뜻] 섞다, 섞이다, 복잡하다

설명 ▶ 번체자 '雜'의 俗字(속자)인 '𣀷'을 취한 뒤, 다시 초서(草書)에 의거 머리 부분 '众'을 부호화하여 '九'(아홉 구; jiǔ)로 간화하였다. '木'(나무 목; mù)部에 '九'를 따른다. '여러 가지(九) 나무(木)가 섞여있다'는 개념을 형상화하여 새로운 會意文字(회의문자)를 이루었다.

참고 ▶ 속자 '𣀷'은 '雜'에서 義符(의부) '隹'(새 추; zhuī)를 생략한 형태이다.(≪宋元以來俗字譜≫) 간화자 '杂'은 또 본래 '朵'(늘어질, 떨기 타; duǒ)의 俗字(속자)이기도 하다.(≪龍龕手鑑≫) 번체자 '雜'은 본래 '衣'(옷 의; yī)와 '集'(모을 집; jí)을 따르는 會意(회의) 겸 形聲文字(형성문자)이다. '각종 옷감의 색깔을 모아 배합하다', 곧 '오색을 잘 배합하다, 섞다'는 뜻이다.

단어 ▶ 复杂[fùzá] 복잡하다; 杂乱[záluàn] 난잡하다

316 | **赃 [贓] zāng 장물 장**
[뜻] 장물, 부정한 방법으로 취득 하는 물건

설명 ▶ 번체자 '贓'의 聲符(성부) '臧'(착할 장; zāng)을 古音(고음)이 같은 '庄'(농막 장; zhuāng)으로 대체하고, 義符(의부) '貝'(조개 패; bèi)를 '贝'로 간화하였다. '贝' 部에 '庄'을 따른다. 형성문자이다.

참고 ▶ '庄'은 '莊'(장엄할 장; zhuāng)의 간화자이다. '臧'(착할

장; zāng)은 또 '藏'(감출 장; cáng, zàng)과 통한다. 번체자 '贜'은 '貝'部에 '臧'(藏)을 따르는 형성문자이다. '贜'은 '옳지 않은 방법으로 취한 재물'을 말한다.

단어 ▶ 赃物[zāngwù] 부정한 재물; 贪赃[tānzāng] 뇌물을 받다

---

317 | **脏 [臟] zàng 오장 장, [髒] zāng 더러울 장**
[뜻] (zàng) 오장, 내장; (zāng) 더럽다

설명 ▶ 번체자 '臟'의 聲符(성부) '藏'(감출 장; cáng, zàng)을 古音(고음)이 같은 '庄'(농막 장; zhuāng)으로 대체하였다. 또 '뚱뚱하다, 더럽다'는 뜻의 번체자 '髒'의 聲符(성부) '葬'(장사지낼 장; zàng)을 古音(고음)이 같은 '庄'(농막 장; zhuāng)으로 대체하고, 義符(의부) '骨'(뼈 골; gǔ)을 '月'(肉: 고기 육; ròu)로 바꾸어 '脏'으로 간화하였다. 간화자 '脏'은 '月'(肉: 고기 육; ròu)部에 '庄'을 따른다. 형성문자이다.

참고 ▶ '脏'은 '臟'과 '髒'의 간화자로서, 두 글자의 뜻을 함께 지니는 多音字(다음자)이다. '臟'은 '月'(肉)部에 '藏'을 따르며, 會意(회의) 겸 形聲文字(형성문자)이다. 동물의 '내장'을 뜻한다. '髒'은 '骨'部에 '葬'을 따르는 형성문자이다. '깨끗하지 못하다', '더럽다'는 뜻이다.

단어 ▶ 五脏[wǔzàng] 오장(심장, 간장, 비장, 폐장, 신장); 心脏[xīnzàng] 심장; 脏乱[zāngluàn] 더럽고 지저분하다; 肮脏[āngzāng] 더럽다

---

318 | **凿 [鑿] záo 뚫을 착**
[뜻] 뚫다, 파다, 뚜렷하다, 구멍, 끌, 정

설명 ▶ 번체자 '鑿'의 俗字(속자) '凿'을(《宋元以來俗字譜》) 취

하여 재정리하였다. 번체자 '鑿'에서 '殳'(창 수; shū)와 '金'(쇠 금; jīn)을 생략하고, '臼'(절구 구; jiù)를 '凵'(입벌릴 감; kǎn)으로 바꾸었다. '凵'部에 '丵'(풀 무성할 착; zhuó)을 따른다. 會意(회의) 겸 形聲文字(형성문자)이다. '풀이 구덩이 속을 뚫고 들어가다'는 뜻으로 이해할 수 있다.

참고 '凿'은 '鑿'의 俗字(속자)이다.(≪宋元以來俗字譜≫) 번체자 '鑿'은 '쇠붙이(金)'를 손으로 잡고(殳←攴) 구멍(臼)을 뚫다(丵)'는 개념을 형상화한 會意文字(회의문자)이다. '끌', '구멍을 뚫다'는 뜻이다.

단어 凿子[záozi] 끌; 凿井[záojǐng] 우물을 파다

---

319 枣 [棗] zǎo 대추 조
[뜻] 대추

설명 번체자 '棗'의 俗字(속자)이다.(≪宋元以來俗字譜≫) '棗'의 아래 '朿'(가시 자; cì)를 부호화하여 두 점(冫)으로 대체하였다. '枣'는 '木'(나무 목; mù)部에 '冂'(멀 경; jiōng)과 두 점(冫)을 따른다.

참고 번체자 '棗'는 '朿'를 중첩시켜 만든 會意文字(회의문자)이다. '가시를 가진 높고 큰 나무'란 뜻으로 '대추나무'를 형상화하였다.

단어 红枣[hóngzǎo] 붉은 대추; 酸枣[suānzǎo] 멧대추(나무)

---

320 灶 [竈] zào 부뚜막 조
[뜻] 부뚜막, 부엌, 조왕신

설명 번체자 '竈'의 俗字(속자)이다.(≪五音集韻≫) '灶'는 '火'

(불 화; huǒ)部에 '土'(흙 토; tǔ)를 따른다. 會意文字(회의문자)
이다. '불을 때는 부뚜막'이란 뜻이다.

번체자 '竈'는 '穴'(구멍 혈; xué)部에 '䵷'(두꺼비 축; cù)
의 생략형을 따른다. 形聲文字(형성문자)이다.

炉灶[lúzào] 부뚜막과 솥, 아궁이; 灶火[zàohuo] 부뚜막

---

321 斋 [齋] zhāi 정결할 재
[뜻] 집, 서재, 정결하다, 재계하다

설명 번체자 '齋'와 同字(동자)이다.(≪康熙字典≫) '齋'의 초서
체를 正字化(정자화)한 것으로 보인다. '文'(글월 문; wén)部에
'而'(말 이을 이; ér)를 따른다. 會意文字(회의문자)이다.

참고 번체자 '齋'는 '示'(보일 시; shì)에 '齊'(가지런할 제; zhāi)
를 聲符(성부)로 취한 會意(회의) 겸 形聲文字(형성문자)이다.
'齊'가 뜻을 겸한다. '귀신(示)에게 제사를 올리기 전에 몸과 마음
을 가지런히 하다(齊)'는 개념으로, '재계(齋戒)하다, 집(방)'을
뜻한다. 지금은 '齊'를 部首(부수)로 삼는다.

단어 书斋[shūzhāi] 서재; 斋戒[zhāijiè] 재계하다

---

322 毡 [氊] zhān 담자리 전
[뜻] 융단, 담자리

설명 번체자 '氊'의 俗字(속자)이다.(≪正字通≫) '氊'의 聲符
(성부) '亶'(믿음 단; dǎn, dàn)을 번체자와 漢語拼音(한어병음)
이 같은 '占'(차지할 점; zhàn)으로 대체하였다. '毛'(털 모; máo)
部에 '占'을 따른다. '털을 깔고 있다'는 뜻으로, 會意(회의) 겸 形
聲文字(형성문자)로 이해할 수 있다.

간체자원리사전

‘占’(점)은 ‘차지하다’(zhàn)와 ‘점치다’(zhān)의 多音字 (다음자)이다. 번체자 ‘氈’은 ‘毛’部에 ‘亶’을 따른다. 형성문자 이다.

단어 ▶ 毛毡[máozhān] 모전, 융단; 毡帽[zhānmào] 전모, 모전으 로 만든 모자

---

323 ┃ **战 [戰] zhàn 싸울 전**
[뜻] 전쟁, 싸움, 싸우다

설명 ▶ 번체자 ‘戰’의 俗字(속자)이다.(≪宋元以來俗字譜≫, ≪中 華大字典≫) ‘戰’의 편방 ‘單’(홀 단; dān)을 ‘占’(차지할 점; zhàn)으로 대체하였다. ‘戈’(창 과; gē)部에 ‘占’을 따른다. 會意 (회의) 겸 形聲文字(형성문자)이다. ‘창(戈)을 들고 차지하다 (占)’는 뜻이다.

참고 ▶ 번체자 ‘戰’은 ‘戈’部에 ‘單’을 따르는 형성문자이나, 원래 의 자형은 ‘單’이 아닌 ‘嘼’(짐승 수; shòu)로서, ‘창(戈)으로 짐승 (嘼)을 공격하다’는 뜻의 會意文字(회의문자)였다. 후에 ‘嘼’를 잘못 ‘單’으로 써서 ‘戰’이 되었다. ‘수렵하다’가 본뜻이나, 인신되 어 ‘싸우다, 전쟁’을 뜻한다.

단어 ▶ 战争[zhànzhēng] 전쟁; 战斗[zhàndòu] 전투하다

---

324 ┃ **赵 [趙] zhào 나라이름 조**
[뜻] 나라 이름, 성

설명 ▶ 번체자 ‘趙’의 聲符(성부) ‘肖’(닮을 초; xiào)를 ‘乂’(다섯 오; wǔ)로 기호화하였다. ‘走’(달릴 주; zǒu)部에 ‘乂’를 따른다. 여전히 形聲文字(형성문자)이다.

번체자 '趙'는 '走'部에 '肖'를 따르며, 형성문자이다. 본뜻은 '뛰다, 급히 가다'이나, 가차하여 '국명'을 나타낸다.

---

325 折 [摺] zhé, zhě 꺽을 절 [접을 접]
[뜻] 꺾다, 접다, 구부리다, 끊다, 요절하다, 좌절하다, 에누리하다

설명 번체자 '摺'과 漢語拼音(한어병음)이 같은 '折'로 가차하였다. 'ㅕ'(手: 손 수; shǒu)部에 '斤'(도끼 근; jīn)을 따른다. 會意文字(회의문자)이다.

㉾ '折'과 '摺'이 의미상 혼란을 일으킬 때, '摺'은 여전히 '摺'으로 쓴다.

참고 '曲折'(qūzhé 굽다, 곡절), '轉折'(zhuǎnzhé; 전환하다), '折子'(摺子: 희곡의 막) 등의 뜻일 때, 두 글자는 同義(동의)이다. 번체자 '摺'은 'ㅕ'(手)部에 '習'(익힐 습; xí)을 따르는 形聲文字(형성문자)이다. '꺽다, 접다'는 뜻이다.

단어 打折[dǎzhé] 꺾다, 할인하다; 折痕[zhéhén] 접은 흔적; 折紙[zhézhǐ] 종이접기, 종이를 접다; 折(摺)子[zhézi] 첩책

---

326 这 [這] zhè 이 저
[뜻] 이, 이것, 이렇게

설명 번체자 '這'의 俗字(속자)이다.(≪宋元以來俗字譜≫) '這'의 '言'(말씀 언; yán)을 '文'(글월 문; wén)으로 바꾸었다. '辵'(갈 착; chuò)部에 '文'을 따른다.

참고 '這'는 원래 '適'(나아갈 적; shì)의 異體字(이체자)였다. '商'(밑동 적; dī)'과 '言'의 옛글자[篆書(전서)]가 비슷하여 '這'로 썼다고 한다. '這'의 본의는 '맞이하다'이며, 지시의 뜻인 '이'

(此: 이 차; cǐ)는 '者'(사람/물건 자; zhě)를 차용하면서 비롯된 개념이다.

단어 这儿[zhèr] 여기; 这个[zhège] 이것

327 | **征 [徵] zhēng 칠 정 [부를 징]**
[뜻] 치다, 정벌하다, 징집하다, 모집하다, 징조, 현상

설명 번체자 '徵'과 漢語拼音(한어병음)이 같은 '征'을 가차하였다. 'ㅊ'(걸을 척; chì)部에 '正'(바를 정; zhèng)을 따른다. 形聲文字(형성문자)이다. '멀리 가서(ㅊ) 바르게 하다(正)'는 뜻으로 이해할 수 있다. 일설에는 '목표(一)를 향해 길(ㅊ)을 걸어가다(止)'는 뜻이라고 하였다.(≪漢字形義分析字典≫)

참고 번체자 '徵'은 '壬'(아홉째 천간 임; rén)과 '微'(작을 미; wēi)의 생략형을 따르는 會意文字(회의문자)이다. '사물이 처음 생겨날 때(壬)의 조짐(微), 기미'라는 뜻이다.

㊟ '宮商角徵羽'(궁상각치우: 오음계)의 '徵'는 'zhǐ'(止; 치)로 읽으며, 간화하지 않는다.

단어 征服[zhēngfú] 정복하다; 征兆[zhēngzhào] 징조; 征税[zhēng shuì] 징세하다

328 | **症 [癥] zhèng, zhēng 증세 증 [적취 징]**
[뜻] 병, 증세, 적취(기가 쌓여 아픈 병)

설명 번체자 '癥'과 漢語拼音(한어병음)이 같은 '症'을 가차하였다. 'ㄏ'(병질 녁; nè)部에 '正'(바를 정; zhèng)을 따른다. 形聲文字(형성문자)이다. '병의 증상'을 의미한다.

참고 '적취'(오랜 체증으로 생긴 덩어리 병)의 뜻으로 쓰이는

경우는 'zhēng(쩡)'으로 읽는다. 번체자 '癥'은 '疒'部에 '徵'(조짐 징; zhēng)을 따르는 형성문자이다. '병(疒)'에 있어서 조금씩 쌓임(徵), 곧 적취'라는 뜻으로 이해할 수 있다.

단어 ▸ 症状[zhèngzhuàng] 증상; 绝症[juézhèng] 불치병

| 329 | 证 [證] zhèng 간할 증 [증거 증]
[뜻] 증명하다, 증서, 증명서 |

설명 ▸ 번체자 '證'과 동음인 '证'을 가차하고, 이 글자의 義符(의부) '言'(말씀 언; yán)을 'ⅰ'으로 간화하였다. 일찍부터 '證'의 俗字(속자)로 사용하였다.(《說文解字注》) 'ⅰ'(言)部에 '正'(바를 정; zhèng)을 따른다. 形聲文字(형성문자)이다.

참고 ▸ '证'은 본래 '간하다, 간증하다'는 뜻이나, 이제 '證'의 간화자로서, '증거, 증명서, 증명하다'는 뜻으로 사용된다. 번체자 '證'은 '言'部에 '登'(오를 등; dēng)을 따르는 형성문자이다. '말로써 증명하다'는 뜻이다.

단어 ▸ 证书[zhèngshū] 증서; 证明[zhèngmíng] 증명(하다)

| 330 | 只 [隻] zhī 다만 지 [마리 척], [祇] zhǐ [가사 기; 다만 지]
[뜻] (zhǐ) 다만, 단지, 겨우; (zhī) 마리, 짝, 개 |

설명 ▸ '只'는 번체자 '隻'과 '祇'의 간화자이다. 漢語拼音(한어병음)이 같아 假借(가차)한 것이다. '只'는 '口'(입 구; kǒu)部에 '八'(여덟 팔; bā)을 따른다. 指事文字(지사문자)이다.

참고 ▸ '只'는 원래 '입'(口)과 '숨이 아래로 끌리는 모습'(八)을 본뜬 지사문자로, 어기조사로 사용되었다. '隻'은 '隹'(새 추; zhuī)部에 '又'(또 우; yòu)를 따르는 會意文字(회의문자)이다.

'손(又)으로 새(隹) 한 마리를 잡다'는 개념을 형상화한 것으로, '새를 세는 단위, 마리'를 뜻한다. 번체자 '祇'는 '衤'(衣: 옷 의; yī)部에 '氏'(각시 씨; shì)를 따르는 형성문자이다. '祇'는 부분적 인 동의어(同義語)로, '단지, 오직'(zhī)의 뜻으로 쓰일 때 '只'로 간화한다. '祇'(기; qí)의 본의는 '승려의 법의'이다. '只'는 이제 'zhī'(마리, 편)와 'zhǐ'(다만, 오직)의 多音字(다음자)가 되었다.

단어 ▶ 一只[yīzhī] 하나, 한 마리; 只身[zhīshēn] 단신; 只有 [zhǐyǒu] 오직; 只好[zhǐhǎo] −할 수밖에 없다

---

331 致 [緻] zhì 이룰 치 [빽빽할 치]
[뜻] 이루다, 이룩하다, 표하다, 정밀하다, 정취

설명 ▶ 번체자 '緻'의 聲符(성부)인 '致'로 통일하였다. '至'(이를 지; zhì)部에 '攵'(攴: 칠 복; pū)을 따른다. '至'가 義符(의부)와 聲符(성부)를 겸한다. 會意(회의) 겸 形聲(형성) 문자이다. '(뜻 을) 송달하다'가 본의이나, 引伸(인신)하여 '(상황을) 이루다, 이 르게 하다'는 뜻을 지닌다.

참고 ▶ '致'는 갑골문의 경우 '至'와 '人'(사람 인; rén)이 결합된 회의문자였다. 金文(금문)에 이르러 '人'이 생략되면서 '발'[脚] 만 남아 '夂'(뒤쳐져 올 치; zhǐ)로 변하였다가, 楷書(해서)로 '致' 가 되었다. 번체자 '緻'는 '糸'(실 사; sī)部에 '致'를 따르는 형성 문자이다. '세밀하다, 치밀하다'의 뜻을 부각시키기 위하여, 뒤에 義符(의부) '糸'를 더하였다.

단어 ▶ 一致[yīzhì] 일치하다; 导致[dǎozhì] 야기하다

332 | 制 [製] zhì 금할 제 [지을 제]
[뜻] 제한하다, 통제하다, 만들다, 제정하다, 제도

설명 번체자 '製'의 聲符(성부) 글자인 '制'로 통일하였다. '制'는 'リ'(刀: 칼 도; dāo)部에 'ノ, 二, 巾'을 따른다.

참고 '制'는 본래 '刀'와 '未'(아닐 미; wèi)로 이루어진 指事文字(지사문자)이다. 여기에서 '未'는 '나뭇가지'를 의미하며, '制'의 본의는 '도끼로 나뭇가지를 마름질하다'는 뜻이다. 이로부터 '제작하다, 규획하다, 제한하다'는 뜻으로 인신되었다. 번체자 '製'는 '衣'(옷 의; yī)部에 '制'를 따르는 形聲文字(형성문자)이다. 특별히 '옷을 짓다, 마름질하다'는 뜻을 부각시키기 위하여 뒤에 義符(의부)로 '衣'를 더한 것이다.

단어 制造[zhìzào] 제조하다; 制止[zhìzhǐ] 제지하다

333 | 钟 [鐘] zhōng 쇠북 종, [鍾] zhōng [술잔 종]
[뜻] 종, 시각, 괘종시계, (고대)술잔, 쏟다, 집중하다

설명 '钟'은 번체자 '鐘'과 '鍾'의 간화자이다. '鐘'의 聲符(성부) '童'(아이 동; tóng)과, '鍾'의 聲符(성부) '重'(무거울 중; zhòng)을 모두 각 번체자와 漢語拼音(한어병음)이 같은 '中'(가운데 중; zhōng)으로 대체하고, 義符(의부) '金'(쇠 금; jīn)을 '钅'으로 간화하였다. 간화자 '钟'은 '钅'部에 '中'을 따른다. 형성문자이다.

참고 '鐘'과 '鍾'은 同音字(동음자)이다. 번체자 '鐘'은 '金'部에 '童'을 따르는 형성문자로, 악기의 일종인 '종'(쇠북)을 말하고, '鍾'은 '金'部에 '重'을 따르는 형성문자로, 술잔의 일종인 '종지'를 의미한다.

단어 时钟[shízhōng] (괘종)시계, 钟表[zhōngbiǎo] 시계; 酒钟[jiǔzhōng] 술종지

334 肿 [腫] zhǒng 부스럼 종
[뜻] 붓다, 부어오르다, 부스럼

설명 ► 번체자 '腫'의 聲符(성부) '重'(무거울 중; zhòng)을 발음이 같은 '中'(가운데 중; zhōng)으로 대체하였다. '月'(肉: 고기 육; ròu)部에 '中'을 따른다. 형성문자이다.

참고 ► 번체자 '腫'은 '月'(肉)部에 '重'을 따르는 형성문자이다. '종기'가 본뜻이다.

단어 ► 红肿[hóngzhǒng] 빨갛게 붓다; 浮肿[fúzhǒng] 부종, 부기

335 种 [種] zhǒng, zhòng 씨, 심을 종
[뜻] (zhǒng) 종류, 부류, 종자; (zhòng) 심다

설명 ► 번체자 '種'의 聲符(성부) '重'(무거울 중; zhòng)을 발음이 같은 '中'(가운데 중; zhōng)으로 대체하였다. '禾'(벼 화; hé)部에 '中'을 따른다. 형성문자이다.

참고 ► 번체자 '種'은 '禾'部에 '重'을 따르는 형성문자이다. '종자, 종류'(zhǒng)와 '심다'(zhòng)의 多音字(다음자)이다.

단어 ► 种子[zhǒngzi] 종자; 种类[zhǒnglèi] 종류; 种地[zhòngdì] 밭을 갈고 파종하다; 种菜[zhòngcài] 채소를 심다

336 众 [衆] zhòng 무리 중
[뜻] 무리, 많다

설명 ► 번체자 '衆'의 머리 부분 '血'(피 혈; xiě, xuè)을 생략하고, 聲符(성부) '乑'(무리 중; zhòng)을 재배열하였다. '众'은 세 개의 '人'(사람 인; rén)을 따른다. 會意文字(회의문자)이다.

▶ '衆'은 원래 '日'(해 일; rì)과 '乑'을 따르는 회의문자이다. '태양(日) 아래 많은 사람(乑)이 일하다'는 개념을 형상화한 것이다. 후에 자형이 변하면서, '日'을 'ㅁ'(目)으로 잘못 썼고, 다시 '血'로 잘못 써서 '衆'이 되었다.(≪漢字源流字典≫) '乑'은 세 개의 '人'으로 되어 있다.

단어 ▶ 众人[zhòngrén] 많은 사람; 众多[zhòngduō] 많다

337	昼 [晝] zhòu 낮 주
	[뜻] 낮

설명 ▶ 번체자 '晝'의 俗字(속자)이다.(≪宋元以來俗字譜≫) 초서체를 근거로 正字化(정자화)하였다.(≪王羲之書法字典≫) 번체자의 머리 부분 '聿'(붓 율; yù)을 '尺'(자 척; chǐ)으로 대체하였다. '尺'과 '旦'(날 밝을 단; dàn)의 결합으로 보아도 무방하다. '日'(해 일; rì)部에 '尺', '一'을 따른다.

참고 ▶ 번체자 '晝'는 '日'(해 일; rì)과 '畫'(그릴 화; huà)의 생략형으로 이루어진 會意文字(회의문자)이다. '畫'(그릴 화; huà)에서 '田'(밭 전; tián)을 '日'로 대체한 것이다. '해(日)가 뜰 때가 밤과의 경계(畫)'라는 뜻에서 '낮'을 의미한다. '畫'는 '聿'과 '田'으로 이루어진 會意文字(회의문자)로, '붓(聿)으로 경계를 긋다(田)'는 뜻이다. (391 '画[畫]' 참조.)

단어 ▶ 白昼[báizhòu] 낮; 昼夜[zhòuyè] 밤낮

338	朱 [硃] zhū 붉을 주 [주사 주]
	[뜻] 붉다, 주사(朱砂)

설명 ▶ 번체자 '硃'의 聲符(성부) 글자 '朱'로 통일하였다. '木'(나

무 목; mù)部에 'ノ'(삐침 별; piě)과 '一'을 따른다. 指事文字(지사문자)이다.

참고 ▸ '朱'는 본래 '나무의 줄기를 가리키는 것'으로, '株'의 原字(원자)라고 하였다. 指事文字(지사문자)이다. 가차하여 '붉다'는 뜻을 나타내면서, 나무의 줄기를 나타내는 원래의 뜻은 별도로 義符(의부) '木'을 더하여 '株'(그루 주; zhū)로 썼다고 하였다. (≪漢字源流字典≫) 일설에는 '나무(木) 가운데에 붉은 심이 있다'는 것을 형상화한 것으로, 송백(松柏: 소나무와 편백나무)과 같은 나무를 뜻한다고 하였으나,(≪說文≫) 전자가 더 타당해 보인다. 번체자 '硃'는 특별히 '朱'가 갖는 '주사(朱砂), 단사(丹砂)'의 뜻을 부각시키기 위하여 義符(의부) '石'을 더하여 만든, 形聲文字(형성문자)이다.

단어 ▸ 朱红[zhūhóng] 주홍색; 朱色[zhūsè] 붉은 색

---

339 **烛 [燭] zhú 촛불 촉**
[뜻] 양초, 촛불, 비추다

설명 ▸ '烛'(마른더위 충; chóng)을 차용(借用)하였다. '燭'의 聲符(성부) '蜀'(나라 이름 촉; shǔ)에서 '虫'(벌레 충; chóng)을 취하여 간화한 것으로 여길 수 있다. '火'(불 화; huǒ)部에 '虫'을 따른다.

참고 ▸ '烛'은 본래 '충'(chóng; 持中切)으로 읽으며, '爞'(더울 충)과 同字(동자)이다.(≪漢語大字典≫) 形聲文字(형성문자)로, 본뜻은 '마른더위(旱熱), 가뭄기운(旱氣)'이다. 이제 '燭'의 간화자가 되었으니, 이 경우는 또 會意文字(회의문자)이다. '벌레같이 생겨 빛을 발하는 것'이라는 개념이다. 번체자 '燭'은 '火'部에 '蜀'을 따르며, 형성문자이다.

단어 ▸ 蜡烛[làzhú] 양초; 烛光[zhúguāng] 촛불빛

340 筑 [築] zhù 악기이름 축 [쌓을 축]

[뜻] 쌓다, 짓다, 건축하다, 축(악기이름)

설명 번체자 '築'의 聲符(성부) 글자 '筑'으로 통일하고, 번체자의 뜻을 더하였다. '筑'(축; zhù)은 원래 '악기이름'이다. '竹'(대죽; zhú)部에 '巩'(안을, 굳을 공; gǒng)을 따른다. 會意文字(회의문자)이다. '竹'이 소리를 겸한다. '筑'의 본뜻은 '대나무 악기채로 악기를 두드리다'는 뜻이다.

참고 번체자 '築'은 '木'(나무 목; mù)部에 '筑'을 따르는 形聲文字(형성문자)이다. 본뜻은 '나무로 땅을 두드려 다지다'는 뜻이다. '건물을 짓다'는 뜻으로 인신되었다.

단어 建筑[jiànzhù] 건축, 세우다; 筑造[zhùzào] 쌓아올리다, 축조하다

341 庄 [莊] zhuāng 씩씩할 장

[뜻] 마을, 장원, 엄숙하다, 튼튼하다, 장중하다, 장대하다

설명 번체자 '莊'의 俗字(속자)이다.(≪正字通≫, ≪漢字源流字典≫) '庄'은 '广'(집 엄; yǎn)部에 '土'(흙 토; tǔ)를 따른다.

㊟ 庄 : 6획이다. '土'의 오른편에 점(丶)이 없다.

참고 '庄'은 본래 '평평할[平] 팽'(péng, 薄萌切)으로, 會意文字(회의문자)이다. '莊'의 俗字(속자)로 통용되었다.(≪正字通≫: 莊, 田舍曰庄. 俗作庄.) 번체자 '莊'은 '艹'(艸· 풀 초; cǎo)部에 '壯'(씩씩할 장; zhuàng)으로 이루어진 形聲(형성) 겸 會意文字(회의문자)이다. '풀이 크다'는 개념으로 '장중하다, 엄숙하다'는 뜻을 갖게 되었다. 引伸(인신)하여 '성대하다', '대로(大路), 통로' 등의 뜻을 지니며, 다시 손님이 많은 곳이란 뜻으로 '장원, 별장,

마을' 등으로 인신되었다. '庄'이 '莊'의 속자로 사용된 된 것은 '莊'의 '장원, 별장'이란 개념을 취하여, '농토(土) 위의 집(广)'이 란 뜻으로 재해석하여 만든 會意文字(회의문자)가 아닐까 추정 한다.

단어 ▶ 庄重[zhuāngzhòng] 장중하다; 庄严[zhuāngyán] 장엄하다

---

342 桩 [椿] zhuāng 말뚝 장
[뜻] 말뚝, 그루터기

설명 ▶ 번체자 '椿'의 발음을 따라 聲符(성부) '春'(찧을 용; chōng)을 '庄'(마을 장; zhuāng)으로 대체하였다. '木'(나무 목; mù)部에 '庄'을 따른다. 形聲文字(형성문자)이다.

참고 ▶ '庄'은 '莊'의 간화자이다.(341 '庄[莊]' 참조) 번체자 '椿' 은 '木' 部에 '春'을 따르는 형성문자이다. '春'이 뜻을 겸한다. '말 뚝'이란 뜻이다.

단어 ▶ 树桩[shùzhuāng] 나무의 그루터기; 木桩[mùzhuāng] 말뚝

---

343 妆 [妝] zhuāng 꾸밀 장
[뜻] 꾸미다, 단장하다, 분장, 혼수

설명 ▶ 번체자 '妝'의 聲符(성부) '爿'(조각 장; qiáng)을 '丬'으로 간화하였다. 초서를 正字化(정자화)하였다. '女'(여자 녀; nǚ)部 에 '丬'을 따른다. 形聲文字(형성문자)이다.

참고 ▶ '爿'은 대게 '丬'으로 간화하였다. 번체자 '妝'은 '女' 部에 '爿'을 聲符(성부)로 취한 형성문자이다. '여자가 꾸미다, 곧 화장 하다'는 뜻이다.

단어 ▶ 化妆[huàzhuāng] 화장하다; 上妆[shàngzhuāng] 단장하다

344 裝 [裝] zhuāng 행장 장
[뜻] 포장하다, 분장하다, 가장하다, 설치하다,
장정(제본)하다, 싣다, -체 하다, 복장, 분장, 행장

설명 번체자 '裝'의 俗字(속자)이다.(≪宋元以來俗字譜≫) '裝'
의 聲符(성부) '壯'(건장할 장; zhuàng)을 그 간화자 '壮'으로 대
체하였다. '爿'(조각 장; qiáng)을 'ㅣ'으로 간화한 것이다. '衣'(옷
의; yī)部에 '壮'(건장할 장; zhuàng)을 따른다. 形聲文字(형성문
자)이다.

참고 '壮'은 '壯'(건장할 장; zhuàng)의 간화자이다. (345 '壮
[壯]' 참조) 번체자 '裝'은 '衣' 部에 '壯'을 따르는 형성문자이다.
'장식하다, 꾸리다'는 뜻이다. '裝'과 '妝'(꾸밀 장; zhuāng)은 모
두 '꾸미다'는 뜻이다. 다만, '妝'은 여자들의 얼굴화장을 말하며,
'裝'은 얼굴화장을 제외한 의상이나 외부적인 포장을 뜻한다.

단어 服裝[fúzhuāng] 복장; 裝飾[zhuāngshì] 장식하다

345 壮 [壯] zhuàng 건장할 장
[뜻] 건장하다, 힘이 세다, 기세가 당당하다, 웅장하다

설명 번체자 '壯'의 俗字(속자)이다.(≪宋元以來俗字譜≫) 번체
자의 聲符(성부) '爿'(조각 장; qiáng)을 'ㅣ'으로 간화하였다. 초
서를 正字化(정자화)하였다. '士'(선비 사; shì)部에 'ㅣ'을 따른
다. 會意(회의) 겸 形聲文字(형성문자)이다. '남자(士)가 건축
(ㅣ) 일에 참여하다'는 뜻으로, 곧 '기골이 장대함'을 의미한다.

단어 壮观[zhuàngguān] 장관; 壮烈[zhuàngliè] 장렬하다

346　状 [狀] zhuàng　형상 장
[뜻] 모습, 상태, 상황, 기록한 글, 증서

설명 ▶ 번체자 '狀'의 俗字(속자)이다.(≪宋元以來俗字譜≫) 번체자의 聲符(성부) '爿'(조각 장; qiáng)을 'ㅓ'으로 간화하였다. 초서를 正字化(정자화)하였다. '犬'(개 견; quǎn)部에 'ㅓ'을 따른다. 形聲文字(형성문자)이다. 본의는 '개의 형상'으로, 引伸(인신)되어 일반적인 '형상, 모습'을 뜻하게 되었다.

단어 ▶ 形狀[xíngzhuàng] 형상; 狀态[zhuàngtài] 상태

347　准 [準] zhǔn　법 준
[뜻] 표준, 기준, 법도, 정확하다, 확실하다, 허가하다,
의거하다, 준비하다, 반드시

설명 ▶ 번체자 '準'의 俗字(속자)이다.(≪玉篇≫) '準'의 異體俗字(이체속자) '準'에서 아래 '十'(열 십; shí)을 생략하였다. 'ㅓ'(얼음 빙; bīng)部에 '隹'(새 추; zhuī)를 따른다. '准'은 '승인하다, 따르다'는 뜻으로, 일찍부터 '準'의 俗字(속자)로 사용되었다.

참고 ▶ 번체자 '準'은 'ㅓ'(水: 물 수; shuǐ)部에 '隼'(새매 준; zhǔn)을 따르는 會意(회의) 겸 形聲文字(형성문자)로, 본의는 '수평'이며, 引伸(인신)되어 '표준, 허가' 등을 뜻하게 되었다.

단어 ▶ 准备[zhǔnbèi] 준비하다; 批准[pīzhǔn] 비준하다

348　浊 [濁] zhuó　흐릴 탁
[뜻] 흐리다, 더럽다, 어지럽다, 거칠다

설명 ▶ 번체자 '濁'의 聲符(성부) '蜀'(나라 이름 촉; shǔ)을 '虫'

(벌레 충; chóng)으로 간화하였다. '浊'은 'ㆡ'(水: 물 수; shuǐ)部에 '虫'을 따른다. '벌레(虫)가 물(水)을 흐리게 하다'는 뜻으로, 會意文字(회의문자)로 이해할 수 있다.

참고 ▶ 번체자 '濁'은 'ㆡ'(水)部에 '蜀'을 따르는 형성문자이다.

단어 ▶ 浑浊[húnzhuó] 혼탁하다; 浊水[zhuóshuǐ] 흐린 물

---

349 | 总 [總] zǒng, 거느릴 총
[뜻] 합치다, 종합하다, 전체, 우두머리, 늘, 반드시

설명 ▶ 번체자 '總'의 俗字(속자)이다.(≪宋元以來俗字譜≫) 번체자의 초서(草書)를 바탕으로 聲符(성부) '悤'(다급할 총; cōng)을 '总'으로 正字化(정자화)하고, 義符(의부) '糸'(실 사; sī)를 생략하였다. '八'(여덟 팔; bā)部에 '口'(입 구; kǒu)와 '心'(마음 심; xīn)을 따른다.

참고 ▶ '总'의 部首(부수)는 '八'이다.(≪漢語大字典≫) 간화자 '总'의 근간인 '悤'은 본래 '다급할 총'(cōng)이다. '忽'으로 쓰기도 한다. 번체자 '總'은 '糸' 部에 '悤'을 따르는 형성문자이다. '실을 모아 묶다'가 본뜻이다. 引伸(인신)하여 '모으다, 총괄하다, 마무리하다, 거느리다, 전부, 모두' 등을 뜻한다.

단어 ▶ 总之[zǒngzhī] 결론짓다; 总共[zǒnggòng] 모두

---

350 | 钻 [鑽] zuān, zuàn 뚫을 찬
[뜻] (zuān) 뚫다, 파고들다, 뚫고 들어가다; (zuàn)
송곳, 다이아몬드, 금강석

설명 ▶ 번체자 '鑽'과 발음이 비슷한 '钻'(족집게 첩; chān)을 가차한 뒤, 義符(의부) '金'(쇠 금; jīn)을 'ㄟ'으로 간화하였다. '钻'은

'钅' 部에 '占'(차지할 점; zhàn)을 따른다. 形聲文字(형성문자)로, '족집게 첩'(chān) '형구이름 검'(qián)의 多音字(다음자)이다. 이 제 '鑽'의 간화자로 '뚫다, 금강석'이라는 뜻을 더한다.

참고 ▶ '鉆'과 '鑽'은 본래 다른 글자이다. 번체자 '鑽'은 '金' 部에 '贊'(도울 찬; zàn)을 따르는 형성문자로, '뚫다'가 본뜻이다. 引伸 (인신)하여 '파고들다, 깊이 연구하다'를 뜻하며, 또 뚫는 기구라 는 의미로 '송곳, 금강석(다이아몬드)'을 뜻한다. 간화자로 채택 된 '鉆'의 원래 訓音(훈음)은 좀 난해하다. ≪說文≫에 '鉆'은 "金 을 따르며 '占'(점)聲(성)이다."(zhān: 从金, 占聲)라고 하였고, ≪漢語大字典≫에는 (1)≪集韻≫: 'chān(癡廉切)－鐵鉆(족집 게)'; (2)≪廣韻≫: 'qián(巨淹切)－古形具(同'鉗': 칼)', (3)≪廣 韻≫: 'tiē(他協切)－著物(경첩)'의 세 가지 訓音(훈음)을 제시하 고 있다. 그러나 국내 漢字音(한자음)은 '보습 검, 족집게 첩'(≪ 漢韓理想大玉篇≫), '칼 겸, 날카로울 섬'(≪漢韓大字典≫) 등으 로 되어있어, 자못 혼란스럽다. '족집게－첩(chān)', '형구이름－ 검(qián)', '경첩－첩(tiē)'으로 관계되어야 옳아 보인다.

단어 ▶ 钻研[zuānyán] 깊이 연구하다; 钻空子[zuānkòngzi] 기회 를 타다; 钻石[zuànshí] 금강석, 다이아몬드

第二表　간화편방용으로 쓸 수 있는 간화자 및 간화편방

(132자의 간화자와 14개의 간화편방으로 이루어져 있음.)

A

351 **爱 [愛] ài 사랑 애**
[뜻] 사랑하다, 아끼다, 즐겨하다

설명 ▶ 번체자 '愛'의 俗字(속자)이다.(≪宋元以來俗字譜≫) 초서를 正字化(정자화)하였다. '爱'는 'ᄊ'(爪: 손톱 조; zhǎo, zhuǎ)部에 'ᄀ'(덮을 멱; mì)과 '友'(벗 우; yǒu)'를 따른다.

참고 ▶ 번체자 '愛'는 본래 '僾'의 俗字(속자)이다.(≪漢字源流字典≫) '夊'(천천히 걸을 쇠; suī)와 '悉'(사랑 애; ài)를 따르는 形聲(형성) 겸 會意文字(회의문자)였으나, 후에 '旡'가 'ᄊ'(爪)와 'ᄀ'으로 바뀌어 '愛'가 되었다. '은혜를 베풀다, 사랑하다'는 뜻으로, 이제는 '心'部에 'ᄊ'(爪)와 'ᄀ', '夊'를 따른다.

단어 ▶ 喜爱[xǐ'ài] 좋아하다; 爱护[àihù] 소중히 여기다

B

352 **罢 [罷] bà 파할 파**
[뜻] 파하다, 그만두다, 정지하다, 파면하다, 마치다, 어기조사(吧)

설명 ▶ 번체자 '罷'의 俗字(속자)이다.(≪宋元以來俗字譜≫) 'ᄈ'

(网: 그물 망; wǎng)部에 '去'(갈 거; qù)를 따른다. 會意文字(회의문자)이다.

참고 ▶ 번체자 '罷'는 '罒'(网)部에 '能'(능할 능; néng)을 따른다. '유능한 이(能)를 그물(罒)로 잡다'는 개념을 형상화한 會意文字(회의문자)이다. '파면하다'에서 '그치다, 그만두다'는 뜻으로 引伸(인신)되었다. '罢'가 어떤 연유로 '罷'의 俗字(속자)가 되었는지는 분명하지 않다. 참고로 번체자의 경우처럼, '그물(网)로 제거(去)하다'는 의미로 만든 회의문자로 이해한다.

단어 ▶ 罢工[bàgōng] 파업; 罢休[bàxiū] 포기하다

---

353 ▐ 备 [備] bèi 갖출 비
     [뜻] 갖추다, 준비하다, 방비하다

설명 ▶ 번체자 '備'의 속자 '俻'에서 義符(의부) 'ㅓ'(人: 사람 인; rén)을 생략하였다.(≪玉篇≫: 俻, 同備.) '备'는 '夂'(뒤쳐져 올치; zhǐ)部에 '田'(밭 전; tián)을 따른다. 자체로는 形聲文字(형성문자)이다.

참고 ▶ 번체자 '備'는 '俻'가 本字(본자)이다.(≪正字通≫) 'ㅓ'(人)部에 '葡'(갖출 비; bèi)를 따르는 형성문자이다. '葡'가 뜻을 겸한다. '갖추다, 준비하다, 방비하다'는 뜻이다. '葡'는 원래 '화살을 담는 용기'를 뜻하는 글자이나, 가차하여 '갖추다'는 뜻을 갖게 되었다.

단어 ▶ 准备[zhǔnbèi] 준비하다; 预备[yùbèi] 미리 준비하다

---

354 ▐ 贝 [貝] bèi 조개 패
     [뜻] 조개

설명 ▶ 번체자 '貝'의 俗字(속자)이다.(≪宋元以來俗字譜≫) 초서

를 正字化(정자화)하였다. '贝'部를 따른다.

참고 ▶ 번체자 '貝'는 조개 모양을 본뜬 象形文字(상형문자)이다.

단어 ▶ 宝贝[bǎobèi] 보물, 귀염둥이; 贝壳[bèiké] 조가비

---

355 | **笔 [筆] bǐ 붓 필**
　　　[뜻] 붓, 기록하다, 필법, 획

설명 ▶ 번체자 '筆'과 같은 글자이다.(《集韻》) '筆'의 聲符(성부) '聿'(붓 율; yù)을 '毛'(털 모; máo)로 대체하였다. '竹'(대죽; zhú)部에 '毛'를 따른다. 會意文字(회의문자)이다.

참고 ▶ 번체자 '筆'은 '竹'部에 '聿'(붓 율; yù)을 따르는 회의문자이다. '聿'은 '손으로 붓을 잡고 있는 모습'을 본뜬 것이다. 義符(의부)로 '竹'을 더해 그 재료를 부각시켰다.

단어 ▶ 钢笔[gāngbǐ] 펜, 만년필; 圆珠笔[yuánzhūbǐ] 볼펜

---

356 | **毕 [畢] bì 마칠 필**
　　　[뜻] 마치다, 끝내다, 모두

설명 ▶ 번체자 '畢'의 漢語拼音(한어병음)을 따라 '比'(견줄 비; bǐ)를 聲符(성부)로 취하고, 번체자의 윤곽을 살려 '十'(열 십; shí)을 받침으로 삼았다. '比'部에 '十'을 따른다. 形聲文字(형성문자)이다.

참고 ▶ 번체자 '畢'은 '田'(밭 전; tián)部에 '華'(반; bān)을 따른다. 象形(상형) 겸 會意文字(회의문자)이다. '華'은 상형문자로, '키(箕) 종류의 긴 자루가 달린 그물'을 의미한다. '수렵'의 의미를 부각시키기 위하여 '田'을 더하였다. '그물로 사냥하다, 사냥용 그물'이 본뜻이다. 假借(가차)하여 '마치다, 모두'의 뜻을 나타낸

다.(≪漢字形義分析字典≫)

단어 ▸ 毕业[bìyè] 졸업; 完毕[wánbì] 끝내다, 마치다

---

357 **边 [邊] biān 가 변**
[뜻] 가장자리, 가, 주위, 방면, 쪽, 쯤, -하면서 -하다

설명 ▸ 번체자 '邊'의 俗字(속자)이다.(≪宋元以來俗字譜≫) '邊'의 聲符(성부) '𱕈'(보이지 않을 면; mián, biān)을 '力'(힘 력; lì)으로 대체하였다. '辶'(辵: 갈 착; chuo)部에 '力'을 따른다. 會意文字(회의문자)이다.

참고 ▸ 번체자 '邊'은 '辶'(辵)部에 '𱕈'을 따르는 形聲(형성) 겸 會意文字(회의문자)이다. '𱕈'이 뜻을 겸한다. '산의 낭떠러지(𱕈)로 가까이 가다(辶)'는 뜻이다. 引伸(인신)하여 '곁, 가, 변두리, 쪽' 등을 뜻한다.

단어 ▸ 身边[shēnbiān] 신변; 旁边[pángbiān] 옆

---

358 **宾 [賓] bīn 손님 빈**
[뜻] 손님

설명 ▸ 번체자 '賓'의 俗字(속자)이다.(≪宋元以來俗字譜≫) '賓'의 독음을 따라 漢語拼音(한어병음)이 비슷한 '兵'(군사 병; bīng)을 취해 聲符(성부)로 삼았다. '宀'(집 면; mián)部에 '兵'을 따른다. 形聲文字(형성문자)이다.

참고 ▸ 번체자 '賓'은 '宀'部에 '丆'(止의 변형)와 '貝'(조개 패; bèi)를 따르는 會意文字(회의문자)이다. '사람이 선물(貝)을 들고 집(宀)을 방문하다(止)'는 뜻을 형상화하였다.(≪漢字源流字典≫) '손님, 공경하다'는 뜻이다.

C

359 **参 [參] cān, shēn, cēn 참여할 참, 석 삼**
[뜻] (cān) 참가하다, 참여하다, 뵙다, 참고하다; (shēn) 인삼; (cēn) 들쭉날쭉하다

설명 ► 번체자 '參'의 초서를 正字化(정자화)하였다.(≪書道大字典≫) 'ㄥ'(사사로울 사; sī)部에 '大'와 '彡'(터럭 삼; shàn)을 따른다. 形聲文字(형성문자)이다.

참고 ► 번체자 '參'은 '사람(人) 머리 위에 세 개의 별(厽-晶)이 빛을 발하다(彡)'는 개념을 형상화한 會意文字(회의문자)이다. 篆書(전서)의 자형은 '曑'(별이름 삼; shēn)이다. 楷書(해서)로 쓰면서 '晶'(빛날 정; jīng)이 '厽'(담 쌓을 루; lěi)로 바뀌어 '參'이 되었다. 본뜻은 별이름으로, '삼수삼성(參宿三星)'이다. '참가하다, 참배하다, 참고하다' 등의 뜻으로 引伸(인신)되었다. 지금은 'ㄥ'部에 '厸'(이웃 린; lín)과 '人'(사람 인; rén), '彡'을 따른다. '參'은 多音字(다음자)이다.

단어 ► 参加[cānjiā] 참가하다; 参考[cānkǎo] 참고하다; 人参[rénshēn] 인삼; 参差不齐[cēncībùqí] 들쭉날쭉하다

360 **仓 [倉] cāng 곳집 창**
[뜻] 창고, 곳간, 급하다, 황급하다

설명 ► 번체자 '倉'의 전체 윤곽을 살려 '人'(사람 인; rén)을 제외한 나머지 '君'을 '㔾'(卩: 부절 절; jié)로 기호화하였다. 초서를 正字化(정자화)한 것이다. '人'部에 '㔾'을 따른다.

참고 ▶ '君'은 글자를 이루지 못한다. '倉'을 편방으로 쓰는 경우, 또한 모두 '仓'으로 간화하였다. 간화자 제정 이전, '倉'의 俗字 (속자)는 '仺'로 되어있다.(≪宋元以來俗字譜≫) 그러나 오늘날 '仺'은 '侖' (생각할 륜; lún)의 간화자이다. 특별히 주의를 요한 다. 번체자 '倉'은 '창고의 모습'을 본뜬 상형문자이다. '亼'(모을 집; jí)은 창고의 지붕을 의미하고, '尹'(다스릴 윤; yǐn)은 창고의 출입문을 의미하며, 아래의 'ㅁ'는 창고의 '아랫부분'을 의미한다. 본뜻이 '양곡 창고'이다.

단어 ▶ 仓库[cāngkù] 창고; 粮仓[liángcāng] 양곡 창고

---

361 | 产 [產] chǎn 낳을 산
[뜻] 낳다, 생산하다, 창출하다, 산물, 재산, 출신

설명 ▶ 번체자 '產'에서 義符(의부) '生'(날 생; shēng)을 생략하 였다. '亠'(돼지해머리 두; tóu)部에 '八'(여덟 팔; bā)과 '厂'(굴 바위 한; hǎn)을 따른다.

참고 ▶ '產'은 본래 '彦'(선비 언; yàn)의 생략 형태에 '生'을 결합 시킨 형성문자이다. '태어나다'가 본뜻이다.

단어 ▶ 生产[shēngchǎn] 생산하다, 낳다; 产生[chǎnshēng] 생기다

---

362 | 长 [長] cháng, zhǎng 긴 장
[뜻] (cháng) 길다, 오래가다, 뛰어나다, 길이, 장점; (zhǎng) 자라다, 성장하다, 어른, 책임자

설명 ▶ 번체자 '長'의 俗字(속자)이다.(≪宋元以來俗字譜≫) 초서 를 正字化(정자화)하였다. '长'部를 따른다.

주 ▶ '长'은 4획이다. 필순은 'ノ, 一, ㄴ, ㇏'이다.

참고 ▶ 번체자 '長'은 '머리카락이 긴 사람의 모습'을 본뜬 象形文字(상형문자)이다. 본뜻은 '머리가 길다'이다. 引伸(인신)하여 '길다', '오래가다', '자라다', '어른' 등을 뜻한다.

단어 ▶ 長短[chángduǎn] 길이; 長度[chángdù] 길이; 長大[zhǎngdà] 자라다; 成長[chéngzhǎng] 성장하다

363	尝 [嘗] cháng 맛볼 상
	[뜻] 맛보다, 시험해보다, 겪다, 일찍이

설명 ▶ 번체자 '嘗'의 俗字(속자)이다.(≪宋元以來俗字譜≫) 번체자에서 '口'(입 구; kǒu)와 '旨'(맛있을 지; zhǐ)를 기호화하여 '云'(구름 운; yún)으로 대체였다. 초서를 正字化(정자화)하였다. '⺌'(小: 작을 소; xiǎo)部에 '冖'(덮을 멱; mì)과 '云'을 따른다.

㉗ '尝'은 '賞'(상줄 상; shǎng)의 간화자가 아니다. '賞'의 간화자는 '赏'으로 쓴다.

참고 ▶ 번체자 '嘗'은 본래 '旨'(맛있을 지; zhǐ)에 '尚'(고상할 상; shàng)을 聲符(성부)로 취한 形聲文字(형성문자)이다. '맛보다'가 본뜻이다. 오늘날 '嘗'은 '口'를 部首(부수)로 삼고, '⺌'(小), 冖, 旨'를 따르는 것으로 되어있다. 이제 '⺍'는 또 '배울 학 머리'(學字頭)라고 한다. (492 '⺍[與]' 참조)

단어 ▶ 尝试[chángshì] 시도해보다; 品尝[pǐncháng] 맛보다, 품평하다

364	车 [車] chē, jū 수레 차
	[뜻] (chē) 차, 자동차, 수레; (jū) 옛수레

설명 ▶ 번체자 '車'의 초서를 정자화하였다.(≪王羲之書法字典≫)

'车'(車)部를 따른다. 4획이다.

참고 ▶ 번체자 '車'는 '수레의 객실과 두 바퀴'를 본뜬 象形文字 (상형문자)이다.

단어 ▶ 火车[huǒchē] 기차; 坐车[zuòchē] 차를 타다

365 | **齿 [齒] chǐ 이 치**
[뜻] 이, 치아, 톱니, 나이, 언급하다

설명 ▶ 번체자 '齒'에서 아래 부분 '齒'를 '凵'로 간화하였다. '止' (그칠 지; zhǐ)와 '凵'(입벌릴 감; kǎn), '人'(사람 인; rén)으로 구성된다. '齿'(齒)部를 따른다. 形聲文字(형성문자)이다.

참고 ▶ 번체자 '齒'는 본래 네 개의 위아래 앞니 모양을 본뜬 象形文字(상형문자)인데, 후에 '止'(그칠 지; zhǐ)를 聲符(성부)로 더하면서, 形聲文字(형성문자)가 되었다. 본뜻은 '앞니'이나, '이' 의 총칭으로 引伸(인신)되었다. '齒'는 더 이상 단독으로 글자를 이루지 못한다.

단어 ▶ 牙齿[yáchǐ] 이, 치아

366 | **虫 [蟲] chóng 벌레 충**
[뜻] 벌레, 곤충, -놈

설명 ▶ '蟲'과 同字(동자)로 통용하였다.(≪說文解字注≫) 또 '蟲' 의 俗字(속자)라고도 하였다.(≪宋元以來俗字譜≫) 세 개의 '虫' 을 하나로 줄인 것이다. 虫'은 원래 '뱀이 몸을 구부리고 있는 모 습'을 본뜬 象形文字(상형문자)이다. '뱀'이 본뜻이며, 동물의 총 칭으로 사용되었다. '虫'部를 따른다.

참고 ▶ '虫'은 원래 '虺'의 古字(고자)로, '훼'(huǐ)로 읽으며 '뱀,

독사'를 뜻하는 글자였다. 옛날부터 '蟲'과 통용하였다.(≪說文解字注≫: 古虫蟲不分.) 번체자 '蟲'은 세 개의 '虫'으로 이루어진 會意文字(회의문자)이다. '虫'은 '뱀'을 뜻하였고, '蚰'(벌레 곤; kūn)은 '곤충'을 뜻하였으며, '蟲'은 '동물의 총칭'을 뜻하였다.

단어 昆虫[kūnchóng] 곤충; 虫子[chóngzi] 벌레

---

367 刍 [芻] chú 꼴 추
[뜻] 꼴, 풀, 풀을 베다

설명 번체자 '芻'의 俗字(속자)로 보인다. '芻'를 편방으로 취한 '鄒'(나라 이름 추; zōu)의 俗字(속자)에 '邹'가 보인다.(≪宋元以來俗字譜≫) 초서를 正字化(정자화)한 것이다. '⺈'(刀: 칼 도; dāo)部에 'ヨ'(돼지머리 계; jì)를 따른다.

참고 번체자 '芻'는 갑골문이 '손(又)으로 풀(艸)을 베는 모습'을 형상화한 會意文字(회의문자)라고 하였다. 후에 자형이 변하여 '屮'(싹 철; chè)과 'ㄅ'(쌀 포; bāo)가 중첩된 형태인 '芻'가 되었다. 本義(본의)는 '풀', '풀을 베다'는 뜻이다. '屮'은 '싹 철'(chè), '풀 초'(cǎo), '왼손 좌'의 多音字(다음자)이다.

단어 反刍[fǎnchú] 반추하다, 곱씹다

---

368 从 [從] cóng 따를 종
[뜻] 따르다, 좇다, 종사하다, 종속적인, −부터

설명 '從'의 古字(고자)이다. '人'(사람 인; rén)을 병립시켜 '따르다'는 의미를 나타낸 會意文字(회의문자)이다. '人'部에 '人'을 따른다.

참고 번체자 '從'은 古字(고자) '从'에 '따르다'는 뜻을 부각시키

기 위하여, 義符(의부)로 '辵'(갈 착; chuò)을 더한 것이다. '辵'은 '彳'(걸을 척; chì)과 '止'(그칠 지; zhǐ: 발을 의미함)로 이루어진 會意文字(회의문자)이다. '가다'는 뜻으로, '行'(갈 행; xíng)과 같다. '從'은 바로 '辵'을 '彳'과 '止'로 분해한 뒤, '彳'을 部首(부수)로 삼고, '止'를 '从' 아래에 재배치한 것으로, 會意(회의) 겸 形聲文字(형성문자)이다. '从'이 뜻을 겸한다. '从'과 '從'은 古今字(고금자)이다.

단어 ▶ 服从[fúcóng] 따르다; 从来[cónglái] 여태껏, 지금까지

---

369 **竄 [竄] cuàn   숨을 찬**
[뜻] 달아나다, 고치다, 내쫓다, 숨다

설명 ▶ 번체자 '竄'의 발음을 따라 '鼠'(쥐 서; shǔ)를 '串'(꿸 천; chuàn)으로 대체하였다. '穴'(구멍 혈; xué)部에 '串'을 따른다. 形聲文字(형성문자)가 되었다.

참고 ▶ 번체자 '竄'은 '穴' 部에 '鼠'를 따르는 會意文字(회의문자)로, '쥐가 구멍으로 숨다'는 뜻이다.

단어 ▶ 乱窜[luàncuàn] 쏘아다니다; 逃窜[táocuàn] 달아나다

D

---

370 **达 [達] dá   통달할 달**
[뜻] 도달하다, 달성하다, 통달하다, 통하다, 표현하다, 활달하다

설명 ▶ 번체자 '達'의 古字(고자)이다.(《說文》) '达'은 '辶'(辵: 갈 착)部에 '大'(큰 대; dà. '人'의 뜻)를 따른다. 會意文字(회의문자)로서, '통달하다'는 뜻이다.

참고 ‘达’은 번체자 ‘達’의 갑골문 자형으로, 본래 ‘辶’(辵)部에 ‘大’를 따르는 會意文字(회의문자)였다. ‘통달하다’는 뜻이다. 후에 ‘羊’(양 양; yáng)을 더하여, ‘행동이 양처럼 가볍고 민첩하다’는 뜻을 더욱 부각시켜, ‘達’로 하였다. ‘達’은 ‘辶’(辵)部에 ‘羍’(羍: 어린 양 달; tà)을 따르는 形聲文字(형성문자)이다. ≪說文≫에는 “達은 达과 같으며, 또 ‘大’를 따르기도 한다. ‘达’(빠를 질; dié)이라고도 한다.”(达, 達或从大. 或曰迭.)라고 하였다. ≪玉篇≫에는 同字(동자)라고 하였다(达, 與達同).

단어 到达[dàodá] 도달하다; 达到[dádào] 달성하다

371	带 [帶] dài 띠 대
	[뜻] 띠, 벨트, 지대, 지니다, 이끌다, 달다

설명 번체자 ‘帶’의 俗字(속자)이다.(≪宋元以來俗字譜≫) 초서를 正字化(정자화)하여, ‘丗’ 부분을 ‘卅’으로 간화하였다. ‘巾’(수건 건; jīn)部에 ‘卅’(서른 삽; sà)과 ‘冖’(덮을 멱; mì)을 따른다.

참고 번체자 ‘帶’는 ‘패대(장식달린 허리띠)를 찬 모습’을 본뜬 象形文字(상형문자)이다. ‘丗’는 ‘띠에 늘어뜨린 장식품’을 본뜬 형상으로, 단독으로 글자를 이루지 못한다. 아래에는 반드시 ‘수건’(巾)을 받쳤다고 한다. ‘巾’ 部에 ‘丗’와 ‘冖’을 따른다.

단어 携带[xiédài] 휴대하다; 带领[dàilǐng] 인솔하다

372	单 [單] dān, chán 홑 단
	[뜻] 하나, 홀수, 명세서, 단지, 간단하다; (chán) ‘单于’(chányú; 선우)의 구성글자

설명 번체자 ‘單’의 俗字(속자)이다.(≪宋元以來俗字譜≫) ‘單’의 聲符(성부) ‘吅’(부르짖을 훤; xuān)을 ‘丷’(八: 여덟 팔; bā)

로 대체하였다. 행서(行書)를 正字化(정자화)한 것이다. '八' 部
에 '甲'을 따른다.

참고 ► 번체자 '單'은 본래 '干'(방패 간; gān)과 비슷한 수렵용 도
구를 본뜬 象形文字(상형문자)였다.(《漢字源流字典》) 자형이
변하면서 'ㅁㅁ'과 '甲'을 따르는 象形(상형) 겸 形聲文字(형성문
자)가 되었다. 'ㅁㅁ'이 聲符(성부)를 겸한다. '甲'은 단독으로 글자
를 이루지 못한다. 본뜻은 '사냥 도구'이나, '단독, 단일(홑), 간
단, 단순, 단지' 등으로 引伸(인신)되었다.

단어 ► 单独[dāndú] 단독; 单身[dānshēn] 단신; 单于[chányú] 흉
노족 군주

---

373 | 当 [當] dāng, dàng 마땅할 당, [噹] dāng [방울 당]
[뜻] (dāng) 맡다, 주재하다, 감당하다, 막다, 점거하다,
마땅히, -해야 하다, 바로 그(때, 곳), 딸랑딸랑(噹);
(dàng) 적당하다, 상당하다, -라고 간주하다, -으로 삼다

설명 ► 번체자 '當'의 俗字(속자)이다.(《中華大字典》) '當'에서
'ᵕ'(小: 작을 소; xiǎo)를 제외하고 남은 '冨'을 기호화하여 'ㅋ'
(돼지머리 계; jì)로 간화하였다. 또 번체자 '噹'을 聲符(성부) 글
자인 '當'으로 통일하고, 또한 '当'으로 간화하였다. '当'은 '小' 部
에 'ㅋ'를 따른다.(《漢語大字典》)

참고 ► 《中華大字典》은 'ㅋ' 部에 '小'를 따른다고 하였다. '冨'
('ㅡ', 'ㅁ', '田')은 자체로 글자를 이루지 못한다. 번체자 '當'은 '田'
(밭 전; tián)部에 '尚'(고상할 상; shàng)을 따르는 形聲文字(형
성문자)이다. 밭이 서로 맞닿아 있다는 개념으로, '대등하다'가
본뜻이다. '대등하다, 대면하다, 놓이다, 저당하다, 맡다, 마땅하
다' 등으로 引伸(인신)되었다.

단어 ► 应当[yīngdāng] 반드시, 마땅히 当然[dāngrán] 당연히;

当啷[dānglāng] 땡땡, 딸랑; 当铺[dàngpù] 전당포; 上当
[shàngdàng] 속다

---

374 **党 [黨] dǎng 무리 당**
[뜻] 무리, 집단, 정파, 정당

설명▶ 번체자 '黨'의 俗字(속자)이다.(≪宋元以來俗字譜≫) 同音
(동음)의 '党'(민족이름)을 假借(가차)한 것이다. '儿'(어진사람
인; rén) 部에 '尚'(숭상할 상; shàng)을 따른다. 形聲文字(형성
문자)이다.

참고▶ '党'은 원래 중국 서북부에 거주하던 티베트계 민족인 '당
항(黨項)'족을 뜻하였다. 이제 '黨'의 간화자가 되어 '무리'의 뜻
을 더하게 되었다. 또 '儿'은 오늘날 '兒'(아이 아; ér)의 간화자로
사용하지만, 원래는 '人'의 古文奇字(고문기자)로 '어진 사람
인'(rén)이다. 번체자 '黨'은 '黑'(검을 흑; hēi)部에 '尚'을 따르는
형성문자이다. '黑'은 '문신'(文身)을 뜻하고, '尚'은 '숭상하다'는
뜻이다. '黨'은 곧 '고대 문신을 한 동족'이 본뜻으로, '친족, 집단,
조직, 정당, 무리' 등으로 引伸(인신)되었다.

단어▶ 党员[dǎngyuán] 당원; 同党[tóngdǎng] 같은 당파

---

375 **东 [東] dōng 동녘 동**
[뜻] 동쪽, 주인

설명▶ 번체자 '東'의 俗字(속자)이다.(≪宋元以來俗字譜≫) 초서
를 正字化(정자화)하였다. '一' 部에 'ㄥ'(乙: 새 을; yǐ), 小'(작을
소; xiǎo)를 따른다. 총 5획으로, '一, ㄥ, 小' 순으로 쓴다.

참고▶ 'ㄥ'은 '乙'의 변형이다. 번체자 '東'은 '양끝을 묶은 둥근
대나무 꾸러미 모양'을 본뜬 것이라는 견해와(≪漢字形義分析字

典≫), '해가 떠올라 나무에 걸린 모습'을 본뜬 것이라는 견해가 있다.(≪說文≫) 갑골문의 자형과 관련시킬 수는 없으나, 후자가 간명해 보인다. '木'(나무 목; mù)部에 '日'을 따르며, 象形文字이다. 해가 떠오르는 방향으로 '동쪽'을 뜻한다. 또한 손님을 모실 때, 주인은 동쪽에 앉고, 손님은 서쪽에 앉았다. 이에 또 '주인'이란 뜻을 갖는다. 특별히 '東'의 첫 번째 '대나무로 만든 둥근 꾸러미'라는 견해와 관련하여, 통속어로 '둥글고 볼록한 물건'을 '圓鼓籠東'이라고 하였는데, 이로부터 일상적인 물건을 '東西'(dōngxī)라고 하였다고 한다.(≪漢字源流字典≫)

단어 ▶ 东西[dōngxi] 물건; 作东[zuòdōng] 주인이 되다, 주관하다

376	动 [動] dòng 움직일 동
	[뜻] 움직이다, 행동하다, 감동하다

설명 ▶ 번체자 '動'의 聲符(성부) '重'(무거울 중; zhòng)을 '云'(구름 운; yún)으로 부호화하였다. '力'(힘 력; lì)部에 '云'을 따른다.

참고 ▶ 번체자 '動'은 '力'部에 '重'을 따르며, 會意(회의) 겸 形聲文字(형성문자)이다. '重'이 소리를 겸한다. '등에 짐을 지다'가 本義(본의)이나, 引伸(인신)되어 '움직이다'는 뜻을 지닌다.

단어 ▶ 活动[huódòng] 행사, 움직이다; 移动[yídòng] 옮기다

377	断 [斷] duàn 끊을 단
	[뜻] 끊다, 자르다, 단절하다, 판단하다, 결단코

설명 ▶ 번체자 '斷'의 俗字(속자)이다.(≪玉篇≫) '斷'의 편방

'䜌'(이을 계; jì, 繼의 본자)를 '米'로 간화하였다. 초서를 正字化
(정자화)한 것이다. '斤'(도끼 근; jīn)部에 'ㄴ'(乙: 새 을; yǐ)과
'米'(쌀 미; mǐ)를 따른다.

참고 '䜌'는 '幺幺'(먹줄 튀길 병, 이을 병; bēng)을 중첩한 형태이
다. (108 '继[繼]' 참조) 번체자 '斷'은 '斤'部에 '䜌'를 따른다.
'이어진 것(䜌)을 끊다(斤)'는 뜻으로, 會意文字(회의문자)이다.

단어 ▶ 断绝[duànjué] 단절하다; 断裂[duànliè] 끊어져 갈라지다

| 378 | **对 [對] duì 대답할 대**
[뜻] 대답하다, 맞다, 마주하다, 대치하다, 맞대다,
맞은편의, 상대, 짝, −대하여, −향하여 |

설명 ▶ 번체자 '對'의 俗字(속자)이다.(≪宋元以來俗字譜≫) '對'
의 좌편방 '丵'[丵과 土의 결합]을 '又'(또 우; yòu)로 부호화하였
다. 초서를 正字化(정자화)하였다. '寸'(마디 촌; cùn)部에 '又'를
따른다.

참고 ▶ '對'는 '寸'(마디 촌; cùn)部에 '丵'(풀 수북할 착; zhuó)과
'土'(흙 토; tǔ)를 따른다. 會意文字(회의문자)이다. 자형 분석과
관련하여 견해가 분분하다. 本義(본의)는 '대답하다, 응답하다'이
다. 引伸(인신)되어 '대하다, 향하다, 대립하다, 응대하다, 대응하
다'는 뜻을 지닌다.(≪漢字形義分析字典≫) 일설에는 本義(본의)
가 '높이 들어 올려 드러내다'이며, 이로부터 '상당하다, 맞다, 대
하다, 대답하다, 향하다' 등으로 引伸(인신)되었다고 하였다.(≪
漢字源流字典≫)

단어 ▶ 对话[duìhuà] 대화하다; 对面[duìmiàn] 맞은 편

379 队 [隊] duì 무리 대
[뜻] 무리, 단체, 줄

설명 ▶ 번체자 '隊'의 뜻을 좇아 聲符(성부) '㒸'(따를 수; suì)를 '人'(사람 인; rén)으로 대체하였다. 'ß'(阜: 언덕 부; fù)部에 '人'을 따른다. 會意文字(회의문자)이다.

참고 ▶ 번체자 '隊'는 'ß'(阜)部에 '㒸'를 따르는 形聲文字(형성문자)이다. '언덕(阜)에서 사람이 거꾸로(㒸) 떨어지다'는 개념을 형상화한 것으로, 本義(본의)는 '떨어지다, 상실하다'이다. '墜'(떨어질 추; zhuì)의 本字(본자)이다. 假借(가차)하여 '집체 단위로서의 행렬, 무리'(대, duì)를 뜻한다. 이제는 후자의 뜻으로 사용된다.

단어 ▶ 排队[páiduì] 줄을 서다; 队伍[duìwu] 대열, 집단

380 尔 [爾] ěr 너 이
[뜻] 뿐(어기조사), 너, 부사접미어

설명 ▶ '爾'와 同字(동자)이다.(≪集韻≫) 대부분 '爾'를 '尔'로 썼다.(≪說文解字注≫) '尔'를 假借(가차)한 것이다. '尔'는 '小'(작을 소; xiǎo)部에 '𠂆'(𠂆: 人: 누운 사람 인)을 따른다.

참고 ▶ '尔'의 본래 형태는 '尒'이다. '入'(들 입; rù), '丨'(뚫을 곤; gǔn), '八'(여덟 팔; bā)을 따르며, 指事文字(지사문자)이다. '말의 필연적 기세'를 의미한다.(≪說文≫) 假借(가차)하여 2인칭('너')의 개념을 갖는다. '尒'는 또 '入' 대신 '人'(사람 인; rén)을 쓰기도 하였고, '尔'는 또 '尓'로 쓰기도 하였다. ≪宋元以來俗字譜≫에는 '尔'를 '爾'의 俗字(속자)라고 하였다. 번체자 '爾'는 '누

에가 실을 뽑아 고치를 짓기 시작하는 모습'을 본뜬 象形文字(상형문자)라고 하였다. 본뜻은 '시원하다, 아름답다'이다. 가차하여 2인칭 인칭대명사 '너'를 뜻하게 되었다.(≪漢字源流字典≫) '爾'는 篆書(전서)의 자형으로, '冂'(멀 경; jiōng)과 '㸚'(虞의 古字: 벼슬 이름 우; yú)에 '尔'를 聲符(성부)로 취한 것이다.

단어 ▶ 尔等[ěrděng] 너희

381	发 [發] fā 필 발, [髮] fà 터럭 발
	[뜻] (fā) (일어)나다, 일으키다, 발급하다, 보내다, 표현하다, 펼치다; (fà) 머리카락

설명 ▶ 번체자 '發'의 초서체를 正字化(정자화)하였다. '又'(또 우; yòu)部에 '乚, 丿, 丶'을 따른다. 또 同音假借(동음가차)하여 번체자 '髮'의 뜻을 더함으로써, 多音字(다음자)가 되었다. '发'의 필순은 '乚, 丿, 又, 丶'이다. 총 5획이다.

참고 ▶ 번체자 '發'은 '弓'(활 궁; gōng)部에 '癶'(짓밟을 발; bō)을 따르는 形聲文字(형성문자)이다. 본뜻은 '화살을 쏘다, 발사하다'이다. 引伸(인신)되어 '출발하다. 교부하다, 일어나다, 드러내다, 일으키다'를 뜻한다. 번체자 '髮'은 '髟'(머리털 드리워질 표; biāo)部에 '犮'(달릴 발; fá)을 따르는 형성문자이다. '머리카락'을 뜻한다.

단어 ▶ 发现[fāxiàn] 발견하다; 发扬[fāyáng] 선양하다; 秀发[xiùfà] 아름다운 머리; 理发[lǐfà] 이발하다

丰 [豐] fēng 풍성할 풍
[뜻] 풍성하다, 풍부하다, 풍만하다, 무성하다

설명▶ 번체자 '豐'과 同音類義字(동음유의자)인 '丰'을 취하였다. '丰'은 '丨'(뚫을 곤; gǔn)部에 '三'을 따르며, 象形文字(상형문자)이다. '흙더미 위에 나무가 무성하게 자란 모양'을 본뜬 글자라고 하였다.(≪漢字源流字典≫) '무성하다'가 본뜻이며, '풍만하다, 의젓하다, 풍부하다, 성대하다'는 뜻으로 引伸(인신)되었다. 일설에는 또 '生'(날 생; shēng)을 따라, 세로획을 위아래로 뚫은 모습으로, '초목이 무성하게 자란 모양'을 본뜬 글자라고도 하였다. (≪說文≫) 잎이 무성하면, 뿌리가 깊다는 것이다. 모두 '무성하고, 풍성하다'는 뜻이다.

참고▶ '丰'은 '봉'(fēng; 敷容切)으로 읽으며, 번체자 '豐'의 古字(고자)라고도 하였다.(≪漢字簡化方案≫) 그러나 글자의 자형과 변천과정으로 볼 때, 古今字(고금자)라는 사실은 확인되지 않는다. ≪說文≫에도 이에 관한 특별한 언급이 없고, 또 '豐'의 俗字(속자)로도 '豊'(풍성할 풍, fēng; 굽 높은 그릇 례, lǐ)를 제시하고 있을 뿐이다. (≪宋元以來俗字譜≫) 번체자 '豐'(豊)은 '祭器(제기) 안에 두 꾸러미의 옥(玉)이 가득 담긴 모습'을 본뜬 상형문자이다. '豆'(콩 두; dòu)部에 '山'과 두 개의 '丰'(曲)을 따른다. '풍'(fēng; 敷戎切)으로 읽으며, '가득하다, 풍만하다, 성대하다'는 뜻이다. '丰'과 '豐'은 서로 통용하였다.

주▶ 四川省의 酆都縣은 이미 '丰都县'으로 바꾸었다. 성씨의 '酆'은 편방을 '邦'으로 간화하지 않는다.

단어▶ 丰收[fēngshōu] 풍작을 거두다; 丰富[fēngfù] 풍부하다

383 风 [風] fēng 바람 풍

[뜻] 바람, 풍속, 자세, 풍모, 풍경, 풍문

설명 ► 번체자 '風'의 내부요소 '虫'(벌레 충; chóng)을 부호화하여 'ㄨ'(다섯 오; wǔ)로 대체하였다. '风'(風)部를 따른다.

참고 ► '風'은 원래 '鳳'(봉황 봉; fèng)에서 생겨났다. 후에 篆書(전서)의 모양을 따라 두 글자로 분화되었다. '바람'을 의미하는 글자는 '虫'(벌레 충; chóng)部에 '凡'(무릇 범; fán)聲(성)을 따라 '風'이 되었고, '봉황'을 뜻하는 글자는 '鳥'(새 조; niǎo)部에 '凡'聲(성)을 따라 '鳳'이 되었다. 모두 形聲文字(형성문자)이다. 지금은 또 '風'은 '风'으로, '鳳'은 '凤'으로 간화하였다. (067 '凤 [鳳]' 참조.)

단어 ► 微风[wēifēng] 미풍; 刮风[guāfēng] 바람이 불다

384 冈 [岡] gāng 산등성이 강

[뜻] 산등성이, 작은 산, 언덕

설명 ► 번체자 '岡'의 本字(본자)인 '𡶇'을 간화한 것이다. '𡶇'은 '山'(뫼 산; shān)部에 '网'(그물 망; wǎng)을 따르는 형성문자이다. 간화자 '冈'은 本字 '𡶇'에서 하나의 'ㄨ'와 '山'을 생략한 형태이다. '冈'은 '冂'(멀 경; jiōng)部에 'ㄨ'(다섯 오; wǔ)를 따른다.

참고 ► 번체자 '岡'은 본자 '𡶇'이 楷書(해서)로 넘어오면서 聲符(성부) '网'이 '罔'으로 바뀐 것이다. '山'部에 '冂'과 '艹'(艹: 풀 초; cǎo)로 이루어진다. 참고로, '岗'(언덕 강; gǎng)은 '岡'의 俗字(속자)이고, '崗'은 또 원래 '岡'의 俗字(속자)였다.(≪宋元以來俗字譜≫) 따라서 '岗'은 '岡'의 속자의 속자인 셈이다. 그러나

지금은 '산등성이, 언덕'(冈)과 '솟은 부분, 초소, 근무부서, 직장'(岗) 등으로 뜻을 달리한다.

단어 ▶ 山冈[shāngāng] 산등성이, 언덕

---

385 | **广 [廣] guǎng 돌집 엄 [넓을 광]**
[뜻] 넓다, 크다, 보편적이다, 많다

설명 ▶ 번체자 '廣'의 聲符(성부) '黃'(누를 황; huáng)을 생략하였다. '广'(집 엄; yǎn)部를 따른다.

참고 ▶ '广'은 본래 '厂'(굴바위 한; hǎn)과 함께 '바위굴 집'을 뜻하는 글자였다. 이제 '广'은 '廣', '厂'은 '廠'(공장 창; chǎng)의 간화자가 되었다. (027 '厂[廠]' 참조) 번체자 '廣'은 '广'部에 '黃' 聲(성)을 따르는 形聲文字(형성문자)이다. '네 벽이 없는 큰 집'이 본뜻으로, 引伸(인신)되어 '크다, 넓다'는 뜻이다.

단어 ▶ 广阔[guǎngkuò] 광활하다; 广大[guǎngdà] 광대하다

---

386 | **归 [歸] guī 돌아갈 귀**
[뜻] 돌아가다, 돌려주다, 귀속되다, 귀의하다

설명 ▶ 번체자 '歸'의 俗字(속자)이다.(《宋元以來俗字譜》) 초서체를 正字化(정자화)한 것이다. '歸'의 좌편방(𠂤,止)을 부호화하여 'ㅓ'로 간화하고, 다시 우편방 '帚'(빗자루 추; zhǒu)에서 '冖'(덮을 멱; mì)과 '巾'(수건 건; jīn)을 생략하였다. 'ㅋ'(돼지머리 계; jì)部에 'ㅓ'를 따른다.

참고 ▶ 'ㅓ'는 글자를 이루지 못한다. 번체자 '歸'는 '止'(그칠 지; zhǐ)部에 '𠂤'(작은 언덕 퇴; duī)와 '帚'로 이루어진 글자이다. 《說文》에는 '止'와 '婦'(며느리 부; fù)의 생략형, 곧 '帚'에 '𠂤'

(퇴; duī. 堆)聲(성)을 따른다고 하였다. 會意(회의) 겸 形聲文字(형성문자)이다. '빗자루(帚)를 든 사람(=婦)이 오다(止)'는 뜻으로, '여자가 출가하다, 시집가다'가 본뜻이다. 또 '집으로 돌아가 부모를 뵙다'는 뜻에서 '돌아가다, 반환하다, 귀속되다' 등으로 引伸(인신)되었다.

단어 ▶ 回归[huíguī] 회귀하다; 归途[guītú] 귀로

387	龟 [龜] guī, jūn 거북 귀(구), 갈라질 균
	[뜻] (guī) 거북; (jūn) 갈라지다

설명 ▶ 번체자 '龜'의 俗字(속자) '亀'(≪宋元以來俗字譜≫)를 다시 간화하였다. '龟'(龜)部를 따른다. 여전히 象形文字(상형문자)이다.

참고 ▶ 간화자 '龟'는 古字(고자)에 비슷한 형태가 보인다.(≪居延簡甲≫) 번체자 '龜'는 거북의 옆모습을 본뜬 象形文字(상형문자)이다. '龜'部를 따른다. '거북 귀/구'(guī), '갈라질 균'(jūn) 등의 多音字(다음자)이다.

단어 ▶ 乌龟[wūguī] 거북이; 龟甲[guījiǎ] 귀갑; 龟裂[jūnliè] 갈라지다, 균열

388	国 [國] guó 나라 국
	[뜻] 나라, 국가

설명 ▶ 번체자 '國'의 俗字(속자)이다. '國'의 聲符(성부) '或'(혹시 혹; huò)을 同韻字(동운자)인 '玉'(구슬 옥; yù)으로 대체하였다. '囗'(둘러쌀 위; wéi)部에 '玉'을 따른다. 形聲文字(형성문자)이다.

‘国’은 송대에 이르러 시장의 거간꾼들이 쓰기 시작하면서 俗字(속자)가 되었다.(‘国, 齐…’, 今市儈書之, 皆起於宋.)(淸, 梁 同書,≪直語補證≫) 번체자 ‘國’은 ‘或’이 本字(본자)이다. ‘或’은 본래 ‘창(戈)을 들고 성(口)의 경계(二)를 지키다’는 뜻으로 ‘나라’를 의미하였다. 그러나 뒤에 ‘或’이 부정칭(不定稱) 대명사(代名詞) ‘혹자, 어떤 사람’, ‘혹시’라는 뜻으로 假借(가차)되면서, 원래의 뜻 ‘나라’를 의미하는 경우는 ‘경계’의 의미로 義符(의부) ‘口’을 더하여 ‘國’이 되었다. ‘國’은 이제 ‘口’部에 ‘或’을 따르는 會意(회의) 겸 形聲文字(형성문자)이다.

단어 ▶ 国家[guójiā] 나라; 国际[guójì] 국제

---

389 | **过 [過] guò, guo 지날 과**
[뜻] (guò) 지나다, 건너다, 넘다, 훑어보다; (guo) 동작의 경험, 완료 표시 조사

설명 ▶ 번체자 ‘過’의 俗字(속자)이다.(≪改倂四聲篇海≫, ≪篇海類編≫) ‘過’의 聲符(성부) ‘咼’(입 비뚤어질 괘; wāi)를 ‘寸’(마디 촌; cùn)으로 부호화하였다. ‘辶’(辵: 갈 착; chuò)部에 ‘寸’을 따른다.

참고 ▶ ‘咼’는 ‘입 비뚤어질 괘’(wāi), ‘성 화(고대 和씨)’(hé), ‘살 바를 과’(guǎ), ‘성 과’(guō) 등의 多音字(다음자)이다. 번체자 ‘過’는 ‘길을 가면서(辶: 辵) 길이를 재다’는 의미로, 원래 會意文字(회의문자)이다. 篆書(전서) 단계에서 잘못 ‘咼’로 써서 형성문자가 되었다. ‘헤아리다’(度)가 本義(본의)이며, 引伸(인신)되어 ‘지나다’를 뜻한다. 간화자 ‘过’ 역시 ‘길이를 재다’는 개념으로, (寸: 길이의 단위) 여전히 회의문자라고 할 수 있다.

단어 ▶ 经过[jīngguò] 경과하다; 过去[guòqù] 건너가다, 과거

---

390 华 [華] huá, huà 번화할 화

[뜻] (huá) 화려하다, 번화하다, 호화롭다, 눈부시다;
(huà) 화산(华山)

설명 번체자 '華'의 발음을 따라 '化'(될 화; huà)를 聲符(성부)로 취하고, 아래 부분 '十'(열 십; shí)을 절취하여 形符(형부)로 삼아 전체 윤곽을 유지하면서, 새로운 형성문자를 이루었다. '十'部에 '化'를 따른다. 形聲文字(형성문자)이다.

참고 번체자 '華'는 '⻣'가 本字(본자)로, 원래 '꽃잎이 아래로 늘어진 모양'을 본 뜬 상형문자이다. 후에 義符(의부)로 '艹'(艸: 풀 초; cǎo) 部를 더하여 '⻣'로 쓰면서, 形聲文字(형성문자)가 되었다. 隷書(예서)로 넘어오면서 자형이 '華'가 되었다. '華'는 '艹'(艸: 풀 초; cǎo)部에 '華'(키[箕] 종류의 긴 자루가 달린 그물 반; bān)을 따른다. '花'(꽃 화; huā)는 한 떨기의 꽃을 뜻하며, '華'는 여러 떨기의 꽃을 뜻한다. '华[華]'가 '화려하다'는 뜻을 나타내는 것은 이에 연유한다.

단어 中华[Zhōnghuá] 중국의 다른 이름; 光华[guānghuá] 광채; 华山[huàshān] 화산(서악)

---

391 画 [畫] huà 그림 화

[뜻] 그림, 필획, 그리다, 긋다, 구분하다, 묘사하다

설명 번체자 '畫'와 同字(동자)이다.(≪字彙≫) 篆書(전서)의 자형을 취하여 간화하였다.(≪漢字形義分析字典≫) '田'(밭 전; tián)部에 '一'과 '凵'(입벌릴 감)을 따른다. 총 8획이다.

참고 '畫'의 篆書(전서)는 아래 '田'의 주변에 경계선을 그어,

'畵'의 자형을 취하였다. 간화자 '画'는 이 글자를 모태로 머리 부분의 '聿'(붓 율; yù)을 '一'로 대체한 것이다. 번체자 '畫'는 '聿'과 '田'으로 이루어진 會意文字(회의문자)로, 원래 '손으로 붓을 잡고(聿) 그림을 그리다(田)'는 개념을 형상화한 글자였다. 중간에 '田'으로 바뀌면서 '선을 긋다'는 의미가 추가되었다.

단어 ▶ 画画[huàhuà] 그림을 그리다; 画家[huàjiā] 화가

---

392 | 汇 [匯] huì 물돌 회; [彙] huì 무리 휘
     [뜻] (匯) 물이 모이다, 취합하다, 돌다, 송금하다, 외화;
     (彙) 무리, 무성하다, 취합하다

설명 ▶ 번체자 '匯'의 聲符(성부) '淮'(강이름 회; huái)에서 '隹'(새 추; zhuī)를 생략한 뒤, '氵'(水: 물 수; shuǐ)를 편방으로 옮겨 義符(의부) 겸 聲符(성부)로 삼았다. 또 번체자 '彙'를 '匯'와 漢語拼音(한어병음)이 같고 뜻이 유사한 것으로 여겨, '汇'를 가차하여 통일하였다. '汇'는 '氵'(水)部에 '匚'(상자 방; fāng)을 따른다. 여전히 形聲文字(형성문자)이다. '氵'(水)가 소리를 겸하는 것으로 여길 수 있다.

참고 ▶ 번체자 '匯'는 '匚'(상자 방; fāng)部에 '淮'(강이름 회; huái)를 聲符(성부)로 취한 형성문자이다. 본뜻은 '물건을 담는 상자'이다. 引伸(인신)하여 '한 곳으로 모이다, 강물이 합쳐지다, 모으다, 종합하다, 송금하다'를 뜻한다. 번체자 '彙'는 '彑'(긴털돼지 이; yì)에 '胃'(밥통 위; wèi)의 생략형을 聲符(성부)로 취한 形聲文字(형성문자)이다. '猬'(고슴도치 위; wèi)의 古字(고자)라고 하였다.(≪漢字形義分析字典≫) 본뜻은 '고슴도치'이다. 이는 무리지어 사는 습성이 있어서, '모이다, 모으다, 무리, 유별(類別)' 등의 뜻으로 引伸(인신)되었다. '彙'가 주로 引伸義(인신의)로 사용되자, 本義(본의)인 '고슴도치'는 또 '猬'로 쓰게 되었다.

단어 汇合[huìhé] 합류하다; 汇款[huìkuǎn] 송금하다; 词汇
[cíhuì] 어휘; 汇报[huìbào] 보고하다

---

393 会 [會] huì, kuài 모일 회
[뜻] (huì) 모이다, 할 수 있다(후천적 능력), 잘한다,
할 것이다, 깨닫다, 모임, 단체, 짧은 시간; (kuài) 회계

설명 번체자 '會'의 俗字(속자)이다.(≪宋元以來俗字譜≫) '會'
의 머리 '人'을 제외한 나머지 부분을 '云'(구름 운; yún)으로 대
체하였다. 초서체를 正字化(정자화)한 것이다. '人'(사람 인; rén)
部에 '云'을 따른다.

참고 '會'는 본래 '亼'(삼합 집; jí)에 '曾'(더할 증; zēng)의 머리
(八) 생략형을 결합시켜 만든 會意文字(회의문자)이다. '합치다,
뚜껑'이 본뜻이나, 引伸(인신)하여 '부합하다, 모이다, 모으다'는
뜻으로 확대되었다.

단어 开会[kāihuì] 회의를 열다; 会议[huìyì] 회의; *会计
[kuàijì] 회계; *财会[cáikuài] 재무회계

---

394 几 [幾] jǐ, jī 안석 궤 [몇 기]
[뜻] (jǐ) 몇, 얼마; (jī) 거의, 작은 탁자

설명 번체자 '幾'의 俗字(속자)이다.(≪宋元以來俗字譜≫) '幾'
와 발음이 유사하여 假借(가차)한 것이다. '几'部를 따른다.

참고 '几'는 원래 '궤'(jī)로 읽으며, '작은 탁자'를 본뜬 象形文
字(상형문자)이다. 번체자 '幾'는 '兹'(미세할 우; yōu)와 '戍'(지

킬 수; shù)를 따르는 會意文字(회의문자)이다. '낌새(丝)가 있어서 방비하다(戍)'는 개념을 형상화한 것으로, '미미하다, 낌새, 기미, 조짐'이 본뜻이다. 引伸(인신)하여 '관건, 기회, 위험'과 함께 또 '비슷하다, 조금(몇몇), 거의, 몇' 등을 나타낸다. 오늘날 '幾'의 部首(부수)는 '幺'(작을 요; yāo)部이다.

단어 几个[jǐgè] 몇 개; 几乎[jīhū] 거의; 几率[jīlǜ] 확률

395	**夹 [夾] jiā, gā, jiá 낄 협** [뜻] (jiā) 끼다, 집다, 끼우다, 집게; (gā) 겨드랑이; (jiá) 겹(으로 된)

설명 번체자 '夾'의 초서를 正字化(정자화)하였다.(≪書道大字典≫) '夾'에서 두 개의 '人'(사람 인; rén)을 'ᅩ'(艹: 艸: 풀 초; cǎo)로 부호화하였다. '大'(큰 대; dà)部에 'ᅩ'('八'과 '一'의 결합)를 따른다.

참고 번체자 '夾'은 '大'와 두 개의 '人'으로 이루어진 會意文字(회의문자)로서, 본뜻은 '두 사람(人)이 좌우에서 서로 받치다'는 의미이다. '보좌하다, 끼다, 끼우다'는 뜻으로 引伸(인신)되었다.

단어 夹住[jiāzhù] 끼우다; 夹子[jiāzi] 집게; 夹肢窝[gāzhiwō] 겨드랑이; 夹袄[jiá'ǎo] 겹저고리

396	**戋 [戔] jiān 적을 전** [뜻] '戋戋'(미세하다)의 구성글자

설명 번체자 '戔'의 俗字(속자) '戋'을 다시 간화한 것으로 보인다. '戔'의 초서를 正字化(정자화)한 것이다. '錢'(돈 전; qián)의 속자에 '錢'이 보인다.(≪宋元以來俗字譜≫) '戋'은 '戈'(창 과; gē)部에 '一'을 따른다.

참고 번체자 '戔'은 두 개의 '戈'(창 과; gē)를 따르는 會意文字
(회의문자)이다. '殘'(해칠 잔; cán)의 古字(고자)로, '해치다'가
본뜻이다. 지금은 '戋戋'(jiānjiān; 적다)의 구성글자로 사용된다.

단어 戋戋[jiānjiān] 적다, 작다, 미세하다

---

397 | **监 [監] jiān 볼 감**
[뜻] 감시하다, 감독하다, 수감하다, 감독, 감옥

설명 번체자 '監'의 俗字(속자)이다.(≪宋元以來俗字譜≫) 초서
를 正字化(정자화)하였다. '皿'(그릇 명; mǐn)部에 두 개의 'ㅣ'와
'⺈, 丶'을 따른다.

참고 'ㅣ'는 '세로 획'으로 '竪'(세울 수; shù)라고 하고, '⺈'은
'人'(사람 인; rén)의 이형태(異形態)로, '누운 사람 인'이라고 한
다. '丶'은 '점'이다. 번체자 '監'은 '皿' 部에 '臣'(신하 신; chén)과
'⺈'과 점(丶)을 따른다. '물이 담긴(丶) 그릇(皿)에 사람(⺈: 人)
이 얼굴을 비춰보는(臣: 目) 모습'을 본뜬 會意文字(회의문자)로,
本義(본의)는 '비춰보다'이다. 引伸(인신)되어 '살펴보다, 감시하
다'는 뜻을 갖는다.(≪漢字源流字典≫)

단어 監視[jiānshì] 감시하다; 監督[jiāndū] 감독하다

---

398 | **见 [見] jiàn, xiàn 볼 견**
[뜻] (jiàn) 보다, 만나보다, 당하다, 피동표지, 견해;
(xiàn) 드러나다

설명 번체자 '見'의 俗字(속자)이다.(≪宋元以來俗字譜≫) 초서
를 正字化(정자화)하였다. '见'部를 따른다.

참고 번체자 '見'은 '目'(눈 목; mù)'과 '儿'(어진 사람 인; rén)

을 따르는 會意文字(회의문자)로, '보다'는 뜻이다. '만나보다, 뵙다, 보이다' 등으로 引伸(인신)되었다. '儿'은 또 '兒'(아이 아; ér)의 간화자이나, 원래는 '어진 사람 인'(rén)이다.(060 '儿[兒]' 참조.)

단어 ▶ 看见[kànjiàn] 보다; 见到[jiàndào] 만나다

---

399 荐 [薦] jiàn 돗자리 천 [천거할 천]
[뜻] 돗자리, 풀, 바치다, 추천하다

설명 ▶ 번체자 '薦'과 同字(동자)이다.(≪正字通≫) '荐'을 同音假借(동음가차)한 것이다. '荐'은 '艹'(艸: 풀 초; cǎo)部에 '存'(있을 존; cún)을 따른다. 形聲文字(형성문자)이다. 本義(본의)는 '풀로 짠 돗자리'이다.

참고 ▶ '荐'과 '薦'은 동음자이다.(≪廣韻≫: 荐, 在甸切; 薦, 作甸切) 번체자 '薦'은 '艹'(艸)部에 '廌'(해태 치; zhì)를 따르는 會意文字(회의문자)로, 本義는 '가축이 먹는 풀'이다. 引伸(인신)하여 '풀로 짠 자리', '제사에 올린 풀'을 뜻하며, 다시 '진헌하다, 추천하다'는 뜻으로 인신되었다. 참고로 '짐승들이 풀을 뜯을 때는, 반드시 골라서 먹는다'는 사실을 감안하여, 이로부터 '고르다, 추천하다'는 뜻을 유추할 수도 있다.

단어 ▶ 推荐[tuījiàn] 추천하다; 举荐[jǔjiàn] 천거하다

---

400 将 [將] jiāng, jiàng 장수 장
[뜻] (jiāng) 장차, 곧, -하게 될 것이다, 쥐다, -을; (jiàng) 장군, 장수, 이끌다

설명 ▶ 번체자 '將'의 초서를 正字化(정자화)하였다.(≪書道大字典≫) '寸'(마디 촌; cùn)部에 'ㅓ'(널조각 장; qiáng)과 '夕'(저녁

석; xī)을 따른다. 형성문자이다.

㋜ 오른편 윗부분은 '夕'을 따르며, '歹'이나 '罒'로 쓰지 않는다.

참고 번체자 '將'은 원래 '寸'部에 '醬'(醬의 소전·小篆: 젓갈 장; jiàng)의 '酉'(닭 유; yǒu) 생략형태를 聲符(성부)로 취한 형성문자이다. 갑골문의 자형은 義符(의부) '鼎'(솥 정; dǐng)과 '夕'(肉: 고기 육; ròu)에 '爿'(널조각 장; qiáng)을 聲符(성부)로 취한 會意(회의) 겸 形聲文字(형성문자)로, '솥(鼎)에서 고기(夕: 肉: 고기 육; ròu)를 취하여 올리다'가 본뜻이다.(≪漢字源流字典≫) 후에 '鼎'을 생략하고, 義符(의부) '又'(또 우; yòu, 손을 의미함)를 더하여, '올리다'는 의미를 부각시켰다. 隸書(예서)에서 楷書(해서)로 넘어오면서, 다시 '又'를 '寸'으로 바꾸어 '將'으로 썼다. '寸'은 '又'(手)와 통하며, '손으로 하는 동작'을 의미한다. 引伸(인신)하여 '거느리다, 부축하다, 돕다'는 뜻을 지니게 되었다. 간화자에서 '將'을 편방으로 쓸 때는 '寸'을 생략한 '丬'으로 쓴다. (浆, 桨, 奖, 酱)

단어 将来[jiānglái] 장래, 미래; 将要[jiāngyào] 하려고 하다; 将领[jiànglǐng] 고급 장교; 将帅[jiàngshuài] 장수, 지휘관

---

401 | 节 [節] jié, jiē 마디 절
[뜻] (jié) 마디, 관절, 절기, 예절, 절조, 조절, 절약, 박자, 아끼다, 조절하다; (jiē) 마디

설명 번체자 '節'의 俗字(속자)이다.(≪宋元以來俗字譜≫) '節'의 義符(의부) '竹'을 '艹'(艸: 풀 초; cǎo)로 바꾸고, 聲符(성부) '卽'(곧 즉; jí)의 편방 '皀'(고소할 급; jí)을 생략하였다. '艹'(艸)部에 '卩'(부절 절; jié)을 따른다. 형성문자이다.

참고 '卩'은 '꿇어앉은 사람의 모습'을 본뜬 象形文字(상형문자)이다. 쓰임에 따라 '딛, 巴' 등의 형태를 띠며, '무릎, 어림, 존경'

등의 뜻을 갖는다. 번체자 '節'은 '竹'(대나무 죽; zhú)部에 '卽'을 聲符로 취한 형성문자라고 하였다.(≪說文≫) '대나무 마디'가 본뜻이다. 引伸(인신)하여 '마디, 단락, 법도, 절약, 절제, 절개' 등을 뜻하며, 가차하여 '符卪'(부절)의 '卪'과 통용한다. 참고로, '節'은 독음(讀音)이 '절'(jié, 子結切)이고, '卽'은 독음이 '즉'(jí, 子力切)인데, 이를 형성문자라고 하는 것은, '卽'의 옛음이 '卪'(卪: 부절 절; jié)이기 때문이다.(≪說文≫: '卽', 从皀, 卪聲) '卪'(卩)과 '節'은 통하고, '卽'의 옛음은 또 '節'과 同韻(동운)으로 같다고 하였다.(≪說文解字注≫)

단어 ▶ 节目[jiémù] 프로그램; 节日[jiérì] 기념일, 명절; 节骨眼儿 [jiēguyǎnr] 관절의 중요한 곳, 결정적인 시기, 고비

402	尽 [盡] jìn, jǐn 다할 진; [儘] jìn, jǐn 최대한 진
	[뜻] (jìn) 다하다, 끝나다, 최고에 달하다, 모두; (jǐn) 가능한 한, 최대한, 제일, 늘

설명 ▶ 번체자 '盡'의 俗字(속자)이다.(≪正字通≫, ≪篇海類編≫, ≪字彙≫) '盡'의 초서체를 正字化(정자화)하였다. 아울러 '盡'을 聲符(성부)로 취한 '儘'(최대한 진, jǐn)을 同音(동음) 가차하여 '尽'으로 간화하였다. '尸'(펼칠 시; shī)部에 '乀'(파임 불; fú)과 두 점(ㄡ)을 따른다.

참고 ▶ '尽'은 '尺'(자 척; chǐ)에 두 점(ㄡ)을 따르는 것으로 여길 수도 있다. 번체자 '盡'은 본래 '수세미(聿)로 그릇(皿)을 닦다'는 개념을 형상화한 象形文字(상형문자)로, '이미 음식을 다 먹다'는 뜻이다.(≪漢字源流字典≫) 자형 변천단계에서 '皿'(그릇 명; mǐn)部에 '煑'(남은 불 신; jì, 燼과 同字)을 따르는 형성문자가 되었다. '그릇이 비다'는 개념으로, '다하다'는 뜻이라고 하였다. (≪說文≫) '다하다'에서 '없어지다, 끝나다, 소진하다, 최선을 다

하다' 등으로 引伸(인신)되었다. '최선을 다하다, 할 수 있는 힘을 다하다, 가능한 한'이란 뜻은 후에 義符(의부)로 '亻'(人)을 더하여 '儘'(다할 진; jǐn)으로 썼다. '儘'은 '亻'(人)部에 '盡'을 따르는 형성문자이다.

단어 ▶ 卖尽[màijìn] 매진하다; 用尽[yòngjìn] 소진하다; 尽管 [jǐnguǎn] 비록 −일지라도; 尽力[jìnlì] 힘을 다하여

---

403 | **进 [進] jìn 나아갈 진**
　　　　[뜻] 나아가다, 들어가다, 바치다

설명 ▶ 번체자 '進'의 발음과 형태를 감안하여 편방 '隹'(새 추; zhuī)를 '井'(우물 정; jǐng)으로 대체하여, 새로운 形聲文字(형성문자)를 이루었다. '辶'(辵: 갈 착; chuò)部에 '井'을 따른다.

참고 ▶ 번체자 '進'은 '辶'(辵)部에 '隹'를 따르는 會意文字(회의문자)이다. 본뜻은 '앞으로 나아가다'이다. 引伸(인신)하여 '외부에서 안으로 들다'를 뜻한다.

단어 ▶ 前进[qiánjìn] 앞으로 나아가다; 进去[jìnqù] 들어가다

---

404 | **举 [舉] jǔ 들 거**
　　　　[뜻] 들다, 들어올리다, 일으키다, 천거하다, 제시하다,
　　　　거동, 전부

설명 ▶ 번체자 '舉'의 俗字(속자)이다.(≪宋元以來俗字譜≫) '舉'의 聲符(성부) '與'(줄 여; yǔ)의 윗부분을 세 점('''')으로 부호화하여, '兴'(흥할 흥; xīng)을 이루었다. 초서를 正字化(정자화)한 것이다. '举'는 'ㆍ'(점 주; zhǔ)部에 '⺍, 八, 龶(龶)'를 따르며, 총 9획이다.

참고 ▶ '擧'의 아래 '廾'는 '手'(손 수; shǒu, 扌)의 변형이다. '擧'의 본래 자형은 '擧'로서, '擧'는 '擧'의 俗字(속자)이다.(≪漢字源流字典≫) '擧'는 '手'部에 '與'(더불 여; yǔ)를 따르는 會意(회의) 겸 形聲文字(형성문자)이다. '與'가 소리를 겸한다. '두손으로 들어올리다'가 본뜻이다. 引伸(인신)하여 '들다, 행동, 흥기하다, 제출하다, 천거하다' 등을 뜻한다.

단어 ▶ 举手[jǔshǒu] 손을 들다; 抬举[táiju] 밀어주다

405	壳 [殼] ké, qiào 껍질 각
	[뜻] 껍질, 껍데기, 허물

설명 ▶ 번체자 '殼'의 義符(의부) '殳'(몽둥이 수; shū)를 생략하고, 聲符(성부) '壳'에서 가운데의 '一'을 생략하였다. '士'(선비 사; shì)部에 '冘'(한산할 용; rǒng)을 따른다.

주 壳: '几' 위에 작은 가로획이 없다.

참고 ▶ 번체자 '殼'은 '殳' 部에 '壳'(껍질 각; ké)을 따르는 形聲文字(형성문자)이다. '딱딱한 껍질'이란 뜻이다. 뜻은 같으나 용도가 다른 개념으로 '각'(ké)과 '각'(qiào)으로 읽히는 多音字(다음자)이다. '殼'은 본래 '내려치다, 딱딱한 껍질'의 뜻을 가진 '㱿'(각; què)의 分化字(분화자)로, 義符(의부) '几'(안석 궤; jī)를 더해 '껍질'의 개념을 전담하였다고 하였다.(≪漢字源流字典≫)

단어 ▶ 贝壳[bèiké] 조가비; 外壳[wàiké] 겉껍질; 地壳[dìqiào] 지각; 甲壳类[jiǎqiàolèi] 갑각류

406 来 [來] lái 올 래
[뜻] 오다, 하다(대동사), 하려하다(조동사),
하여(연결보조동사), -동안, 정도

설명 번체자 '來'의 俗字(속자)이다.(≪宋元以來俗字譜≫) 초서를 正字化(정자화)하여, '來'에서 두 개의 '人'을 'ㅛ'(++: 艸: 풀초; cǎo)로 부호화하였다. '木'(나무 목; mù)部에 'ㅛ'(八과 一)를 따른다. (395 '夹[夾]' 참조)

참고 번체자 '來'는 본래 '이삭이 핀 보리'를 본뜬 象形文字(상형문자)로서, 본뜻은 '보리'이다. 가차하여 '오다'는 뜻을 갖게 되었다.(≪漢字形義分析字典≫) 이에 원래의 '보리'를 나타내는 글자는 '麥'(보리 맥; mài)을 쓰게 되었다. 사실 '麥'은 원래 '오다'는 뜻을 나타내는 글자였다. 두 글자의 뜻이 서로 뒤바뀐 것이다. (426 '麦[麥]' 참조)

단어 来往[láiwǎng] 왕래하다; 来去[láiqù] 오가다

407 乐 [樂] lè, yuè, yào 즐길 락
[뜻] (lè) 즐겁다, 기쁘다, 즐거움; (yuè) 음악; (yào) 좋아하다

설명 번체자 '樂'의 俗字(속자) '乐'을 취하여 재정리하였다.(≪宋元以來俗字譜≫) 초서를 正字化(정자화)한 것이다.(≪書道大字典≫) '厂'(丿: 삐침 별; piě)과 '木'(나무 목; mù)으로 구성된다. '丿'(삐침 별; piě)部에 '木'을 따르며, 모두 5획이다.

참고 속자는 간화자 '乐'의 '厂'이 '丿'로 되어있다. 번체자 '樂'은 '나무판(木) 위에 현(幺: 미세할 우; yōu, 絲의 뜻)을 팽팽하게

당긴 모양'으로, '금슬(琴瑟)'의 모양을 본뜬 상형문자이다. '白' (흰 백; bái)은 '현을 조절하는 장치'를 의미하며, 후에 '樂'의 聲符(성부)를 겸하게 되었다. '소리의 총칭'으로 '음악'을 뜻한다. '즐거울 락'(lè), '음악 악'(yuè), '좋아할 요'(yào)의 多音字(다음자)이다. 참고로, '樂'은 '나무 받침대(木) 위에 놓인 장식(丝)과 고리가 달린 북(白) 모양'을 본뜬 상형문자로 이해할 수도 있다.

단어 ▶ 快乐[kuàilè] 즐겁다; 欢乐[huānlè] 즐겁다; 音乐[yīnyuè] 음악; 乐器[yuèqì] 악기; 乐山乐水[yàoshānyàoshuǐ] 요산요수, 인자(仁者)는 산을 좋아하고, 지자(智者)는 물을 좋아한다.

408	离 [離] lí 떠날 리
	[뜻] 떠나다, 이별하다, 분리되다, –에서부터, 괘이름

설명 ▶ '离'는 '離'와 同字(동자)이다.(≪篇海類編≫) '離'의 義符(의부) '隹'(새 추; zhuī)를 생략하고, 聲符(성부) 글자 '离'로 통일하였다. '离'는 'ㅗ'(머리부 두; tóu)部에 '凶'(흉할 흉; xiōng)과 '内'(발자국 유; róu)를 따른다.(≪漢語大字典≫)

참고 ▶ ≪說文≫ 및 ≪中文大字典≫에는 '离'가 '内' 部에 '凶'(흉할 흉; xiōng)을 따른다고 하였다. '离'는 '산신(山神)'을 뜻하는 글자로, '산신짐승'을 본뜬 象形文字(상형문자)라고도 하였고,(≪說文≫) 또 '새를 잡다'(凶: 새의 변형, 内: 손그물의 변형)는 뜻의 會意文字(회의문자)라고도 하였다. 후에 와전되어 '隹'를 더하여 '離'가 되었다.(≪漢字形義分析字典≫) 번체자 '離'는 '隹' 部에 '离'를 따르는 形聲文字(형성문자)이다. 本義(본의)는 '포획하다, 잡다'이며, 假借(가차)하여 '이별하다'는 뜻을 지니게 되었다.

단어 ▶ 分离[fēnlí] 분리하다, 离别[líbié] 이별하다

409	历 [歷] Ⅱ 지낼 력; [曆] Ⅱ 달력 력

409 历 [歷] Ⅱ 지낼 력; [曆] Ⅱ 달력 력
[뜻] 지내다, 겪다, 경과하다, 경험하다, 이전의, 두루,
달력, 역법

설명 ▶ 번체자 '歷'과 '曆'의 발음을 따라 '力'(힘 력; lì)을 聲符(성부)로 취하고, '厂'(굴바위 한; hǎn)을 義符(의부)로 남겨 새로운 형성문자를 이루었다. '厂'部에 '力'을 따른다.

참고 ▶ '历'과 '厉'(힘쓸 려; lì)는 구별을 요한다. '厉'(려; lì)는 '厲'(려, lì; 준엄하다, 맹렬하다)의 간화자이다. 번체자 '歷'과 '曆'은 모두 形聲文字(형성문자)이다. '歷'은 '止'(그칠 지; zhǐ)部에 '厤'(다스릴, 책력 력; lì)을 따르며, '경과하다'는 뜻이고, '曆'은 '日'(해 일; rì) 部에 '厤'을 따르며, '세월의 경과'를 의미하는 '달력, 역법'의 뜻이다.

단어 ▶ 经历[jīnglì] 겪다, 경력; 履历[lǚlì] 이력; 阴历[yīnlì] 음력; 日历[rìlì] 일력

410 丽 [麗] Ⅱ 고울 려
[뜻] 곱다, 아름답다, 예쁘다, 달라붙다

설명 ▶ 번체자 '麗'의 古字(고자) '丽'(≪說文≫)를 다시 간화하였다. 古字(고자) '丽'의 머리 부분 두 개의 '一'을 하나로 통합하였다. '一'(한 일; yī)部에 두 개의 '冂'(부절 절; jié)을 따른다.

㊟ 丽 : 7획이다. 윗부분은 하나의 가로획이며, 두 개의 작은 가로획으로 쓰지 않는다.

참고 ▶ 번체자 '麗'는 '鹿'(사슴 록; lù)部에 '丽'를 따르며, 形聲文字(형성문자)라고 할 수 있다. 그러나 '麗'는 본래 '두 마리의 기린이 짝을 이루어 함께 가는 모습'을 본뜬 象形文字(상형문자)이다. '丽'는 바로 두 마리 기린의 긴 목의 윤곽을 그린 것이다. 이

로부터 '짝을 이루다, 아름답다'는 뜻을 지니게 되었다.

단어 ▶ 美丽[měilì] 아름답다; 华丽[huálì] 화려하다

---

411 | **两 [兩] liǎng 두 량**
[뜻] 둘, 몇몇, 무게 단위

설명 ▶ 번체자 '兩'의 俗字(속자)이다.(≪宋元以來俗字譜≫) '兩'의 초서를 正字化(정자화)하였다. '一' 部에 '冂'(먼데 경; jiōng)과 두 개의 '人'을 따른다.

참고 ▶ '两'은 총 7획이다. 번체자 '兩'은 '一' 部에 '㒳'(두전 량, 二錢)을 따른다. 會意(회의) 겸 形聲文字(형성문자)이다. '두 전을 합치면 한 냥(一兩)'이 된다는 뜻에서, '둘'을 뜻하게 되었다.

단어 ▶ 两个[liǎnggè] 두 개; 三三两两[sānsānliǎngliǎng] 삼삼오오

---

412 | **灵 [靈] líng 신령 령**
[뜻] 영혼, 신령, 영험하다, 신통하다, 재빠르다, 기민하다

설명 ▶ 번체자 '靈'의 俗字(속자)이다.(≪正字通≫) 同音字(동음자)의 '灵'을 假借(가차)한 것이다. '灵'은 '火' 部에 'ㅋ'(彐: 돼지머리 계; jì)를 따른다. 會意文字(회의문자)이다.

참고 ▶ '灵'은 본래 '불(火)에 손(ㅋ)을 녹이다'는 개념을 형상화한 것으로, '미지근하다'(微溫)는 뜻이다.(≪漢字源流字典≫) 번체자 '靈'은 '巫'(무당 무; wū)部에 '霝'(비올 령; líng)을 聲符(성부)로 취한 會意(회의) 겸 形聲文字(형성문자)이다. '무당(巫)이신(霝)을 내리다, 섬기다'는 개념을 형상화한 것이다.(≪漢字形

義分析字典≫) '신령, 영험, 영혼, 총명, 영활' 등으로 引伸(인신)
되었다.

단어 ► 神灵[shénlíng] 신령; 灵活[línghuó] 날렵하다, 융통성이
있다

---

413 刘 [劉] liú 성 류
[뜻] 성씨

설명 ► 번체자 '劉'의 俗字(속자)이다.(≪篇海類編≫, ≪宋元以來
俗字譜≫) '劉'의 편방 '鎦'를 '文'(글월 문; wén)으로 대체하였
다. 'リ'(刀: 칼 도; dāo)部에 '文'을 따른다.

참고 ► '鎦'는 자체로 글자를 이루지 못한다. 번체자 '劉'는 '鎦'(죽
일 류; liú)에서 '田'(밭 전; tián)을 생략한 뒤, 義符(의부)로
'リ'(刀)를 더한 글자로 추정한다. ≪說文≫에는 '劉'가 없다고 하
였다.

단어 ► 刘备[liúbèi] 유비

---

414 龙 [龍] lóng 용 룡
[뜻] 용, 제왕

설명 ► 번체자 '龍'의 俗字(속자) '尨'을 취하여 다시 '龙'으로 간
화하였다. '龍'의 행서체를 바탕으로 좌편방 '育'을 생략하고, 우
편방을 正字化(정자화)한 것이다. 번체자 '龍'의 전체 모습을 형
상화하였다. '龙'(龍)部를 따른다.

참고 ► '龍'의 俗字(속자)에는 '竜'과 '尨'이 보인다.(≪宋元以來俗
字譜≫) '尨'은 또 본래 '삽살개 망'(máng)이기도 하다. 번체자
'龍'은 상상의 동물 '용'을 형상화한 象形文字(상형문자)이다.

단어 ► 望子成龙[wàngzǐchénglóng] 아들이 훌륭한 인물이 되기를 바라다; 生龙活虎[shēnglóng huóhǔ] 활력이 넘치다

---

415 **娄 [婁] lóu 성길 루**
[뜻] (너무 익어) 무르다, 뭉개지다, 허약하다, 별이름

설명 ► 번체자 '婁'의 俗字(속자)이다.(≪宋元以來俗字譜≫) 초서체를 正字化(정자화)하였다. '娄'는 '女'(여자 녀; nǔ)部에 '米'(쌀미; mǐ)를 따른다.

참고 ► 번체자 '婁'는 '女'部에 '毋'(없을 무; wú)와 '中'(가운데 중; zhōng)을 따르며, 會意文字(회의문자)이다. '가운데(中)가 비다(毋)'는 뜻이라고 하였다.(≪說文≫) 일설에 '婁'는 '여자(女)가 두 손으로 대광주리를 이고 있는 모습'을 형상화한 會意文字(회의문자)라고 하였다. '簍'(대채롱 루; lǒu)의 本字(본자)로서, '대 채롱, 대바구니 상자'가 本義(본의)이다.(≪漢字源流字典≫) '비다, 성기다, 드물다, 허약하다' 등으로 引伸(인신)되었다.

단어 ► 娄子[lóuzi] 분쟁, 소동

---

416 **卢 [盧] lú 밥그릇 로**
[뜻] 성씨

설명 ► 번체자 '盧'의 머리 부분 '卜'(점칠 복; bǔ)을 남기고 나머지 부분을 '尸'(펼칠 시; shī)로 기호화하였다. '卢'는 '卜'部에 '尸'를 따른다.

참고 ► 번체자 '盧'는 '爐'의 초문(初文)으로, 본래 '불을 담는 용기, 곧 화덕'을 형상화한 상형문자이다. 아래 '皿'(그릇 명; mǐn)은 화덕의 다리이고, 윗부분은 그 몸체를 형상화한 것이다. 금문

(金文)과 篆文(전문)을 거치면서 '皿'部에 '膚'(밥그릇 로; lú)를 따르는 형성문자가 되었고, 아울러 '밥그릇'의 의미가 더해지게 되었다. '膚'는 '밥그릇'의 의미로, '盧'의 異體字(이체자)이다.(≪廣韻≫) (169 '庐[廬]' 및 171 '炉[爐]' 참조)

단어▸ 卢布[lúbù] 루블(러시아 화폐단위)

---

417 | **虏 [虜] lǔ 사로잡을 로**
[뜻] 사로잡다, 약취하다, 포로

설명▸ 번체자 '虜'에서 가운데 부분 '毌'(꿰뚫을 관; guàn)을 생략하였다. '虍'(범가죽무늬 호; hū)部에 '力'(힘 력; lì)을 따른다.

참고▸ 번체자 '虜'는 힘(力)으로 물건을 뺏다(毌)'는 뜻의 會意(회의) 겸 形聲文字(형성문자)이다. '虍'가 聲符(성부)를 겸하며, '호랑이처럼 사납다'는 뜻이다.

단어▸ 俘虏[fúlǔ] 포로, 사로잡다

---

418 | **卤 [鹵] lǔ [짤 로]; [滷] lǔ [간수 로]**
[뜻] 간수, 짜다, 소금물로 삶다, 진한 즙

설명▸ 간화자 '卤'는 본래 '西'(서녘 서; xī)의 古字(고자)이다. '鹵'에서 '네 점(ヽ)을 생략한 형태와 같아, 이를 차용(借用)한 것이다. '卤'는 또 번체자 '滷'의 간화자를 겸한다. '滷'에서 義符(의부) 'ʒ'(水: 물 수; shuǐ)를 생략하고 聲符(성부) 글자 '鹵'로 통일한 뒤, 다시 그 간화자 '卤'를 취한 것이다. '卤'는 '卜'(점칠 복; bǔ)部에 '図'를 따르며, '간수, 짜다'는 뜻이다.

참고▸ '図'는 '口'(입 구; kǒu)와 'ㄨ'(다섯 오; wǔ)로 이루어지며, 자체로 글자를 이루지 못한다. 번체자 '鹵'는 본래 '서방(卤)에서

나는 돌소금(粊)'을 본떠 만든 글자로서, '서방 소금땅'이란 뜻이다. 실재 중국 서부지방에는 소금이 많이 난다. 간화자 '卤'는 '鹵'의 '粊'에서 네 점(丶)을 생략한 형태로 보이나, 사실은 '西'의 古字(고자)이다. '卤'는 이제 '鹵'의 간화자로 사용될 뿐, 더 이상 '서방(西)'의 개념으로 쓰이지 않는다.

단어 ▶ 盐卤[yánlǔ] 간수; 卤水[lǔshuǐ] 간수; 卤煮[lǔzhǔ] 소금물로 삶다; 卤肉[lǔròu] 소금물에 향을 넣고 삶은 고기, 수육; 茶卤儿[chálǔr] 농도가 짙은 찻물

---

419 录 [錄] lù 기록할 록
[뜻] 기록하다, 복제하다, 녹음하다, 채용하다, 기록

설명 ▶ 번체자 '錄'의 聲符(성부) 글자 '彔'(글새길 록; lù)으로 통일한 뒤, 다시 그 異體字(이체자) '录'을 취하였다. 'ㅋ'(彑: 돼지머리 계; jì)部에 '水'(물 수; shuǐ)를 따른다.

참고 ▶ '录'은 '彔'의 異體字(이체자)이다. '彑'는 'ㅋ'로도 썼다. '彔'은 원래 '나무를 뚫듯이 비벼 불씨를 얻는 모양'을 본뜬 象形文字(상형문자)라고 하였다.(≪漢字源流字典≫) '나무를 비벼 불을 피우다'에서 '나무에 새기다'는 뜻을 취하였다. ≪說文≫에는 '나무에 새기다'(刻木)가 본뜻이라고 하였다. 이로부터 '기록하다, 채용하다'는 뜻으로 引伸(인신)되었다. 번체자 '錄'은 '金'(쇠금; jīn)部에 '彔'을 따르는 形聲文字(형성문자)이다. '기록하다'는 의미를 부각시키기 위하여 義符(의부)로 '金'을 더한 것이다. '彔'은 또 우물 위의 도르래[彑]로 물[水]을 긷는 형상을 본뜬 글자라고도 하였다.(≪漢字形義分析字典≫)

단어 ▶ 目录[mùlù] 목록; 录音[lùyīn] 녹음하다

420 虑 [慮] lǜ 근심 필 [생각할 려]
[뜻] 생각하다, 우려하다

설명 ‘虑’을 차용하였다. 번체자 ‘慮’에서 ‘田’(밭 전; tián)을 생략한 형태로서, 또한 뜻이 비슷하여 ‘慮’의 간화자로 차용하였다. ‘心’(마음 심; xīn)部에 ‘虍’(범가죽무늬 호; hū)를 따른다.

참고 ‘虑’는 본래 ‘근심하는 모습 필’(bì)이다.(≪玉篇≫) 번체자 ‘慮’는 ‘思’(생각할 사; sī)에 ‘虍’聲(성)의 形聲文字(형성문자)이다. 후에 ‘心’을 部首(부수) 삼아 ‘虍’와 ‘田’을 따르는 것으로 여겼다. ‘도모하다, 생각하다, 우려하다’는 뜻이다.

단어 考虑[kǎolǜ] 고려하다; 思虑[sīlǜ] 숙고하다

421 仑 [侖] lún 생각할 륜
[뜻] 사고하다, 둥글다, 순서, 조리

설명 번체자 ‘侖’의 초서를 正字化(정자화)하였다. ‘一’과 ‘冊’(책 책; cè)을 ‘匕’(비수 비; bǐ)로 부호화(符號化)하였다. ‘仑’은 ‘人’部에 ‘匕’를 따른다.

참고 번체자 ‘侖’은 본래 ‘亼’(삼합 집; jí)과 ‘冊’으로 이루어진 會意文字(회의문자)로, 本義(본의)는 ‘자료를 모아, 조리있게 정리하다, 생각하다’는 뜻이다. ‘조리, 윤리, 순서, 분류’ 등의 뜻으로 引伸(인신)되었다. 지금은 ‘人’部에 ‘一’과 ‘冊’을 따른다.

단어 昆仑[Kūnlún] 곤륜산

422 罗 [羅] luó 벌릴 라
[뜻] 그물, 그물로 잡다, 수집하다, 나열하다, 견직물

설명 번체자 ‘羅’의 俗字(속자)이다.(≪篇海類編≫, ≪宋元以來

俗字譜≫) '羅'의 '維'(새끼줄 유; wéi)를 '夕'(저녁 석; xī)으로 부호화(符號化)하였다. 'ㅍ'(网: 그물 망; wǎng)部에 '夕'을 따른다.

참고 ▶ 번체자 '羅'는 '실(糸)로 된 그물(ㅍ)로 새(隹)를 잡다'는 뜻의 會意文字(회의문자)이다. '(새를 잡는) 그물'이 본뜻이다. 引伸(인신)하여 '수집하다, 나열하다'를 뜻한다.

단어 ▶ 张罗[zhāngluo] 처리하다, 기획하다; 网罗[wǎngluó] 그물, 망라하다

423 ‖ 马 [馬] mǎ 말 마
[뜻] 말, 크다

설명 ▶ 번체자 '馬'의 초서를 正字化(정자화)하였다. '马'部를 따른다.

㊀ 3획이다. 필순은 'ㄱ, 马, 马'이다. 윗부분은 왼편으로 조금 비껴쓰고, 왼쪽 윗모서리는 입을 벌리며, 마지막 필로 왼쪽 편방을 쓸 때는 평평하게 들어올린다.

참고 ▶ 번체자 '馬'는 말 모양을 본뜬 象形文字(상형문자)이다.

단어 ▶ 马匹[mǎpǐ] 마필; 马车[mǎchē] 마차

424 ‖ 买 [買] mǎi 살 매
[뜻] 사다

설명 ▶ 번체자 '買'의 초서를 正字化(정자화)하였다.(≪書道大字典≫) '買'의 전체 윤곽을 형상화한 것으로, 'ㅍ'(그물 망; wǎng)

을 'ㄱ'(乙의 변형)로, '貝'(조개 패; bèi)를 '头'(머리 두; tóu)로 부호화(符號化)하였다. 'ㄱ'(乙: 새 을; yǐ)部에 '头'를 따른다.

참고 '头'는 또 '頭'(머리 두; tóu)의 간화자이다. 번체자 '買'는 '그물(罒)로 조개(貝)를 채취하다'는 개념의 會意文字(회의문자) 이다. 引伸(인신)하여 '사다'는 뜻을 지니게 되었다.

단어 买东西[mǎi dōngxi] 물건을 사다; 购买[gòumǎi] 구매하다

---

425 ┃ 卖 [賣] mài 팔 매
[뜻] 팔다

설명 번체자 '賣'의 초서를 正字化(정자화)하였다.(≪書道大字 典≫) '賣'의 머리 '士'(선비 사; shì)를 '十'(열 십; shí)으로 바꾸 고, 聲符(성부) '買'(살 매; mǎi)를 그 간화자 '买'로 대체하였다.

㊟ 卖 : '十'과 '买'를 따른다. 윗부분은 '士'나 '土'(흙 토; tǔ)를 따르지 않는다.

참고 번체자 '賣'의 머리 '士'는 '出'(날 출; chū)의 변형이다. '물 건을 내어(出) 사게 하다(買之)'는 뜻이다. '貝'(조개 패; bèi)部 에 '士'와 '罒'(网: 그물 망; mǎng)을 따른다.

단어 卖掉[màidiào] 팔아버리다' 拍卖[pāimài] 경매하다

---

426 ┃ 麦 [麥] mài 보리 맥
[뜻] 보리, 맥류

설명 번체자 '麥'의 俗字(속자)이다.(≪玉篇≫, ≪龍龕手鑒≫, ≪宋元以來俗字譜≫) '麥'의 머리 부분 '來'(올 래; lái)를 '丰'로 대체하였다. 초서를 正字化(정자화)한 것이다.(≪書道大字典≫) '麦'(麥)部를 따른다.

참고 '来'는 단독으로 글자를 이루지 못한다. 번체자 '麥'은 '來'와 '夊'(천천히 걸을 쇠; suī)로 이루어진 會意文字(회의문자)이다. '(하늘로부터) 보리(來)가 도래하다(夊)'는 뜻으로, '도래하다, 오다'가 본뜻이다. '麥'部를 따른다. 후에 '來'가 '오다'는 뜻을 담당하면서, '麥'은 '보리'의 뜻으로 사용하게 되었다. '來'의 본뜻은 '보리'이니, '來'와 '麥'은 뜻이 뒤바뀐 셈이다. (406 '来[來]' 참조)

단어 麦苗[màimiáo] 보리(밀)싹; 大麦[dàmài] 보리

---

427 门 [門] mén 문 문
[뜻] 문, 출입구, 부문, 문파

설명 번체자 '門'의 俗字(속자)이다.(≪宋元以來俗字譜≫) 초서를 正字化(정자화)하였다. '门'(門)部를 따른다.

참고 번체자 '門'은 '두 짝으로 된 문'을 본뜬 象形文字(상형문자)이다.

단어 门前[ménqián] 문 앞; 门口[ménkǒu] 입구

---

428 黾 [黽] mǐn, miǎn 힘쓸 민; 맹꽁이 맹(měng)
[뜻] 黾勉(노력하다)의 구성글자, (miǎn) 黾池(지명)의 구성글자, 맹꽁이

설명 번체자 '黽'의 俗字(속자)이다.(≪字彙≫) 번체자의 윤곽을 살려 간화한 것으로, '口'(입 구; kǒu)와 '屯'(번개 전; diàn)으로 이루어진다. '黾'은 '黾'(黽)部를 따른다.

주 黾 : 글자 구성은 '口'와 '屯'을 따른다.

참고 '黽'은 원래 맹꽁이를 본뜬 상형문자로, 본래의 訓音(훈음)

은 '맹꽁이 맹'(měng)이다. '黽'部를 따른다. 假借(가차)하여 '힘쓸 민' (mǐn)으로 '노력하다'를 뜻한다.

단어 黽勉 [mǐnmiǎn]노력하다; 黽池[miǎnchí] 면지(지명)

---

429 **难 [難] nán, nàn   어려울 난**
    [뜻] (nán) 어렵다, 힘들다, 난처하다; (nàn) 재난

설명 번체자 '難'의 俗字(속자)이다.(≪宋元以來俗字譜≫) '難'의 聲符(성부) '堇'(堇: 찰흙/제비꽃 근; jǐn)을 '又'(또 우; yòu)로 기호화하였다. '隹'(새 추; zhuī)部에 '又'를 따른다.

참고 '堇'은 '堇'의 이형태(異形態)이다. (111 '艰[艱]' 참조) 번체자 '難'은 '隹'部에 '堇'(堇)을 聲符(성부)로 취한 형성문자로, 본뜻은 '새의 일종'이다. 聲符 '堇'(堇)의 '진흙(堇: 堇)은 다루기 힘들다'는 의미를 빌어, '어렵다, 힘들다'는 뜻을 표하게 되었다. (≪漢字源流字典≫)

단어 困难[kùnnan] 곤란하다; 为难[wéinán] 난처하다; 刁难 [diāonàn] 괴롭히다; 遇难[yùnàn] 조난을 당하다

---

430 **鸟 [鳥] niǎo   새 조**
    [뜻] 새

설명 번체자 '鳥'의 초서를 바탕으로, 전체의 윤곽을 살려 간화하였다. '鸟'部를 따른다.

㈜ 鸟 : 5획이다.

참고 번체자 '鳥'는 새의 모양을 본뜬 象形文字(상형문자)이다. '鳥'部를 따른다.

단어 ▸ 飞鸟[fēiniǎo] 새; 鸟叫[niǎojiào] 새가 울다

---

431 聂 [聶] niè 소곤거릴 섭
[뜻] 성씨

설명 ▸ 번체자 '聶'의 아래 '耶'(편안할 접; tié)을 '双'(짝 쌍; shuāng)으로 대체하였다. '耳'(귀 이; ěr)를 '又'(또 우; yòu)로 부호화한 것이다. '耳'部에 '双'을 따른다.

참고 ▸ 번체자 '聶'은 세 개의 '耳'를 따르며, '귀 가까이에서 소곤 거리다'는 會意文字(회의문자)이다.

---

432 宁 [寧] níng, nìng, zhù 모을 저 [편안할 녕]
[뜻] (níng) 편안하다, 안정되다, 문안하다, 남경의 별칭; (nìng) 설마, 차라리

설명 ▸ 간화자 '宁'은 원래 '모을 저'(zhù)이다. 번체자 '寧'에서 '心'(마음 심; xīn)과 '皿'(그릇 명; mǐn)을 생략한 형태가 같아, '寧'의 간화자로 차용하였다. '宀'(집 면; mián)部에 '丁'(못 정; dīng)을 따른다. 형성문자이다.

참고 ▸ '宁'은 원래 독음이 '저'(zhù)로서, '모으다, 우두커니 서있 다, 대문 안 뜰'을 뜻하는 글자이다. 번체자 '寧'은 본래 '집(宀) 가운데에 먹을 것(皿)이 놓여있다(선반; 丂)'는 뜻을 나타내는 會意文字(회의문자)였으나, 후에 '心'을 더하여 현재의 자형(字 形)이 되었다. '마음이 바라는 바'라는 뜻이다.

㋡ '門屏之間'(대문과 외병[外屏: 집 가림 벽] 사이, 뜰)으로 풀 이되는 '宁'(저; 옛글자로 드물게 쓰임)는 zhù(柱)로 읽는다. 이 제 본래 'zhù'로 읽히는 '宁'(저)는, '寧'의 간화자 '宁'(녕)과 혼동

을 피하기 위해 '宀'(뜰 저; zhù)로 쓴다.

단어 ▶ 宁静[níngjìng] 편안하다; 安宁[ānníng] 편하다; 宁可
[nìngkě] 차라리 …할지언정; 宁愿[nìngyuàn] 차라리 …하기를
원하다

433	农 [農] nóng 농사 농
	[뜻] 농사, 농사짓다

설명 ▶ 번체자 '農'의 윤곽을 유지하면서, 전체를 부호화하였다.
'冖'(덮을 멱; mì)部에 '农'를 따른다. 모두 6획이다.

참고 ▶ '农'는 글자를 이루지 못한다. '衣'(옷 의; yī)의 아래 부분
이다. 번체자 '農'은 '辰'(때 신; chén)部에 '曲'(굽을 곡; qū)을
따르는 會意文字(회의문자)이다. 金文(금문)을 보면, '曲'은 밭
(田)을 의미하고 '辰'은 손으로 농기구 잡은 모습으로, '밭을 갈
다, 농사일을 하다'는 뜻이다.(≪漢字形義分析字典≫)

단어 ▶ 农事[nóngshì]농사; 农民[nóngmín]농민

Ⓠ

434	齐 [齊] qí, jì 가지런할 제
	[뜻] (qí) 가지런하다, 일치하다, 같다, 갖추다, 전부, 일제히, 나라이름; (jì) 배합하다, 양념

설명 ▶ 번체자 '齊'의 俗字(속자)이다.(≪宋元以來俗字譜≫) '齊'
의 전체 윤곽을 형상화한 것으로 보인다. '齐'(齊)部를 따른다.

참고 ▶ 번체자 '齊'는 곡식의 이삭이 가지런히 피어나는 모습을
본뜻 象形文字(상형문자)이다. '가지런하다'가 본뜻이다.

단어 ▶ 整齐[zhěngqí] 정연하다; 齐全[qíquán] 완전히 갖추다

---

435 ┃ **岂 [豈] qǐ 어찌 기**
[뜻] 어찌

설명 ▶ 번체자 '豈'의 俗字(속자)이다.(≪宋元以來俗字譜≫) 초서
를 正字化(정자화)하면서도, '豈'의 발음을 따라 '豆'(콩 두; dòu)
를 '己'(자기 기; jǐ)로 대체하여 聲符(성부)로 삼았다. '山'(뫼
산; shān)部에 '己'를 따른다. 形聲文字(형성문자)를 이루었다.

참고 ▶ 번체자 '豈'는 본래 전쟁에서 귀환하는 군사들을 환영하기
위해 연주하는 '북'을 본뜬 상형문자이다. 윗부분의 '山'은 북의
장식을 의미하고, 가운데는 북을 의미하며, 아래는 북을 올려놓
은 받침대를 의미한다. 본뜻은 '악곡'이며, 가차하여 '어찌'의 뜻
으로 반문(反問)의 어기를 표시한다. 지금 '豈'는 '豆' 部에 '山'을
따른다.

단어 ▶ 岂能[qǐnéng] 어찌 …할 수 있는가?; 岂有此理[qǐyǒucǐlǐ]
어찌 이럴 수가 있는가?

---

436 ┃ **气 [氣] qì 기운 기**
[뜻] 공기, 냄새, 기운, 기후, 기풍, 노기, 기세, 기질

설명 ▶ '氣'의 古字(고자)이다. 구름이 일어나는 모습을 본뜬 象形
文字(상형문자)이다. '气'部를 따른다.

참고 ▶ 번체자 '氣'는 '米'(쌀 미; mǐ)部에 '气'를 聲符(성부)로 취
한 形聲文字(형성문자)로, '먹거리를 증정하다'가 本義(본의)이
다. 차용하여 '雲氣(운기)'의 뜻을 지니게 되었다.

단어 ▶ 生气[shēngqì] 화내다, 생기; 天气[tiānqì] 날씨

迁 [遷] qiān 옮길 천

[뜻] 옮기다, 이사하다, 바뀌다

설명 ► 번체자 '遷'과 동음(同音)인 '迁'을 가차하였다. '迁'은 원래 '나아가다'(行進)는 뜻을 지닌 글자이나, 두 글자의 발음이 같아 '遷'의 俗字(속자)로 썼다.(≪正字通≫, ≪宋元以來俗字譜≫) '迁'은 '辵'(갈 착; 辶)部에 '千'(일천 천; qiān)을 따른다. 형성문자이다.

참고 ► '遷'의 聲符(성부) '䙴'(오를 천; qiān)과 간화자 '迁'의 聲符(성부) '千'은 동음이다. '䙴'은 '遷'의 古字이다.(≪漢語大字典≫)

단어 ► 迁移[qiānyí] 옮겨가다; 搬迁[bānqiān] 이전하다

佥 [僉] qiān 다 첨

[뜻] 전부, 모두

설명 ► 번체자 '僉'의 초서체를 正字化(정자화)하였다.(≪書道大字典≫) '僉'의 '吅'(부르짖을 훤; xuān)과 '从'(따를 종; cóng)을 세 점(''')과 '一'로 기호화하였다. '佥'은 '人'(사람 인; rén)部에 '二'와 세 점(''')을 따른다.

참고 ► 번체자 '僉'은 '亼'(삼합/모일 집; jí)과 '吅', '从'을 따르는 회의문자이다. '여러 사람(从)이 같이(亼) 말하다(吅)'는 뜻이다. 引伸(인신)하여 '무리, 모두, 같이' 등의 뜻을 갖는다. 이제 '佥'은 '人'部에 '一', '吅', '从'을 따른다.

단어 ► 佥同[qiāntóng] 모두 동의하다; 佥忘其身[qiānwàngqíshēn] 자신을 완전히 잊다

439 | 乔 [喬] qiáo 높을 교
[뜻] 높다, 높이 솟다

설명 ▶ 번체자 '喬'의 俗字(속자)이다.(《宋元以來俗字譜》) '喬'의 'ノ'(삐침 별; piě) 아래 부분을 '夰'(놓을 고; gǎo)로 대체하였다. 'ノ'部에 '夰'를 따른다. 형성문자를 이룬다.

참고 ▶ 번체자 '喬'는 본래 '夭'(어릴 요; yāo)와 '高'(높을 고; gāo)의 'ㅗ' 생략형태로 이루어진 會意(회의) 겸 形聲文字(형성문자)이다. 지금은 '口' 部에 '夭'와 '冋'(들/교외 경; jiōng)을 따른다. '나무 막대기에 올라서서 춤을 추다'가 본뜻이다. 引伸(인신)하여 '발뒤꿈치를 들다'는 뜻을 갖는다.

단어 ▶ 喬木[qiáomù] 교목, 喬迁[qiáoqiān] 영전하다

440 | 亲 [親] qīn, qìng 친할 친
[뜻] (qīn) 부모, 가족, 친척, 혈통이 같은, 친하다,
입맞추다, 직접; (qìng) 사돈

설명 ▶ 번체자 '親'의 俗字(속자)이다.(《改倂四聲篇海》, 《宋元以來俗字譜》) '親'의 義符(의부) '見'(볼 견; jiàn)을 생략하였다. '亲'은 '立'(설 립; lì)部에 '木'(나무 목; mù)을 따른다.

참고 ▶ 간체자 '亲'은 본래 '木'과 '辛'(매울 신; xīn)을 따르는 형성문자로, '개암나무 진(榛; zhēn)'의 本字(본자)이다. '親'의 간화자 '亲'은 바로 이를 借用(차용)한 것이다. 번체자 '親'은 '見' 部에 '亲'(친할 친; qīn)을 따르며, 형성문자이다. '가깝다, 친근하다'가 본의이며, 인신하여 '부모, 친척, 혼인' 등으로 확대되었다.

단어 ▶ 亲自[qīnzì] 친히; 亲切[qīnqiè] 친절하다; 亲家[qìngjia] 사돈댁

441 　穷 [窮] qióng　다할 궁
[뜻] 가난하다, 다하다, 철저하다, 막히다

설명 번체자 '窮'의 俗字(속자)이다.(《宋元以來俗字譜》) 번체자의 聲符(성부) '躬'(몸 궁; gōng)을 '力'(힘 력; lì)으로 대체하여 會意文字(회의문자)를 이루었다. '穴'(구멍 혈; xué)部에 '力'을 따른다.

참고 번체자 '窮'은 '穴' 部에 '躬'을 따른다. 형성문자이다. '동굴(穴)의 끝까지 다하다(躬)'가 本義(본의)이며, 引伸(인신)하여 '궁핍하다'는 뜻을 갖는다.

단어 穷困[qióngkùn] 빈곤하다; 贫穷[pínqióng] 가난하다

442 　区 [區] qū, ōu　지경 구
[뜻] (qū) 구역, 행정단위, 구분하다; (ōu) 성씨

설명 번체자 '區'의 俗字(속자)인 '区'를(《宋元以來俗字譜》) 다시 간화하였다. 속자 '区'는 번체자 '區'에서 '品'(물건 품; pǐn)을 '又'(또 우; yòu)로 기호화하였는데, 간화자는 이를 다시 '乂'(다섯 오; wǔ)로 대체하였다. 초서를 正字化(정자화)한 것이다. '匸'(감출 혜; xǐ)部에 '乂'를 따른다.

참고 번체자 '區'는 '匸' 部에 '品'을 따르는 會意文字(회의문자)이다. '무리(品: 많은 입)가 匸 안에 숨다'는 의미로, '숨다, 감추다'가 본뜻이다. 引伸(인신)하여 '일정한 구역', '구분하다'를 뜻하게 되었다.

㊟ 区 : '区'로 쓰지 않는다.

단어 地区[dìqū] 지역; 区别[qūbié] 구별, 姓(성)

443 啬 [嗇] sè 아낄 색
[뜻] 인색하다

설명 번체자 '嗇'의 초서를 正字化(정자화)하였다.(≪書道大字典≫) '嗇'을 편방으로 쓰는 '墻'(담 장; qiáng)의 俗字(속자)가 '墙'인 것을 보면, '啬'은 또 '嗇'의 '俗字(속자)로 보인다.(≪宋元以來俗字譜≫: 墻-啬) '嗇'의 머리 부분 두 개의 '人'[从]을 두 점[八]으로 기호화하였다. '口'(입 구; kǒu)部에 '土(흙 토; tǔ), 八(여덟 팔; bā), 囗(에워쌀 위; wéi)'를 따른다.

참고 '嗇'의 머리 부분은 본래 '來'(올 래; lái)의 변형이다. 아래 부분 '回'(돌 회; huí)는 또 '田'(밭 전; tián)의 변형이다. 번체자 '嗇'은 '밭(回)에 곡식(來)이 고개를 숙이고 있는 모습'을 형상화한 會意文字(회의문자)이다. '穡'의 古字(고자)로, '곡식을 거두다'는 뜻이다. 引伸(인신)하여 '절약하다'를 뜻하고, 다시 '아끼다, 인색하다'를 뜻하게 되었다.

단어 吝啬[lìnsè] 인색하다

444 杀 [殺] shā 죽일 살
[뜻] 죽이다

설명 번체자 '殺'의 古字(고자)이다.(≪五經文字≫) '木'(나무 목; mù)部에 '乂'(벨 예; yì)를 따른다. 원래 '들짐승을 죽여 진열한 모습'을 본뜬 象形文字(상형문자)라고 하였다.

참고 번체자 '殺'은 '죽이다'의 뜻을 부각시키기 위하여 '杀'에 다시 義符(의부) '殳'(죽창 수; shū)를 더한 形聲文字(형성문자)이다. 간화자 '杀'은 '木' 우측 상변에 '점'(丶)이 없다. 번체자 '殺'

역시 本字(본자)는 점(ヽ)이 없다.

단어 杀毒[shādú] 소독하다, 바이러스를 죽이다; 杀人[shārén] 살인하다

---

445 审 [審] shěn 살필 심
[뜻] 살피다, 심사하다, 심문하다, 상세하다, 과연

설명 번체자 '審'의 漢語拼音(한어병음)을 좇아 '番'(바꿀 번; fān)을 同韻(동운)의 '申'(펼 신; shēn)으로 대체하였다. 'ᄼ'(집면; mián)部에 '申'을 따른다. 形聲文字(형성문자)를 이루었다.

참고 간체자 '审'의 聲符(성부) '申'은 '펴다, 밝히다, 피력하다, 밝혀내다'는 뜻이다. 번체자 '審'은 'ᄼ'部에 '番'을 따르나, 본래 이 글자는 'ᄼ'과 '釆'(분별할 변; biàn)을 따르는 會意文字(회의문자)이다. '釆'이 뒤에 '番'으로 바뀌었다. '番' 역시 '변별하다'는 뜻이다.

단어 审问[shěnwèn] 심문하다; 审判[shěnpàn] 심판하다

---

446 圣 [聖] shèng 성스러울 성
[뜻] 신성하다, 고상하다, 성인, 임금, 뛰어난 사람

설명 번체자 '聖'의 俗字(속자)이다.(≪宋元以來俗字譜≫) '圣'(힘쓸 골; kū)을 차용한 것으로, '聖'의 초서체를 바탕으로 복잡한 획을 '又'와 '土'로 부호화한 것이다. '土'(흙 토; tǔ)部에 '又'(또 우; yòu)를 따른다.

참고 '圣'은 본래 '손(又)으로 땅(土)을 파다'는 뜻으로 만들어진 會意文字(회의문자)이다. '골'(kū)로 읽으며, '땅을 파다, 힘쓰다'는 뜻이다. '聖'의 초서(草書)의 형태가 '圣'과 비슷하여,(≪王

義之書法字典≫) 이를 속자로 借用(차용)한 것으로 보인다. 이제 '圣'은 본래의 '힘쓸 골'(kū)'에서, '聖'의 간화자로 '성스럽다'는 뜻으로 사용된다. 번체자 '聖'은 본래 '사람(人)이 땅(土) 위에 서서 귀(耳)를 기울여 남의 말(口)을 듣는 모습'을 형상화한 회의문자이다. 후에 자형이 변하면서, '人'과 '土'가 합쳐져 '壬'(아홉째 천간 임; rén)이 되었고, 다시 '口'와 결합하여 '呈'이 되어, 마침내 '耳' 部에 '呈'(드릴 정; chéng)을 따르는 회의 겸 형성문자인 '聖'이 되었다. '말을 잘 듣다'에서 '사리에 통달하다, 훌륭하다', '최고의 덕을 갖춘 사람' 등으로 引伸(인신)되었다.

단어 ▶ 神圣[shénshèng] 신성하다; 圣人[shèngrén] 성인

---

447 | **师 [師] shī 스승 사**
　　　　[뜻] 스승, 전문가, 무리, 군대, 모범, 본받다

설명 ▶ 번체자 '師'의 俗字(속자)이다.(≪宋元以來俗字譜≫) '師'의 편방 '𠂤'(작은 언덕 퇴; duī; 堆)를 '丿'로 부호화하였다. 초서를 正字化(정자화)하였다. '巾'(수건 건; jīn)部에 '丿'와 '一'을 따른다.

참고 ▶ 번체자 '師'는 '𠂤'와 '帀'(두를 잡; zā)을 따르는 會意文字(회의문자)이다. '𠂤'는 '弓'(활 궁; gōng)의 형태로 '군대'를 의미하고, '帀'은 '止'(그칠 지; zhǐ)의 뒤집은 모습으로 '멈추다'는 뜻을 의미한다. 따라서 '師'의 본뜻은 '(주둔) 군대'이다. 군대는 늘 무리를 이루고, 도읍에 주둔하며, 또한 늘 선임자가 가르쳐 질서를 이루었다. 이로부터 '무리', '도읍', '선생', '모범' 등의 뜻으로 引伸(인신)되었다.

단어 ▶ 老师[lǎoshī] 선생님; 师生[shīshēng] 선생과 학생

448 时 [時] shí 때 시
[뜻] 때, 시기, 시간, 제때의, 자주

설명 번체자 '時'의 古字(고자)이다.(《龍龕手鑑》) 번체자 '時'의 聲符(성부) '寺'(절 사; sì)에서 '土'(흙 토; tǔ)를 생략한 형태이다. '时'는 '日'(해 일; rì)部에 '寸'(마디 촌; cùn)을 따른다. 會意文字(회의문자)이다.

참고 '时'는 본래 '時'의 本字(본자)인 '旹'(때 시; shí)의 古字(고자)이다.(《龍龕手鑑》) 이체자인 '時'가 오히려 상용글자가 되었다. 본자 '旹'는 '해(日)가 나아가다(㞢: 之)'는 형상으로, '사시(四時)를 이루다'는 뜻이다. 후에 '寸'이 더해져 '時'의 형태를 이루어, '日'과 '寺'聲(성)을 따르는 形聲文字(형성문자)가 되었다.

단어 时间[shíjiān] 시간; 时候[shíhou] 때

449 寿 [壽] shòu 목숨 수
[뜻] 수명, 생신, 연세

설명 번체자 '壽'의 초서를 正字化(정자화)하면서, '口'(입 구; kǒu)를 생략하고, 글자 전체의 윤곽을 유지하였다. '寿'는 '寸'(마디 촌; cùn)部에 '三'(석 삼; sān)과 '丿'(삐침 별; piě)을 따른다.

참고 번체자 '壽'는 '老'(늙을 로; lǎo)의 생략형 '耂'와 '疇'(밭이랑 주; chóu)의 古文(고문) '𐛠'(䵓)로 이루어진 會意(회의) 겸 形聲文字(형성문자)이다. '䵓'는 써레질을 한 밭이랑을 본뜬 상형문자로, 노인들의 얼굴에 난 주름을 의미한다. '늙어서(老) 주름이 지다(䵓)'는 의미로, '오래 살다, 장수하다'가 본뜻이다. 후에 '口'를 더하여 '𩓣'가 되었고, 다시 '寸'을 더하여 '壽'로 쓰게 되었다. '老'의 생략형(耂)과 '疇'의 생략형의 결합으로 이해할 수 있다. 이제 '壽'는 '士'(선비 사; shì)部에 'ㄱ'(乙의 변형; yǐ), '工'

(장인 공; gōng), '一', '口', '寸'을 따른다.

단어 ▶ 寿命[shòumìng] 수명, 목숨; 长寿[chángshòu] 오래 살다

450	属 [屬] shǔ, zhǔ 속할 속
	[뜻] (shǔ) 친속, 부류, 속하다, 띠가 −이다; (zhǔ) 접하다, 잇다, 짓다, 모으다

설명 ▶ 번체자 '屬'의 俗字(속자)이다.(≪廣韻≫) '屬'에서 '尸'(펼칠 시; shī)를 제외한 나머지 부분을 '禹'(우임금 우; yǔ)로 대체하였다. 초서체를 正字化(정자화)하였다. '尸'(펼칠 시; shī)部에 '禹'를 따른다. 글자 전체의 윤곽을 유지하면서도 여전히 形聲文字(형성문자)를 이루었다.

참고 ▶ 번체자 '屬'은 '尾'(꼬리 미; wěi)와 '蜀'(나라이름 촉; shǔ)으로 이루어진 형성문자이다. '屬'의 '氺'는 '尾'의 '毛'(털 모; máo)를 의미한다. '尾'는 또 '𡱂'로도 썼다. 이제 '屬'은 '尸' 部에 '氺'와 '蜀'을 따른다.

단어 ▶ 属于[shǔyú] 속하다; 从属[cóngshǔ] 종속하다; 属望 [zhǔwàng] 바라다

451	双 [雙] shuāng 쌍 쌍
	[뜻] 짝, 켤레, 겹, 두개, 짝수

설명 ▶ 번체자 '雙'의 俗字(속자)이다.(≪字彙≫, ≪宋元以來俗字譜≫) '又'(또 우; yòu)를 겹쳐 會意文字(회의문자)를 이루었다. '又' 部에 '又'를 따른다.

참고 ▶ '又'는 '手'(손 수; shǒu)를 의미한다. 번체자 '雙'은 '雔'(새 한쌍 수; chóu)와 '又'로 이루어진 회의문자이다. '한 손으로 두 마리의 새를 붙잡다'는 뜻으로, '한 쌍'을 의미한다.

단어 双手[shuāngshǒu] 두 손; 双双[shuāngshuāng] 쌍쌍, 짝지어

---

452 肃 [肅] sù 엄숙할 숙
[뜻] 엄숙하다, 경건하다, 없애다, 바로잡다

설명 ▶ 번체자 '肅'의 아래 '淵'(못 연; yuān)의 내부를 두 점의 '八'(여덟 팔; bā)로 기호화하였다. '聿'(붓 율; yù)部를 따르나, 글자는 '聿'의 생략형인 '聿'에 '丿, 八, 丨'을 따른다.

㊟ 肃: 가운데 세로획 아래 부분의 두 점은 '小'를 따르며, '米'를 따르지 않는다.

참고 ▶ ㊟는 간화자 '肃'이 俗字(속자) '粛'과 다르므로 유의해야 한다는 뜻이다. 번체자 '肅'은 '聿'(聿: 손 민첩할 녑; niè)과 '淵'(못 연; yuān)으로 이루어진 會意文字(회의문자)이다. '작은 배로 연못을 건너다'는 의미로, '전전긍긍하다'가 본뜻이다. '공경하다, 엄숙하다, 제거하다'는 뜻으로 引伸(인신)되었다.

단어 ▶ 严肃[yánsù] 엄숙하다; 肃静[sùjìng] 정숙하다

---

453 岁[歲] suì 해 세
[뜻] 나이, 살, 해, 세월

설명 ▶ 번체자 '歲'의 속자 '歩'(≪宋元以來俗字譜≫)를 취한 뒤, 다시 '止'(그칠 지; zhǐ)를 '山'(뫼 산; shān)으로 대체하였다. '山'部에 '夕'(저녁 석; xī)을 따른다. 會意文字(회의문자)이다.

참고 ▶ 번체자 '歲'는 원래 '步'(걸음 보; bù)에 '戉'(도끼 월; yuè)로 이루어진 회의문자로서, '앞으로 나아가며(步) 거두어들이다(戉)'는 뜻이다.(≪漢字源流字典≫) 후에 '戉'이 '戌'(열한번째 지

지 술; xū)로 바뀌면서 形聲文字(형성문자)가 되었다. '거두어들이다'에서 引伸(인신)되어 '일년의 수확'을 뜻하였고, 나아가 '일년', '세월', '나이' 등으로 引伸(인신)되었다. 이제 '歲'는 '止'部에 '戌'과 '少'를 따른다. '少'는 '止'의 변형이나, 단독으로 글자를 이루지 못한다.

단어 ▸ 周岁[zhōusuì] 만 나이, 岁月[suìyuè] 세월

---

454 ┃ **孙 [孫] sūn 손자 손**
[뜻] 손자, 자손, 후손, 움

설명 ▸ 번체자 '孫'의 초서를 正字化(정자화)하였다.(≪書道大字典≫) '孫'의 편방 '系'(이을 계; xì)를 '小'(작을 소; xiǎo)로 대체하였다. '子'(아들 자; zǐ)部에 '小'를 따른다. '더 작은(小) 자식(子)'이란 개념으로, 여전히 會意文字(회의문자)이다.

참고 ▸ 번체자 '孫'은 '子' 部에 '系'를 따르는 회의문자이다. '자식(子)이 이어지다(系)'는 뜻으로, '자손, 손자'를 의미한다.

단어 ▸ 子孙[zǐsūn] 자손; 孙女[sūnnǚ] 손녀

---

455 ┃ **条 [條] tiáo 가지 조**
[뜻] 나뭇가지, 조목, 쪽지, 조리, 줄기,
가늘고 길쭉한 것(단위)

설명 ▸ 번체자 '條'의 俗字(속자)이다.(≪宋元以來俗字譜≫) '條'의 聲符(성부) '攸'(바 유; yōu)에서 'イ'(人: 사람 인; rén)과 'l'(뚫을 곤; gǔn)을 생략하였다. '木'(나무 목; mù)部에 '夂'(뒤쳐져 올 치; zhǐ)를 따른다.

㈜ 条: 위 부분은 '夂'(뒤쳐져 올 치; zhǐ)를 따르며, 3획이다. '夂'(攴: 칠 복 pū)을 따르지 않는다.

참고 ▶ 번체자 '條'는 '木'部에 '攸'를 따르며, 회의 겸 형성문자이다. '攸'가 소리를 겸한다. 본뜻이 '작은 나뭇가지'이며, '가늘고 긴 형체', '항목', '조리' 등으로 引伸(인신)되었다.

단어 ▶ 条目[tiáomù] 조목; 条约[tiáoyuē] 조약

<table>
<tr><td>456</td><td>万 [萬] wàn 일만 만
[뜻] 만(10,000), 많다, 매우</td></tr>
</table>

설명 ▶ 번체자 '萬'의 俗字(속자)라고 하였다.(≪玉篇≫) '萬'의 古字(고자)를 취한 것으로,(≪漢字源流字典≫) '萬'의 篆書(전서)에서 일부분을 취한 象形文字(상형문자)이다. '一'(한 일; yī) 部에 '力'를 따른다.

참고 ▶ '力'는 단독으로 글자를 이루지 못한다. 'ノ'(삐침 별; piě) 과 'フ'(乙의 변형)의 결합으로 이루어진다. 번체자 '萬'은 '艹' (艸: 풀 초; cǎo)部에 '禺'(긴꼬리원숭이 우; yú)를 따른다. 그러나 '萬'은 본래 '전갈'(蝎)을 본뜬 상형문자로, '内'(짐승발자국 유; róu)를 따른다고 하였다.(≪說文≫) 本義(본의)는 '전갈'이나, 假借(가차)하여 숫자 '만'으로 상용하게 되었다. 간화자 '万'은 전국시대(戰國時代)에 출현한 고문자(古文字)로서, '萬'의 篆書(전서)에서 전갈의 몸통 아래 부분을 잘라 취한 모양이다. (≪古文字趣談≫) 일종의 象形文字(상형문자)라고 할 수 있다.

단어 ▶ 千万[qiānwàn] 절대, 일천만; 万岁[wànsuì] 만세, 영원

为 [爲] wéi, wèi 하 위
[뜻] (wéi) 하다, 되다, 이다, 만들다, 여기다, 당하다;
(wèi) −위하여, −에게, − 때문에

설명 ▶ 번체자 '爲'의 俗字(속자)이다.(≪宋元以來俗字譜≫) 초서
를 正字化(정자화)한 것이다.(≪書道大字典≫) '为'는 'ヽ'(점 주;
zhǔ)部에 '力'(힘 력; lì)과 점(ヽ)을 따른다.

참고 ▶ 번체자 '爲'는 본래 '손(爪)으로 코끼리(象)를 끌어 일을
시키는 모습'을 나타낸 會意文字(회의문자)라고 하였다. 일에 도
움을 삼다는 뜻으로, '하다, 되다'의 뜻으로 引伸(인신)되었다.(≪
漢字源流字典≫) 이제 '爲'는 'ハ'(爪: 손톱 조; zhuǎ)部에 '爲'를
따른다. '爲'는 '象'(코끼리 상; xiàng)이 변한 것으로, 자체로는
글자를 이루지 못한다.

단어 ▶ 为难[wéinán] 난처하다; 作为[zuòwéi] 되다, 소행; 因为
[yīnwèi] 때문에; 为了[wèile] 위하여

韦 [韋] wéi 가죽 위
[뜻] (가공)가죽, 가죽 끈

설명 ▶ 번체자 '韋'의 초서를 正字化(정자화)하였다.(≪書道大字
典≫) '韦'(韋)部를 따른다.

참고 ▶ 번체자 '韋'는 본래 '둘러싸다'는 뜻으로, '성(囗)과 두 개
의 발(牛)을 배치시켜, 많은 사람들이 성(城)을 둘러싸고 지키는
모양'을 형상화한 會意文字(회의문자)이다.(≪漢字源流字典≫)
또한 '韋'는 '舛'(어긋날 천; chuǎn)과 '囗'(둘러쌀 위; wéi)로 이
루어진 형성문자로 해석하기도 한다. 역시 '둘러싸다'가 본의이
며, 引伸(인신)하여 '어긋나다, 위배하다'는 뜻을 갖는다고 하였
다.(≪說文≫) 假借(가차)하여 '잘 손질한 부드러운 가죽'이란 뜻

을 갖는다. '부드러운 가죽'으로 둘둘 감아 보호할 수 있다고 여긴 것이다. '韋'가 '가죽'이란 뜻으로 사용되면서, '둘러싸다'는 '圍'(위; wéi)로, '어긋나다'는 '違'(위; wéi)로 쓰게 되었다.

단어 ▶ 佩韦[pèiwéi] 가죽띠를 차다

459	乌 [烏] wū, wù 까마귀 오
	[뜻] (wū) 까마귀, 어찌

설명 ▶ 번체자 '烏'(새 조; niǎo)의 간화자 '鸟'에서 점(丶)을 생략하였다. 象形文字(상형문자)이다.

㈜ 乌: 4획이다.

참고 ▶ '鳥'(조)의 간화자 '鸟'는 번체자의 초서를 正字化(정자화)한 것으로, 글자 전체의 윤곽을 형상화한 것이다. '鸟'에서 '점'(丶)은 새의 눈을 의미한다. 까마귀는 온통 검은 색으로 눈을 분간할 수 없으므로, '鸟'에서 점(丶)을 없애어 '乌'로 하였다. 간화자 또한 '鸟'와 '乌'로 마찬가지이다.(430 '鸟[鳥]' 참조) '烏'는 '灬'(火: 불 화; huǒ)部에 '舃'를 따른다. '舃'는 6획으로, 자체로는 글자를 이루지 못한다.

단어 ▶ 乌黑[wūhēi] 새까맣다; 乌鸦[wūyā] 까마귀

460	无 [無] wú 없을 무
	[뜻] 없다

설명 ▶ '無'의 古文(고문)으로, 異體字(이체자)이다. ≪說文≫에는 '無'의 古文奇字(고문기자)라고 하였다. '无'는 '사람이 춤을 추는 모습'을 간략하게 만든 象形文字(상형문자)이다. '无'部를 따른다.

㉾ 无: 4획이다. 위는 '二'를 따른다. '旡'로 잘못 쓰면 안 된다.

참고 ▶ 번체자 '無'는 본래 '사람이 기구를 들고 발을 굴리며 춤을 추는 모습'을 본뜬 象形文字(상형문자)이다. 假借(가차)하여 '없다'는 뜻을 지니면서, '춤추다'는 뜻은 '舛'(어긋날 천; chuǎn)을 더하여 '舞'(춤출 무; wǔ)로 쓰게 되었다. 篆書(전서)를 보면, '无' 또한 '無'에서 파생된 글자이다.(≪漢字源流字典≫)

단어 ▶ 无忧无虑[wúyōuwúlǜ] 근심 걱정이 없다; 无敌[wúdí] 대적할 자가 없다

461 ‖ 献 [獻] xiàn 바칠 헌
　　　　[뜻] 바치다, 드리다

설명 ▶ 번체자 '獻'의 俗字(속자)이다.(≪改倂四聲篇海≫, ≪字彙≫) '獻'의 聲符(성부) '鬳'(솥 언; yàn)을 초서 형태가 비슷한 同韻(동운)의 '南'(남녘 남; nán)으로 대체하였다. '献'은 '犬'(개 견; quǎn)部에 '南'을 따른다. 形聲文字(형성문자)이다.

참고 ▶ 번체자 '獻'은 고대 종묘제사 때 바치는 '솥(鬳)에 삶은 개고기(犬)=羹獻'란 뜻으로, '제물로 바치다'에서 '바치다, 희생하다'는 뜻으로 인신되었다. '犬' 部에 '鬳'을 따르며, 會意(회의) 겸 형성문자이다.

단어 ▶ 贡献[gòngxiàn] 공헌하다; 献身[xiànshēn] 헌신하다

462 ‖ 乡 [鄕] xiāng 시골 향
　　　　[뜻] 시골, 고향, 향(행정단위: 县의 하급 기관)

설명 ▶ 번체자 '鄕'의 좌편방 '乡'을 제외한 나머지 부분을 모두 생

략하였다. '乡'은 '乙'(새 을; yǐ)部를 따르며, 총 3획이다.

참고 ► 번체자 '鄉'은 'ß'(邑: 고을 읍; yì)部에 '乡'(乙의 변형)과 '皀'(낟알 급; jí)을 따른다. 이 글자는 본래 '두 사람이 음식(皀: 낟알 급; jí)을 가운데에 두고 마주 보고 먹는 모습'을 본뜬 會意文字(회의문자)이다.(《漢字形義分析字典》) '마주보고 먹다, 대접하다'가 본뜻이다. '밥을 함께 먹다'에서 공동 취락의 의미로 '씨족 부락'을 뜻하게 되었고, 다시 '행정단위(鄉)', '시골', '고향' 등으로 引伸(인신)되었다. '대접하다'는 뜻은 뒤에 '食'(먹을 식; shí)을 더하여 '饗'(xiǎng)으로 썼다. 또 '마주보다'에서 '향하다, 나아가다'는 뜻으로 인신되었으며, 이는 또 '嚮'(xiàng)으로 썼다. 또 인신하여 '지금까지, 이전에, 막'이란 뜻을 갖는다. 이는 또 '曏'(xiǎng)으로 썼다. 또 '응답하는 소리, 울리다'는 뜻으로 '音'(소리 음; yīn)을 더하여 '響'(xiǎng)으로 썼다. '饗'(대접하다), '嚮'(향하다), '曏'(접때), '響'(소리) 등은 모두 '鄉'에서 분화(分化)된 글자로, '鄉'이 소리와 뜻을 겸한다.

단어 ► 家乡[jiāxiāng] 고향; 故乡[gùxiāng] 고향

---

463 写 [寫] xiě 베낄 사

[뜻] (글씨를) 쓰다, 베끼다, 묘사하다, 짓다

설명 ► 번체자 '寫'의 俗字(속자) '冩'를 다시 간화하였다.(《宋元以來俗字譜》) 초서를 正字化(정자화)하여 번체자의 윤곽을 유지하였다. '冖'(덮을 멱; mì)部에 '与'(더불 여; yǔ)를 따른다.

㊟ 위는 '冖'을 따르며, '宀'(집 면; mián)을 따르지 않는다.

참고 ► '寫'의 俗字(속자)에는 다양한 자형이 있다. '冩'가 가장 간단하나, 이는 간화자 '写'보다 '与'의 우측상변에 가로획[一]이 하나 더 있다. 번체자 '寫'는 '宀'(집 면; mián)部에 '舄'(신발 석; xì)을 따르는 形聲文字(형성문자)이다. 본뜻은 '물건을 옮겨놓다'

이나, '말을 털어내다', '글을 쓰다, 묘사하다, 창작하다'는 뜻으로 引伸(인신)되었다.

단어 ▶ 书写[shūxiě] 쓰다; 写生[xiěshēng] 사생하다

---

464 寻 [尋] xún 찾을 심
[뜻] 찾다, 탐색하다, 탐구하다, 길이 단위(1寻 =8尺)

설명 ▶ 번체자 '尋'의 가운데 구성부분 '工'(장인 공; gōng)과 '口'(입 구; kǒu)를 생략하였다. '寸'(마디 촌; cùn)部에 '彐'(彐: 돼지머리 계; jì)를 따른다. 여전히 會意文字(회의문자)이다.

참고 ▶ '尋'은 '寸'部에 '工, 口, 又(彐)'를 따르는 회의문자이다. 두 손['彐'(又의 이형태, 手의 뜻)와 '寸']으로 길이를 재다는 의미로, '길이, 길이를 재다'가 본뜻이다. 引伸(인신)되어 '탐구하다, 찾다'는 뜻을 지닌다.

단어 ▶ 寻找[xúnzhǎo] 찾다; 搜寻[sōuxún] 수색하다

---

465 亚 [亞] yà 버금 아
[뜻] 버금, 둘째, 다음 가다, 아시아(Asia)

설명 ▶ 번체자 '亞'의 내부 '𠀝'를 '业'로 기호화하여 전체 윤곽을 유지하였다. 초서를 正字化(정자화)한 것이다. '一'(한 일; yī)部에 '业'(업 업; yè)을 따른다.

참고 ▶ '버금'이란 두 번째를 말한다. 번체자 '亞'는 고대 가족이 모여 사는 큰 건축물의 평면도를 본뜬 象形文字(상형문자)라고 하였다.(≪漢字源流字典≫) 引伸(인신)하여 '배필, 가깝다, 다음'

등의 뜻을 지닌다. '二'(두 이; èr)를 部首(부수)로 삼으며, 총 8
획이다.

단어 ▸ 亚洲[Yàzhōu] 아시아주; 亚军[yàjūn] 준우승

---

466 ┃ **严 [嚴] yán 엄할 엄**
[뜻] 엄하다, 엄격하다, 진지하다, 엄중하다, 굳다,
심하다

설명 ▸ 번체자 '嚴'의 義符(의부) '吅'(부르짖을 훤; xuān)을 초서
에 의거 '业'(일 업; yè)의 뒤집은 형태로 기호화하고, 聲符(성
부) '厰'(厳: 험준할 음; yín)에서 '敢'(감히 감; gǎn)을 생략하였
다. 글자 전체 모양을 '亚'(버금 아; yà)에 '丿'(삐침획 별; piě)을
결합시킨 형태로 만들었다. '严'은 '一'部에, 두 'ㅣ'(竪: 세로획
수; shù)와 두 점(丶) 및 '厂'(굴바위 한; hǎn)을 따르며, 총 7획
이다.

참고 ▸ 번체자 '嚴'은 '명령이 지엄하여(吅) 감히 침범할 수 없다
(厰)'는 의미의 會意(회의) 겸 形聲文字(형성문자)이다. 지금은
'口'를 部首(부수)로 삼는다.

단어 ▸ 严格[yángé] 엄격하다; 严肃[yánsù] 엄숙하다

---

467 ┃ **厌 [厭] yàn 싫을 염**
[뜻] 만족하다, 싫증나다, 물리다, 싫어하다, 미워하다

설명 ▸ 번체자 '厭'의 聲符(성부) '猒'(질릴 염; yàn)에서 좌편방
'肙'를 생략하였다. '厂'(굴바위 한; hǎn)部에 '犬'(개 견; quǎn)을
따른다. 여전히 形聲文字(형성문자)이다.

참고 ▸ 번체자 '厭'은 '厂'部에 '猒'을 따르는 형성문자이다. 이 글

자는 본래 '언덕(厂)이 무너져 흙이 누르다(猒)'는 뜻으로, '壓'
(누를 압; yā)의 本字(본자)였다. 후에 '猒'(질릴 염)의 가차자
(假借字)가 되면서 '싫증나다'는 뜻으로 사용하였다. 이에 본래의
'누르다'는 뜻은 또 義符(의부) '土'(흙 토; tǔ)를 더하여 '壓'으로
쓰게 되었다. 이제 간화자로 '猒'은 '厌'으로, '壓'은 '压'으로 쓴다.
참고로, '싫증나다, 만족하다'는 뜻을 지닌 본래의 글자는 '猒'으
로, 이는 '日'(甘의 변형)과 '肰'(개고기 연; rán)으로 이루어진
회의문자이다. '맛있는 개고기(肰)를 달게 먹다(甘)'는 뜻으로,
'만족하다, 질리다, 싫증나다'는 뜻으로 引伸(인신)되었다. 후에
'厭'을 가차하였다.

단어 ▶ 讨厌[tǎoyàn] 싫어하다; 厌烦[yànfán] 싫증나다

---

468 | **尧 [堯] yáo 요임금 요**
[뜻] 요임금, 성씨, 지극히 높다

설명 ▶ 번체자 '堯'의 머리부분 '垚'(땅 높을 요; yáo)를 기호화하
여 '戈'로 대체하였다. 번체자의 윤곽을 유지하는 방식으로 간화
하였다. '兀'(尢: 절름발이 왕; wāng)部에 '戈'를 따른다.

㊀ 尧: 6획이다. 오른편 위쪽 모서리에 점이 없다. '尭'로 잘못 쓰
면 안 된다.

참고 ▶ '戈'는 자체로 글자를 이루지 못한다. 번체자 '堯'는 '垚'와
'兀'(우뚝할 올; wù)을 따른다. 두 글자 모두 '높다'(高)는 뜻이
다. 따라서 '堯'는 '매우 높다'는 뜻이다. 간화자 '尧'의 아래 부분
'兀'은 部首(부수)로 사용되는 경우 '尢'(절름발이 왕; wāng)의
이형태(異形態)이지만, 단독으로는 또 '우뚝할 올'(兀: wù)이다.

단어 ▶ 尧舜[YáoShùn] 요임금과 순임금

业 [業] yè 일 업

[뜻] 일, 업무, 업보, 종사하다

설명 ▶ 번체자 '業'의 머리 부분 '业'을 남기고 나머지를 모두 생략
하였다. 'ㅡ'(한 일; yī)部를 따르며, 총 5획이다.

참고 ▶ 번체자 '業'은 '丵'(풀 무성할 착; zhuó)과 '巾'(수건 건;
jīn)을 따르는 상형문자이다. '종이나 북을 올려놓는 장식품의 큰
판자'가 본뜻이다.(≪說文≫) 引伸(인신)되어 '책을 누르는 협판,
학업, 업무' 등을 뜻한다.

단어 ▶ 事业[shìyè] 사업; 作业[zuòyè] 과제

页 [頁] yè 머리 혈

[뜻] 쪽(페이지), 면

설명 ▶ 번체자 '頁'의 초서를 正字化(정자화)하였다. '页'部를 따
른다. 象形文字(상형문자)이다.

참고 ▶ '頁'의 단독 초서는 쉬이 보이지 않는다. 편방에 사용된
'頁'의 초서를 근거로 추정한 것이다.(≪書道大字典≫) 번체자
'頁'은 원래 머리가 돌출한 사람의 모습을 본뜬 상형문자이다.
'百'은 '머리와 머리카락'을 의미하고, '八'은 '儿'(어진 사람 인;
rén)의 변형으로 '사람 몸'을 의미한다. '頁'의 本義(본의)는 '머
리'이며, 이 때의 발음은 '혈'(xié)이다. '頁'을 편방으로 쓰는 글
자는 모두 이와 관련된다. 그러나 현대중국어에서 '页(頁)'은 '쪽,
면'을 뜻하며, '엽'(yè)으로 읽는다. 모든 '머리(頁)'에는 얼굴(면;
面)이 있다는 의미로, '엽; yè'으로 읽고 '葉'(叶: 잎)을 假借(가
차)하여, '면의 단위'로 사용하게 되었다. 본래의 '머리'라는 뜻은
또 '豆'(콩 두; dòu)를 聲符(성부)로 더하여 '頭'(머리 두; tóu)로
쓰게 되었다. (249 '头[頭]' 참조)

단어 首页[shǒuyè] 첫 페이지; 页面[yèmiàn] 페이지(쪽), 웹
페이지

---

471 | 义 [義] yì 옳을 의
[뜻] 정의, 의리, 뜻, 의미, 의로운, 의리로 맺은

설명 번체자 '義'의 俗字(속자)이다.(≪宋元以來俗字譜≫) '義'
의 발음을 따라 '乂'(벨 예; yì)를 聲符(성부)로 취하고, 'ヽ'(점)
을 더해 義符(의부)로 삼았다. 'ヽ'(점 주; zhǔ)部에 '乂'를 따른
다. 形聲文字(형성문자)이다.

주 '乂'(yì)를 따르며, 점(ヽ)을 더한다. '叉'(chā)로 잘못 쓰지
않도록 유의해야 한다.

참고 번체자 '義'는 '羊'(양 양; yáng)과 '我'(나 아; wǒ)로 이루
어진 會意文字(회의문자)이다. 本義(본의)는 '양(羊)을 잡아(我)
제사를 지내다'이다. (我: 본뜻은 톱날이 있는 무기의 일종. '나'
는 가차한 것임.) 옛날에 제사는 국가 대사이므로, 이로부터 '정
당하다, 정의, 도리, 명의' 등의 뜻으로 引伸(인신)되었다.(≪漢字
源流字典≫)

단어 义务[yìwù] 의무; 意义[yìyì] 의미, 의의

---

472 | 艺 [藝] yì 재주 예
[뜻] 재주, 기예, 기술, 예술, 예능

설명 번체자 '藝'의 聲符(성부) '埶'(심을 예; yì)를 漢語拼音(한
어병음)이 같은 '乙'(새 을; yǐ)로 대체하였다. '++'(艹: 풀 초;
cǎo)部에 '乙'을 따른다. 形聲文字(형성문자)이다.

참고 번체자 '藝'는 '++'(艹)部에 '埶'를 따른다. 형성문자로, '심

다, 재주' 등을 뜻한다. '藝', '蓺', '埶'는 모두 같은 글자이다.

단어 文艺[wényì] 문예; 艺术[yìshù] 예술

473	阴 [陰] yīn 응달 음

[뜻] 그늘, 음지, 흐리다, 은밀하다, 음흉하다,
'阳'(볕 양; yáng)의 상반 의미

설명 번체자 '陰'의 俗字(속자)이다.(≪字彙補≫, ≪宋元以來俗
字譜≫) '陰'의 聲符(성부) '侌'(그늘 음; yīn)을 '음양'의 '음'(陰)
을 뜻하는 '月'(달 월; yuè)로 대체하였다. '阝'(阜: 언덕 부; fù)
部에 '月'을 따른다. 會意文字(회의문자)이다.

참고 번체자 '陰'은 '阝'(阜)部에 '侌'을 따르는 회의 겸 형성문
자이다. 聲符(성부) '侌'은 또 '今'(이제 금; jīn)과 '云'(구름 운;
yún)으로 이루어진 形聲文字(형성문자)로, '구름이 끼어 흐림'을
의미한다. 번체자 '陰'에 '언덕'(阝: 阜)을 義符(의부)로 취한 것
은, 언덕에 그늘이 잘 진다는 사실을 강조하기 위한 방편으로,
'陽'(볕 양; yáng)과 상반된 의미를 갖는다.

단어 阴天[yīntiān] 흐린 날씨; 阴沉[yīnchén] 침울하다

474	隐 [隱] yǐn 숨길 은

[뜻] 숨다, 은폐하다, 은밀하다, 희미하다

설명 번체자 '隱'의 俗字(속자)이다.(≪宋元以來俗字譜≫) 번체
자 '隱'의 聲符(성부) '㥯'(삼갈 은; yǐn)에서 '爫'(손톱 조; zhǎo)
를 '宀'(刀: 칼 도; dāo)로 바꾸고, '工'을 생략하였다. 초서를 正
字化(정자화)한 것이다.(≪書道大字典≫) '阝'(阜: 언덕 부; fù)
部에 '刀, 彐, 心', 곧 '急'(급할 급; jí)을 따른다.

참고 번체자 '隱'은 '阝'(阜)와 '㥯'으로 이루어진 회의 겸 형성

문자이다. '언덕에 숨어 가리다'는 뜻이다. 간화자 '隐'은 '阜'와 '急'의 결합으로, '언덕에 급히 숨다'는 개념으로 해석하면 또한 會意文字(회의문자)로 이해할 수 있다.

단어 ▶ 隐藏[yǐncáng] 감추다; 隐约[yǐnyuē] 희미하다

---

475 **犭[猶] yóu 오히려 유**
[뜻] –와 같다, 오히려, 여전히

설명 ▶ 번체자 '猶'의 俗字(속자)이다.(≪宋元以來俗字譜≫) 同字 (동자)라고도 하였다.(≪正字通≫) 假借(가차)한 것이다. '犷'는 원래 '짐승이름 우'(yòu;≪集韻≫), '개 짖는 소리 우'(yóu;≪龍龕手鑑≫)로서, 발음과 뜻이 '猶'와 같다. '犷'는 'ζ'(犬: 개 견; quǎn)部에 '尤'(더욱 우; yóu)를 따른다. 形聲文字(형성문자)이다.

참고 ▶ 번체자 '猶'는 'ζ'(犬)部에 '酋'(두목 추; qiú)를 따르는 형성문자이다. 원숭이의 일종으로 짐승이름을 의미한다. 원숭이를 닮아, '…와 같다'로 引伸(인신)되었고, 다시 '여전히, 또한' 등의 뜻을 지니게 되었다.

단어 ▶ 犹豫[yóuyù] 머뭇거리다; 犹自[yóuzì] 여전히

---

476 **鱼[魚] yú 고기 어**
[뜻] 물고기, 생선

설명 ▶ 번체자 '魚'의 俗字(속자)이다.(≪宋元以來俗字譜≫) '魚' 의 아래 부분 '灬'(火: 불 화; huǒ)를 '一'로 대체하였다. 초서를 正字化(정자화)한 것이다.(≪書道大字典≫) '鱼'部를 따른다. 象形文字(상형문자)이다.

참고 ▶ 번체자 '魚'는 물고기의 모양을 본뜬 상형문자로, 'ㅗ'는 물고기의 꼬리지느러미를 의미한다. '魚'部를 따른다.

단어 ▶ 鲜鱼[xiānyú] 생선; 鱼塘[yútáng] 양어장

---

477 **与 [與] yǔ, yù 줄 여 [더불 여]**
[뜻] (yǔ) -와, 더불어, 함께, 주다, 함께하다, 기다리다;
(yù) 참여하다, 참가하다

설명 ▶ 번체자 '與'와 同字(동자)라고 하였다.(≪說文解字注≫, ≪正字通≫) 俗字(속자)라고도 하였다.(≪宋元以來俗字譜≫) '与'는 '一'(한 일; yī)部에 '勺'(국자 작; sháo)을 따른다. 會意文字(회의문자)이다. '주다'가 본뜻이다.(≪說文≫)

참고 ▶ 번체자 '與'는 '舁'(마주들 여; yú)와 '与'(줄 여; yǔ)로 이루어진 會意文字(회의문자)로, 본뜻은 '함께하다'라고 하였다.(≪說文≫) '舁'와 '与'가 모두 소리와 뜻을 겸한다고 하였다.(≪說文解字注≫) '與'는 또 두 사람이 두 손을 서로 맞잡은 형태로, '악수하며 친교를 맺다'는 뜻이라고도 하였다.(≪漢字源流字典≫) 역시 '함께하다'가 본뜻이다. 本義(본의)로 보면, '与'는 '주다'는 뜻이고, '與'는 '더불다, 함께하다'는 뜻이다. 그러나 이 두 글자는 고대(古代)에 이미 통용한 글자로, 후대에 와서 '與'를 쓰면서 '与'를 폐하였다고 하였다.(≪說文解字注≫) 고대의 이체자인 셈이다. 이제 다시 간화자로 '与'를 채택하였다. '與'는 '臼'(절구 구; jiù)를 部首(부수)로 삼는다.

단어 ▶ 与其[yǔqí] 하기보다는; 与众不同[yǔzhòng bùtóng] 남들과 다르다; 参与[cānyù] 참여하다, 与会[yùhuì] 회의에 참가하다

478 | 云[雲] yún 구름 운
[뜻] 구름, 말하다, 이르다, 지명(운남)

설명 ▶ 번체자 '雲'의 本字(본자)이다. '云'은 본래 층층의 구름 모양을 본뜬 象形文字(상형문자)이다. 'ム'(사사로울 사; sī)部에 '二'(두 이; èr)를 따른다. '구름'이 본뜻이며, 假借(가차)하여 '말하다, 이르다'는 뜻을 갖는다.

참고 ▶ 번체자 '雲'은 구름의 의미를 부각시키기 위하여 '云'에 義符(의부) '雨'(비 우; yǔ)를 더한 형성문자이다.

단어 ▶ 乌云[wūyún] 먹구름; 云彩[yúncǎi] 오색구름

Ⓩ

479 | 郑 [鄭] zhèng 나라이름 정
[뜻] 나라이름, 성씨, 정중(鄭重)하다

설명 ▶ 번체자 '鄭'의 俗字(속자)이다.(≪宋元以來俗字譜≫) '鄭'의 聲符(성부) '奠'(제사 지낼 전; diàn)을 부호화하여 '关'(빗장 관; guān)으로 대체하였다. 초서를 正字化(정자화)한 것이다. (≪書道大字典≫) 'ß'(邑: 고을 읍; yì)部에 '关'을 따른다.

참고 ▶ 번체자 '鄭'은 'ß'(邑)部에 '奠'을 따른 形聲文字(형성문자)로, '나라이름'을 나타낸다. 또한 聲符(성부) '奠'과 관련하여 '정중하다'는 뜻을 함께 지닌다.

단어 ▶ 郑重[zhèngzhòng] 정중하다

480 | 执 [執] zhí 잡을 집
[뜻] 잡다, 쥐다, 집행하다, 주관하다, 붙잡다, 고집하다

설명 ▶ 번체자 '執'의 俗字(속자)이다.(≪宋元以來俗字譜≫) '執' 의 聲符(성부) '幸'(다행 행; xìng)을 '扌'(손 수; 手: shǒu)로 대 체하였다. 초서를 正字化(정자화)한 것이다.(≪書道大字典≫) '扌'部에 '丸'(알 환; wán)을 따른다.

참고 ▶ 번체자 '執'은 본래 '幸'(수갑 녑; niè)과 '丮'(잡을 극; jǐ) 을 따르며, '죄인을 포박하다, 묶다'는 뜻이다. '幸'(녑; niè)은 '수 갑'과 '놀래다'란 뜻이었는데, 隷書(예서)로 변하는 단계에서 '요 행'을 의미하는 '幸'(다행 행; xìng)과 호용하면서, '幸'의 古字(고 자)가 되었다. '執' 또한 隷書(예서)로 변하는 단계에서 '丮'이 '丸'으로 바뀌어 현재의 자형이 되었다. 편방의 '幸'은 대부분 '扌' 로 간화하였다.

단어 ▶ 固执[gùzhí] 고집하다; 执着[zhízhuó] 집착하다

481 | 质 [質] zhì 바탕 질
[뜻] 바탕, 본질, 품질, 저당, 질문하다, 저당하다,
질박하다, 순박하다

설명 ▶ 번체자 '質'의 俗字(속자)이다.(≪宋元以來俗字譜≫) '質' 의 상변 '斦'(두 근 은; yín)을 '斤'(말 두; dǒu)로, 하변의 '貝'(조 개 패; bèi)를 '贝'로 간화하였다. '質'의 초서를 正字化(정자화) 한 것이다.(≪書道大字典≫) '贝'部에 '斤'를 따른다.

참고 ▶ 간화자 '质'은 번체자 '質'에서 하나의 '斤'(도끼 근; jīn)을 생략한 것이 아니다. 위가 '斤'이 아니라, '斤'로 씀에 유의해야 한 다. '斤'는 '斗'(말 두; dǒu)의 古字(고자)이다.(≪字彙補≫) '斦' 은 또 '두 근 은'(yín)과 '다듬이돌 질'(zhì)의 多音字(다음자)이

다. 번체자 '質'은 '재물(貝)로 압류하다(所)'는 뜻으로, 會意文字(회의문자)이다. '압류품, 물질, 본질, 바탕, 품성, 질박, 질문' 등의 뜻으로 引伸(인신)되었다.

단어 ▶ 质量[zhìliàng] 품질; 气质[qìzhì] 기질, 자질

---

482 | 专 [專] zhuān 오로지 전
[뜻] 전문적이다. 독차지하다, 몰두하다, 오로지,
전문대학

설명 ▶ 번체자 '專'의 俗字(속자)이다.(≪宋元以來俗字譜≫) 초서를 正字化(정자화)하였다.(≪書道大字典≫) '专'은 '一'(한 일; yī)部에 '一, ㄅ, 丶'을 따른다. 총 4획이다.

참고 ▶ 'ㄅ'은 '乙'(새 을; yǐ)의 변형이다. 번체자 '專'은 '叀'(오로지 전; zhuān)과 '寸'(마디 촌; cùn)으로 이루어진 會意(회의) 겸 形聲文字(형성문자)이다. '손(寸)으로 방추(叀)를 돌려 천을 짜다'는 의미에서, '구르다, 오로지, 장악하다' 등의 뜻으로 引伸(인신)되었다.

단어 ▶ 专业[zhuānyè] 전공; 专心[zhuānxīn] 전심전력으로

簡化偏旁

---

483 ┤ 讠 [言] 言字旁 (말씀 언 ; yán)

설명 ▶ 편방에 쓰인 '言'의 초서체를 正字化(정자화)하였다. '말하다'란 뜻이다.

㉣ 讠 : 2획이다. 'ㅗ'와 'ㄴ'로 하지 않는다.

참고 ▶ 번체자 '言'은 '입으로(口) 악기를 부는 모습(辛)'을 형상화한 會意文字(회의문자)로서, 本義(본의)는 '악기를 불어 연주하다'는 뜻이라고 하였다.(≪說文≫) 또 일설에는, '言'은 '二'와 '舌'(혀 설; shé)로 이루어진 指事文字(지사문자)로, '말하다'가 본의라고 하였다. '二'는 '上'(위 상; shàng)의 古文(고문)으로, '혀(舌) 위(二)로 나오는 것이 곧 言(말)'이라는 것이다.

---

484 ┤ 饣 [食] 食字旁 (먹을 식 ; shí)

설명 ▶ 편방에 쓰인 '食'의 초서체를 正字化(정자화)하였다. '食'은 '亼'(삼합 집; jí)과 '皀'(고소할 급; jí)으로 이루어진 會意文字(회의문자)로, '음식, 먹다'는 뜻이다. 갑골문의 자형을 보면, '亼'은 '입을 아래로 벌린 모습'을 의미하고, '皀'은 '음식을 가득 담은 그릇'을 의미한다. 입을 벌려 밥을 먹는 모습을 형상화한 것이다.

㉣ 饣 : 3획이다. 가로획은 'ㄱ'로 꺾어 쓰며, 'ㄴ'나 점(ㆍ)으로 쓰지 않는다.

485 昜 [昜] 昜字旁 (볕 양 ; yáng)

설명 ▶ 편방에 쓰인 '昜'의 초서체를 正字化(정자화)하였다. '昜'은 '陽'(볕 양; yáng)의 古字(고자)이다. '汤'(湯: 국 탕; tāng), '场'(場: 마당 장; chǎng) 등의 구성요소로 쓰인다.

㊒ 昜: 3획이다.

참고 ▶ 번체자 '昜'은 '日'(해 일; rì)과, 一, '勿'(말 물; wù)을 따르며, 會意文字(회의문자)이다. 구름(一) 위로 태양(日)이 비치는 햇살(勿)을 형상화하였다. '햇볕, 햇살, 태양' 등의 뜻을 갖는다.

486 纟 [糹] 絞絲旁 (실 사 ; sī)

설명 ▶ 편방에 쓰인 '糹'(糸)의 초서체를 正字化(정자화)하였다. '糸'는 '실을 꼰 모습'을 본뜬 상형문자이다. '멱'(mì)으로도 읽는다. '细'(細: 가늘 세; xì), '约'(約: 묶을 약; yuē) 등으로 쓰인다.

487 収 [取] 竪字頭 (세울 수 머리 ; shù)

설명 ▶ '竪'(세울 수; shù)의 머리 부분으로, '取'의 초서체를 正字化(정자화)한 것이다. '臣'(신하 신; chén)을 두 개의 'ㅣ'(뚫을 곤; gǔn)으로 간화하였다. 하나는 짧게, 하나는 조금 길게 쓴다. '坚'(堅: 굳을 견; jiān), '紧'(緊: 굳게 얽을 긴; jǐn) 등에 쓰인다.

참고 ▶ 번체자 '取'는 원래 '臣'(신하 신; chén)과 '又'(또 우; yòu)를 따르며, '손(又: 手)으로 전쟁포로의 눈(臣)을 취해 노예로 삼다'는 뜻으로, 회의 겸 형성문자이다. 引伸(인신)하여 '수고하다, 잘하다, 견고하다'는 뜻을 지니며, 또 義符(의부) '貝'(조개 패;

bèi)를 더하여(賢) '어질다, 뛰어나다, 덕이 있다'는 뜻을 지닌다. '臤'는 '어질 현'(xián), '굳을 간'(qiān)의 訓音(훈음)을 갖는 多音字(다음자)이다.

488 艹 [炏] 劳字頭 (힘쓸 로 머리)

설명 '勞'(힘쓸 로; láo)의 俗字(속자)에서 머리 부분을 절취한 것이다.(≪宋元以來俗字譜≫) 초서체를 正字化(정자화)한 것으로, '炏' (불꽃 개; kài)를 '艹'(풀 초; cǎo)로 간화하였다. '荣'(榮: 꽃필 영; róng), '营'(營: 경영할 영; yíng), '莺'(鶯: 꾀꼬리 앵; yīng) 등의 글자에 쓰인다.

489 丨𠂉 [監] 監字頭 (볼 감 머리; jiān)

설명 편방에 쓰인 '監'의 초서체를 正字化(정자화)하였다. '臣'(신하 신; chén)을 두 개의 '丨'(뚫을 곤; gǔn)으로 기호화하고, '罒'(皿: 그릇 명; mǐn)을 생략하였다. '鉴'(鑒: 거울 감; jiàn), '览'(覽: 볼 람; lǎn) 등에 쓰인다.

참고 번체자 '監'은 갑골문을 보면, '여자(女)가 몸을 구부려 그릇(皿) 속의 물(一)에 얼굴을 비춰보는 모습'을 형상화한 會意文字(회의문자)이다. 金文(금문)에서 '여자'는 '人'으로, 얼굴모습은 '눈'(臣)으로 자형이 바뀌었다(≪漢字源流字典≫). 즉 '監'은 '사람이(人)이 그릇(皿) 속의 물(一)에 얼굴을 비춰보다(臣)'는 뜻의 會意文字(회의문자)로 분석할 수 있다. 이로부터 '거울, 참고, 고찰하다, 살펴보다, 감시하다, 관장하다, 감옥' 등의 뜻으로 引伸(인신)되었다.

설명 ▶ '戠'(표지 직; zhī, zhí)과 漢語拼音(한어병음)이 같은 '只' (다만 지; zhǐ)를 가차하였다. '只'와 '戠'은 한어병음이 같다. '识'(識: 알 식; shí), '职'(職: 일 직; zhí), 幟(깃발 치; zhì) 등으 로 쓰인다.

참고 ▶ 번체자 '戠'(직)은 '창(戈: 창 과; gē) 끝에 장식을 매단 모 양'을 본뜬 상형문자이다. '표지, 기호, 알다'는 뜻으로 引伸(인 신)되었다. 장식을 나타내는 부분이 후에 '音'(소리 음; yīn)'으로 형태가 바뀌어 '戠'이 되었다. '戠'은 多音字(다음자)로서, '표지 직'(zhī)과 '찰흙 치; zhí)의 訓音(훈음)을 갖는다.

설명 ▶ 편방에 쓰인 '金'의 초서체를 正字化(정자화)하였다. '金'은 '今, 土, 丷'으로 이루어진 지사(指事) 겸 形聲文字(형성문자)로, '흙(土) 속에 금(丷)이 있는 모습'을 본뜬 글자이다. '今'은 聲符(성 부)이다.(≪說文≫)

주 간화편방 '钅'의 두 번째 획은 짧은 가로획이며, 가운데 두 개의 가로획과, 세로 후 꺾는 획(丨)은 머리를 내밀지 않는다.

설명 ▶ '𦥯'의 초서체를 正字化(정자화)하였다. '𦥯'의 머리 부분 을 세 점(丷)으로 기호화하였다. 세 점(丷)과 '冖'(덮을 멱; mì) 으로 이루어진다. '学'(學: 배울 학; xué), '觉'(覺: 깨달을 각; jué, jiào) 등으로 쓰인다.

참고 ▶ 번체자 '學'은 '學'의 갑골문으로, 원자형은 '두 손(臼)을 펴서 계산(乂)하는 모습'을 형상화한 會意文字(회의문자)이다. 금문(金文)에 이르러 '아이에게 계산하는 방법을 가르치다'는 의미로 아래 부분에 '子'(아들 자; zǐ)를 더하였다. '가르치다, 공부하다'는 뜻을 지닌다.

---

493 ◀▬ 𡴩 [睪] 睪字旁 (엿볼 역 ; yì, dù, zé)

설명 ▶ 편방에 쓰인 '睪'의 초서체를 正字化(정자화)하였다. '睪'은 '目'과 '幸'(다행 행; xìng)으로 이루어진 會意文字(회의문자)로, '죄인(幸: 㚔: 수갑 녑; niè)을 지켜보다(目)'는 뜻이다. '择'(擇: 가릴 택; zé), '译'(譯: 번역할 역; yì) 등으로 쓰인다.

주 '睪丸'의 '睪'는 'gāo'(高)로 읽으며, 간화하지 않는다.

참고 ▶ '幸'은 '㚔'의 변형이다. (480 '执[執]' 참조.)

---

494 ◀▬ 巠 [巠] 巠字旁 (지하수 경 ; jīng)

설명 ▶ 편방에 쓰인 '巠'의 초서체를 正字化(정자화)하였다. '一'과 '巛'(개미허리변 천; chuān)을 'ㅈ'로 간화하였다. '经'(經), '轻'(輕: 가벼울 경; qīng) 등으로 쓰인다.

참고 ▶ 번체자 '巠'(경; jīng)은 '一, 巛, 工'으로 이루어진, 지사 겸 형성문자이다. '땅(一) 아래에 물(巛: 개미허리변 천; chuān; 川의 본자)이 있다'는 뜻이며, '工'(壬)은 聲符(성부)이다.(≪說文≫) '經'(날줄 경, 경전 경; jīng)의 古字(고자)이다.

495 亦 [䜌] 䜌字頭 (어지러울 련 머리; luàn)

설명 ▶ '䜌'의 초서체를 正字化(정자화)하여, '亦'으로 기호화하였다. '变'(變: 변할 변; biàn), '恋'(戀: 사모할 련; liàn) 등으로 쓰인다.

참고 ▶ '䜌'(련; luàn)은 '言'(말씀 언; yán)과 '絲'(실 사; sī)로 이루어진 會意(회의) 겸 形聲文字(형성문자)로, '어지럽다(亂), 다스리다(治), 이어지다(不絶)' 등의 뜻을 갖는다.

496 呙 [咼] 咼字旁 (입 비뚤어질 괘 ; guō)

설명 ▶ '咼'의 초서체를 正字化(정자화)하였다. 간화자 '呙'는 '口'(입 구; kǒu)와 '内'(안 내; nèi)로 이루어진 회의문자이다. '祸'(禍: 재앙 화; huò), '锅'(鍋: 솥 과; guō) 등으로 쓰인다.

참고 ▶ 번체자 '咼'는 '口'와 '冎'(뼈 발라낼 과; guǎ)로 이루어진 形聲文字(형성문자)로, '입이 비뚤어지다'(口戾不正)는 뜻이다. '입 비뚤어질 괘'(wāi), '성 화(고대 和씨)'(hé), '살 바를 과'(guǎ), '성 과'(guō) 등의 多音字(다음자)이다.

第三表 第二表에 열거한 간화자와 간화편방을 응용하여 얻은 간화자

본 표에는 모두 1,753자의 간화자를 수록하고 있다. (중복되어 나타나는 글자는 포함하지 아니한다. 예를 들면, '缆'자는 "缕, 览, 见" 세 부분에 각각 보이지만, 한 글자로 계산한다.) 第二表 가운데의 간화자와 간화편방을 부수로 삼아, 第二表의 순서에 따라 배열하였다. 동일한 부수의 간화자는 획수에 따라 배열하였다.

편자주▶ 第三表에 수록된 간화자 1,753자는 第二表의 '간화편방으로 쓸 수 있는 간화자 및 간화편방'을 알면 모두 해독할 수 있으므로, 여기에는 따로 싣지 않는다.

附錄 : 異體字

(이체자 39글자는 ≪第一批異體字整理表≫에서 발췌한 것임. 이 글자들은 습관적으로 간체자로 여기며, 괄호 안의 글자는 사용을 정지한 이체자임.)

497 | 呆 [獃, 騃] dāi, ái   어리석을 태[애]
[뜻] (dāi) 어리석다, 멍하다, 멈추다; (ái) 경직되다; (bǎo) '保'의 古字

설명 ▶ '呆'는 '口'部에 '木'을 따른다. '呆'는 원래 '保'(지킬 보; bǎo)의 편방이었는데, 뒤에 독립되어 '태(dāi)'로 읽게 되었고, 아울러 어린아이의 아둔한 모습을 표시하게 되었다.(≪漢字源流字典≫) 多音字(다음자)로서, '어리석다, 멈추다'(dāi); '경직되다'(ái)는 뜻을 지닌다.

참고 ▶ 이체자 '獃'(어리석을 애; dāi, ái; 五來切)는 '犬'(개 견; quǎn)部에 '豈'(어찌 기; qǐ, kǎi)를 따르며, 강아지처럼 '분별이 없다'는 것을 나타낸다. 이체자 '騃'는 '馬'(말 마; mǎ)部에 '矣'(어조사 의; yǐ)를 따르는 형성문자로, 역시 '어리석다'는 뜻이다. '呆'와 '獃', '騃'는 모두 同音(동음)의 이체자이다.

단어 ▶ 发呆[fādāi] 멍하다; 痴呆[chīdāi] 멍청하다; 呆头呆脑 [dāitóudāināo] 아둔하다

498 布 [佈] bù 베 포 [두루 포]
[뜻] 베, 천, 섬유, 배치하다, 베풀다, 분포하다, 선포하다

설명 간화자 ‘布’는 ‘巾’(수건 건; jīn)部에 ‘𠂇’(왼손 좌; zuǒ)를 따른다. 金文(금문)의 자형은 ‘巾’部에 ‘父’(아비 부; fù)를 따르는 形聲文字(형성문자)라고 하였다.(≪說文≫) 본의는 ‘모시베’(枲織: 시직)이다. 옷감은 펼 수 있으므로, 인신하여 ‘펴다, 퍼뜨리다, 알리다, 진술하다’는 뜻을 지닌다.

참고 이체자 ‘佈’는 ‘人’部에 ‘布’를 따른다. ‘布’와 같다고 하였다.(≪正字通≫) ‘布’의 引伸義(인신의)인 ‘펴다, 알리다’는 뜻에서, 두 글자는 이체자이다.

단어 布匹[bùpǐ] 천의 총칭; 白布[báibù] 흰 천; 宣布[xuānbù] 선포하다

499 痴 [癡] chī 어리석을 치
[뜻] 어리석다, 똑똑하지 못하다

설명 ‘疒’(병들어 기댈 녁; nè)部에 ‘知’(알 지; zhī)를 따른다. 형성문자이다. ‘지각(知)이 원활하지 못하여(疒) 어리석다’는 뜻으로 해석할 수 있다. ‘癡’의 俗字(속자)라고 하였다.(≪正字通≫)

참고 본자 ‘癡’는 ‘疒’部에 ‘疑’(의심할 의; yí)를 따르는 형성문자이다.

단어 白痴[báichī] 백치, 지능 장애인; 痴情[chīqíng] 사로잡히다, 열렬한 사랑(＝钟情[zhōngqíng])

500 床 [牀] chuáng 평상 상
[뜻] 평상, 침대

설명 '床'은 '广'(집 엄; yǎn)部에 '木'(나무 목; mù)을 따른다. 會意文字(회의문자)이다. '牀'의 俗字(속자)라고 하였다.(≪正字通≫)

참고 '牀'은 '爿'(나뭇조각 장; qiáng)部에 '木'을 따른다. '평상'이 본뜻이다.

단어 床单[chuángdān] 침대보; 铁床[tiěchuáng] 철로 만든 침대, 철침대

501 唇 [脣] chún 입술 순
[뜻] 입술

설명 '脣'이 本字(본자)이다. '月'(肉: 고기 육; ròu)部에 '辰'(별이름 진; chén)을 따른다. 형성문자이다. '입술'이 본뜻이다. '唇'은 '口'(입 구; kǒu)部에 '辰'을 따르는 형성문자로, 원래 '놀라다'(진; zhēn)는 뜻을 지닌 글자였다. ≪集韻≫에 "唇: chún (船倫切; 순). 입술(嘴唇). '脣'으로도 썼다.(唇: 也作脣.)"고 하였다.

단어 嘴唇[zuǐchún] 입술; 唇膏[chúngāo] 립스틱

502 雇 [僱] gù 품팔 고
[뜻] 고용하다, 세내다

설명 '雇'는 본래 '隹'(새 추; zhuī)部에 '户'(외짝문 호; hù)를 따르는 형성문자로, '새이름(뻐꾸기) 호'(hù)이다. 多音字(다음

자)로서 '고'(古暮切; gù)로 읽으며, '고용하다, 갚다, 보살피다, 팔다' 등의 뜻을 지닌다.

참고 '僱'는 '人'部에 '雇'를 따르며, '雇'의 俗字(속자)이다.(≪中華大字典≫)

단어 雇傭[gùyōng] 고용하다; 解雇[jiěgù] 해고하다

---

503 **挂 [掛] guà 걸 괘**
　　　[뜻] 걸다, 접수하다, 전화를 끊다 (하다), 접어두다

설명 '挂'는 '扌'(手: 손 수; shǒu)部에 '圭'(홀 규; guī)를 따른다. '그리다, 내걸다'가 본뜻이다.

참고 '掛'는 '卦'의 俗字(속자)라고 하였다.(≪廣韻≫) '괘(guà)'라는 독음을 강조하기 위하여 聲符(성부)로 '卦'(팔괘 괘; guà)를 더하였다. '掛'는 '扌'(手)部에 '卦'를 따른다. 형성문자이다.

단어 懸掛[xuánguà] 걸다; 掛念[guàniàn] 근심하다

---

504 **哄 [閧, 鬨] hōng, hòng 떠들썩할 홍**
　　　[뜻] (hōng)와글와글, 왁자지껄하다; (hòng) 떠들어내다

설명 '哄'은 '口'(입 구; kǒu)部에 '共'(함께 공; gòng)을 따른다. 형성문자이다. '말소리(口)를 함께 하니(共), 시끌벅적하다'는 뜻이다.

참고 이체자 '閧'과 '鬨'은 각각 '門'(문 문; mén)部와 '鬥'(싸울 투; dòu)部에 '共'을 따르는 형성문자이다. 두 글자 모두 '싸우다'는 뜻이나, 싸우면 시끄러우므로, '시끄럽다, 떠들썩하다, 왁자지껄하다'는 뜻을 함께 지니게 되었다.

단어 鬧哄哄[nàohōnghōng] 웅성거리다; 哄堂大笑[hōngtáng

dàxiào] 장내가 떠들썩하게 웃다; 起哄[qǐhòng] 놀리다, 법석
을 떨다

505 | 迹 [跡, 蹟] jì 자취 적
[뜻] 자취, 흔적, 행적, 유적

설명 ▶ '迹'은 '辶'(辵: 갈 착; chuò)部에 '亦'(또 역; yì)을 따른다.
형성문자이다. '발자국'을 의미한다. 의부(義符)로 '足'(발 족; zú)
을 취하기도 하고, 또 '蹟'으로서, '足'部에 '責'(꾸짖을 책; zé)을
따르기도 한다고 하였다.(≪說文≫)

단어 ▶ 痕迹[hénjì] 흔적; 足迹[zújì] 발자취

506 | 秸 [稭] jiē 볏짚 갈[개]
[뜻] 줄기, 대, 짚

설명 ▶ '秸'은 '禾'(벼 화; hé)部에 '吉'(좋을 길; jí)을 따른다. 형
성문자이다. '농작물을 탈곡하고 남은 줄기'를 말한다. '稭'(짚고
갱이 개/갈; jiē)로도 쓰며, '稭'와 '秸'은 같다고 하였다. (≪說文
解字注≫: 秸, 本或作稭. 然則稭秸稈三形同.)

참고 ▶ 이체자 '稭'는 '禾'部에 '皆'(다 개; jiē)를 따른다. 역시 形聲
文字(형성문자)이다. 한자음(漢字音)으로는 '개'와 '갈'로 읽는다.

단어 ▶ 麥稭[màijiē] 보릿짚; 豆秸[dòujiē] 콩대

507 | 杰 [傑] jié 뛰어날 걸
[뜻] 뛰어난(사람)

설명 ▶ '杰'은 '木'(나무 목; mù)部에 '灬'(火: 불 화; huǒ)를 따른

다. 會意文字(회의문자)이다. 원래 인명에 쓰는 글자였으나, 뒤에 豪傑(호걸)의 '傑'로 쓰면서 이체자가 되었다.

㉾ 杰: '木'을 따르며, '朮'(죄 술; shù)을 따르지 않는다.

참고 ▶ '傑'은 '杰'의 本字(본자)이다. '人'(사람 인; rén)部에 '桀'(홰 걸; jié)을 따른다. 형성문자이다. '桀'은 '닭이 올라앉는 나무, 홰' 외에 또 '준걸', '걸임금 이름' 등의 뜻을 갖는다.

단어 ▶ 杰出[jiéchū] 뛰어나다; 豪杰[háojié] 호걸

---

508 ┃ **巨 [鉅] jù 클 거**
　　　 [뜻] 크다

설명 ▶ '巨'는 '工'(장인 공; gōng)部에 뒤집은 'ㄷ'(상자 방; fāng : 손으로 잡은 모습)을 따른다. '장인이 곱자를 잡은 모습'으로 '規矩'(규구: 그림쇠와 곱자, 준칙)를 뜻하였다. 후에 '크다'는 뜻으로 가차되었다.

참고 ▶ ≪漢語大字典≫에는 '巨'를 'ㄷ'(상자 방; fāng)部로 분류하였다. 이체자 '鉅'는 '金'(쇠 금; jīn)部에 '巨'를 따른다. 형성문자이다.

단어 ▶ 巨大[jùdà] 아주 크다; 巨款[jùkuǎn] 거금

---

509 ┃ **昆 [崑, 崐] kūn 형 곤 [산이름 곤]**
　　　 [뜻] 형, 후손, 많다

설명 ▶ '昆'은 '日'(해 일; rì)部에 '比'(견줄 비; bǐ)를 따른다. 회의문자이다. '日'은 '밝다'는 뜻이고, '比'는 '같다'는 뜻이다. '태양은 모든 사람들에게 동등하다'는 뜻을 형상화한 것으로, '昆'은 '같다'가 本義(본의)이다. 뒤에 '형, 뒤, 무리'라는 뜻을 더하였다.

이체자 ‘崑’과 ‘崐’은 모두 ‘山’(뫼 산; shān)部에 ‘昆’을 따른다. ‘곤산(昆山; kūnshān), 혹은 곤륜산(昆侖山: kūnlúnshān)이 본뜻이다.

단어 昆弟之情[kūndìzhīqíng] 형제의 정; 昆虫[kūnchóng] 곤충; 昆侖山[kūnlúnshān] 곤륜산

510	捆 [綑] kǔn 묶을 곤
	[뜻] 묶다, 묶음, 다발

설명 ‘捆’은 ‘扌’(手: 손 수; shǒu)部에 ‘困’(괴로울 곤; kùn)을 따른다. 形聲文字(형성문자)이다. ‘짜다, 묶다, 취하다’는 뜻을 지닌다.

참고 이체자 ‘綑’은 ‘糸’(실 사; sī)部에 ‘困’을 따르는 형성문자로, ‘짜다, 묶다’는 뜻이다.

단어 捆绑[kǔnbǎng] 줄로 묶다; 捆住[kǔnzhù] 묶다

511	泪 [淚] lèi 눈물 루
	[뜻] 눈물

설명 ‘泪’는 ‘氵’(水: 물 수; shuǐ)部에 ‘目’(눈 목; mù)을 따른다. 會意文字(회의문자)이다. ‘淚’와 같은 글자라고 하였다.(《字彙》)

참고 이체자 ‘淚’는 ‘氵’(水)部에 ‘戾’(어그러질 려; lì)를 따르는 형성문자이다.

단어 泪水[lèishuǐ] 눈물; 流泪[liúlèi] 눈물을 흘리다

512 | **厘 [釐] lí 다스릴 리**
[뜻] 정리하다, 1/100

설명 ▸ '厘'는 '厂'(굴바위 한; hǎn)部에 '里'(마을 리; lǐ)를 따른다. 형성문자이다. '釐'의 俗字(속자)라고 하였다.(≪篇海類編≫)

참고 ▸ '厘'는 또 특별히 '厘'(집터 전; chán)과의 구별을 요한다. 이체자인 '釐'는 규범자로 채택된 '厘'의 本字(본자)로서, '里' 部에 '𤼽'(갈라질 희, xī; 다스릴 지, chí)를 따른다. 형성문자이다. '다스리다, 바꾸다, 도리'(리; lí)와 '복, 길상'(희; xī) 등의 訓音(훈음)을 갖는 多音字(다음자)이다. 도량형의 길이 단위로 사용한다.

단어 ▸ 厘米[límǐ] 센티미터(cm); 公厘 [gōnglí] 밀리미터(mm)

513 | **麻 [蔴] má 삼 마**
[뜻] 삼, 참깨, 저리다, 얼얼하다, 거칠다

설명 ▸ '麻'는 원래 '广'(집 엄; yǎn)과 '朮'(삼껍질 배; pái)로 이루어진 會意文字(회의문자)이다. '사람이 집 안에서 삼껍질을 벗기다, 천을 짜다'는 의미이다.(≪說文解字注≫) 오늘 날 '麻'는 '麻'部를 따른다. '삼, 삼베, 참깨, 마비시키다' 등을 뜻한다.

참고 ▸ '蔴'는 '艹'(艸: 풀 초; cǎo)部에 '麻'를 따르는 형성문자이다. '麻'류 식물의 총칭이다. 이제 '麻'로 통일하였다. '朮'(배)는 나란히 서있는 두 그루의 '삼과' 식물을 본뜬 모습이다.

단어 ▸ 麻木[mámù] 마비되다; 麻煩[máfan] 귀찮다

514 | 脉 [脈] mài, mò 맥 맥
[뜻] 맥, 혈관, 줄기, 맥박

설명 ▸ '脉'은 '月'(肉: 고기 육; ròu)部에 '永'(길 영; yǒng)을 따른다. 會意文字(회의문자)이다. '혈맥'이 본뜻이다. 혈맥과 같이 연관되어 이어진 계통, 곧 줄기의 뜻을 함께 지닌다.

참고 ▸ 이체자 '脈'은 원래 '衇'(혈맥 맥; mò)의 이체자이다. '衇'은 '血'(피 혈; xiě)部에 '𠂢'(물갈라질 피(疲); pài; 匹卦切)를 따르나, 또 '血' 대신 '月'(肉: 고기 육; ròu)을 취해 義符(의부)로 삼으면서 '脈'으로 쓰게 되었다.

단어 ▸ 山脉[shānmài] 산맥; 脉搏[màibó] 맥박; 脉脉含情 [mòmòhánqíng] 은근히 깊은 정이 나타나다

515 | 猫 [貓] māo, máo 고양이 묘
[뜻] 고양이; (máo) 허리를 굽히다

설명 ▸ '猫'는 '犭'(犬: 개 견; quǎn)部에 '苗'(싹 묘; miáo)를 따른다. 형성문자이다. '貓'가 本字(본자)이다. '貓'의 義符(의부) '豸'(척추 긴 짐승 치; zhì)를 '犭'(犬)으로 대체하였다.

단어 ▸ 小猫[xiǎomāo] 고양이, 熊猫[xióngmāo] 팬더; 猫着腰 [máozheyāo] 엉거주춤, 허리를 구부리다

516 | 栖 [棲] qī, xī 깃들 서
[뜻] 깃들다, 서식하다, 머물다

설명 ▸ '栖'는 '棲'와 같다.(≪廣韻≫: 栖, 同棲.) '栖'는 '木'(나무 목; mù)部에 '西'(서녘 서; xī)를 따른다. 형성문자이다. '西'는 본

래 '새가 둥지 위에 있는 형상'을 본뜬 상형문자(象形文字)이다.
해가 지면 새는 둥지에 깃들기에, '東西'의 '西'를 의미하게 되었
다.(≪說文≫)

참고 ▶ 이체자 '棲'는 '木' 部에 '妻'(아내 처; qī)를 따른다. 형성문
자이다.

단어 ▶ 栖息[qīxī] 서식하다; 两栖 [liǎngqī] 양서하다(물과 뭍 양
쪽에서 활동하다)

---

517 弃 [棄] qì 버릴 기
[뜻] 버리다, 포기하다

설명 ▶ '弃'는 '棄'의 古字(고자)이다. '廾'(두 손으로 받들 공;
gǒng)部에 '厶'(4획)를 따른다. '厶'는 '子'(아들 자; zǐ)의 古字
(고자)를 뒤집은 형태이다. 會意文字(회의문자)이다. '버리다'가
본뜻이다.

참고 ▶ 이체자 '棄'는 외형상 '木'(나무 목; mù)部에 '厶'와 '丗'(인
간 세; shì)를 따르나, 사실은 '아이(厶)를 '丗'(키箕를 의미함)에
싸서 두 손으로 잡고(廾) 내다버리다'는 의미이다. "고대 전설 가
운데에는 영아를 싸서 버리는 기록이 많다"고 하였다.(≪甲骨文
字集釋≫) 간화자 '弃'는 '丗'를 생략하고, '厶'와 '廾'만을 취한 형
태이다. '棄'자 아래 '木'을 쓴 것은 자형변천과정에 바뀐 것이다.

단어 ▶ 放棄[fàngqì] 포기하다; 抛棄[pāoqì] 버리다

---

518 升 [陞, 昇] shēng 오를 승
[뜻] 오르다, 진급하다, 되, 리터

설명 ▶ '升'은 갑골문이 '斗'(말 두; dǒu)에 획을 하나 더하여 구별

한 글자로서, 말(斗)을 사용하여 술을 퍼 올리는 모습으로, '술잔을 바쳐 올리다'는 뜻이다.(≪漢字源流字典≫) '올리다, 오르다, 바치다, 되' 등을 뜻을 지닌다.

참고 ▶ '斗'(말 두; dǒu)는 '十升'(열 되)으로, 자루가 달린 도량형을 본뜬 상형문자이다. '鬪'(싸울 투; dòu)의 간화자이기도 하다. (055 '斗[鬪]' 참조) 이체자 '陞'은 'ß'(阜: 언덕 부; fù)部에 '升'과 '土'(흙 토; tǔ)를 따르는 형성문자이고, '昇'은 '日'(해 일; rì)部에 '升'을 따르는 형성문자이다. '陞'은 '땅에서 높은 곳에 오르다'가 본뜻이고, '昇'은 '해가 오르다'가 본뜻이다.

단어 ▶ 晉升[jìnshēng] 승진하다; 升起[shēngqǐ] 떠오르다

---

519 | 笋 [筍] sǔn 죽순 순
　　 [뜻] 죽순, 여리다

설명 ▶ '笋'은 '竹'(대 죽; zhú)部에 '尹'(다스릴 윤; yǐn)을 따른다. 形聲文字(형성문자)이다. '筍'이 本字(본자)이다. '筍'은 '竹' 部에 '旬'(열흘 순; xún)을 따른다. 역시 형성문자이다.

단어 ▶ 竹笋[zhúsǔn] 죽순; 雨后春笋[yǔhòuchūnsǔn] 우후죽순

---

520 | 它 [牠] tā 다를 타
　　 [뜻] 그것

설명 ▶ '它'는 머리가 삼각 모양인 뱀의 구부린 모습을 본뜬 글자로, '蛇'(뱀 사; shé)의 本字(본자)이다. 가차하여 '其它'(qítā; 기타, 다름)의 '它'가 되었다.(≪漢字源流字典≫)

참고 ▶ 이체자 '牠'는 원래 '뿔없는 소'(타; tuó)를 뜻하는 글자였으나, 사람 이외의 사물을 지칭하면서 '它'와 동의사(同義詞)

가 되었다.

단어 ▶ 其它[qítā] 기타; 它們[tāmen] 그것들

---

521 席 [蓆] xí 자리 석
[뜻] 자리

설명 ▶ '席'은 '巾'(수건 건; jīn)部에 '庶'(뭇 서; shù)의 생략(灬)
형태를 따른다. 자리에 화려하게 수를 놓은 것을 의미한다. 會意
文字(회의문자)이다.

참고 ▶ 이체자 '蓆'은 '艹'(艸: 풀 초; cǎo)部에 '席'을 따른다. 형
성문자이다.

단어 ▶ 主席[zhǔxí] 의장, 주석; 出席[chūxí] 참가하다

---

522 凶 [兇] xiōng 흉할 흉
[뜻] 불길하다, 흉하다, 악인

설명 ▶ '凶'은 '凵'(입 벌릴 감; kǎn)部에 '乂'(다섯 오; wǔ)를 따
른다. 구덩이에 빠지는 모습을 본뜬 형상으로, '나쁘다'(惡)는 뜻
이다.

참고 ▶ 이체자 '兇'은 '儿'(어진사람 인; rén)部에 '凶'을 따른다.

단어 ▶ 凶手[xiōngshǒu] 살인범; 凶惡[xiōng'è] 흉악하다

---

523 绣 [繡] xiù 수놓을 수
[뜻] 수놓다, 화려하다, 자수

설명 ▶ '绣'는 '纟'(실 사; sī) 部에 '秀'(빼어날 수; xiù)를 따른다.
형성문자이다.

참고 ▸ '绣'는 원래 '투'(tòu; 他候切)로 읽으며, '면 한 단'이라는
수량을 뜻하는 글자였다. '繡'의 俗字(속자)로 썼으나,(≪宋元以
來俗字譜≫) 사실은 古字(고자)라고 하였다.(≪漢字源流字典≫)
본자 '繡'는 '糸' 部에 '肅'(엄숙할 숙; sù)을 따른다.

단어 ▸ 绣花[xiùhuā] 수놓다; 刺绣[cìxiù] 자수

---

524 | **锈 [鏽] xiù 녹슬 수**
[뜻] 녹슬다, 녹

설명 ▸ '锈'는 '钅'(金: 쇠 금; jīn)部에 '秀'(빼어날 수; xiù)를 따
른다. 형성문자이다. '鏽'를 먼저 쓰고, 뒤에 '锈'를 사용하였다.
(≪六書故≫) '鏽'는 '金' 部에 '肅'(엄숙할 숙; sù)을 따른다.

단어 ▸ 生锈[shēngxiù] 녹이 슬다; 铁锈[tiěxiù] 녹

---

525 | **岩 [巖] yán 바위 암**
[뜻] 바위, 바위벼랑

설명 ▸ '岩'은 '山' 部에 '石'(돌 석; shí)을 따른다. 會意文字(회의
문자)이다. 본뜻은 '험준한 바위벼랑'이다. '岩'은 '巖'의 古字(고
자)이다.(≪龍龕手鑑≫)

참고 ▸ '巖'은 '山' 部에 '嚴'을 따르며, 형성문자이다.

단어 ▸ 岩石[yánshí] 암석; 岩洞[yándòng] 바위굴, 석굴

---

526 | **𢁢 [異] yì 다를 이**
[뜻] 다르다, 기이하다, 특별하다

설명 ▸ '𢁢'는 '廾'(두 손으로 받들 공; gǒng)部에 '㠯'(써 이; yǐ;

以의 古字)를 따른다. '들다'(擧)가 본뜻이다. '다르다'는 뜻의 '异'는 '異'를 가차한 것이다.(≪說文通訓定聲≫) 또 '異'의 古字(고자)라고도 하였다.(≪列子≫張湛注)

참고 ▶ '已, 以(㠯)'는 동음으로 통용하였다. 이체자 '異'는 '田'(밭 전; tián)部에 '共'(함께 공; gòng)을 따른다. 최초의 자형은 '두 손으로 머리에 탈을 쓰는 모습'을 본뜬 會意文字(회의문자)로서, '戴'(쓸 대; dài)의 本字(본자)이다. 후에 '기이하다, 다르다'는 뜻으로 引伸(인신)되었다. 隸書(예서)에서 楷書(해서)로 바뀌면서 '異'의 형태를 취하였다.(≪漢字源流字典≫)

단어 ▶ 异常[yìcháng] 심상치 않다; 异口同声[yìkǒutóngshēng] 이구동성, 의견이 일치하다

---

527 │ 涌 [湧] yǒng 샘솟을 용
    [뜻] 샘솟다, 솟아오르다

설명 ▶ '涌'은 'ㅸ'(水: 물 수; shuǐ)部에 '甬'(물솟아오를 용; yǒng)을 따른다. 형성문자이다.

참고 ▶ '甬'은 '골목길'이란 뜻도 갖는다. '通'(통할 통; tōng)의 聲符(성부)로 사용된 경우가 그러하다. 이체자 '湧'은 'ㅸ'(水)部에 '勇'(날쌜 용; yǒng)을 따른다. '涌'과 '湧'은 同字(동자)라고 하였다. (≪集韻≫)

단어 ▶ 洶涌[xiōngyǒng] 물이 용솟다; 涌出[yǒngchū] 넘쳐나오다

---

528 │ 岳 [嶽] yuè 큰산 악
    [뜻] 큰 산, 아내의 부모

설명 ▶ '岳'은 '嶽'의 古字(고자)로, 산이 높은 모양을 본뜬 글자이

다. 본래의 자형은 象形文字(상형문자)이다.(≪說文≫) 이제 '岳'
은 '山'(뫼 산; shān)部에 '丘'(언덕 구; qiū)를 따른다. '산 위에
다시 솟아오른 언덕'이란 의미로, 會意文字(회의문자)로 여겨도
무방해 보인다.

참고 ▶ 이체자 '嶽'은 '山'部에 '獄'(감옥 옥; yù)을 따르며, 형성
문자이다. 또 '岳'과 '嶽'은 同字(동자)라고도 하였다.(≪玉篇≫)
'岳'(嶽)은 '산악'이란 뜻 외에, 또 '처가(妻家)'를 뜻하기도 한다.
아내의 부모를 '岳父', '岳母'라고 하는데, 일설에는 '태산에 장인
봉이 있다.(泰山有丈人峯)'는 말에서 연유되었다고 한다.

단어 ▶ 山岳[shānyuè] 산악; 五岳[Wǔyuè] 오악; 岳父[yuèfù] 장
인(丈人); 岳母[yuèmǔ] 장모

---

529 | 韵 [韻] yùn 소리 운
[뜻] 좋은 소리, 운치, 압운(押韻)

설명 ▶ '韻'이 本字(본자)이며, '韵'으로도 쓴다고 하였다.(≪說文
≫) '韵'은 '音'(소리 음; yīn)部에 '勻'(두루 균; yún)을 따른다.
형성문자이다. '어울리다, 조화를 이루다'는 뜻이다. 이체자 '韻'
은 '音'部에 '員'(사람/수효 원; yuán, yún, yùn)을 따르는 형성문
자이다.

참고 ▶ '員'은 'yuán'(사람)과 'yún'(인명에 쓰임), 'Yùn'(성씨) 등
으로 발음되는 多音字(다음자)이다.

단어 ▶ 韵味[yùnwèi] 우아한 맛; 韵母[yùnmǔ] 운모

---

530 | 灾 [災] zāi 재앙 재
[뜻] 재해, 재앙

설명 ▶ '천지재앙'이란 뜻으로, '災(灾)'가 本字(본자)이다. '灾'로

쓴다고도 하였다.(≪說文≫) '灾'는 '火'(불 화; huǒ)部에 'ᅳ'(집 면; mián)을 따른다. '집(ᅳ) 안에 불(火)이 나다'는 뜻으로 총체적인 재앙을 의미한다. 會意文字(회의문자)이다. 本字(본자)인 '災'는 '火' 部에 '巜'(개미허리변 천; chuān)을 따르는 회의문자이다. '물(巜: 巛, 재앙 재의 변형자)과 불(火)로 인해 생기는 재앙'이란 뜻이다.

단어 ▶ 水災[shuǐzāi] 수해; 火災[huǒzāi] 화재

---

531 | **札 [剳, 箚] zhá 편지 찰 [갈고리 답, 문서 차]**
[뜻] 편지, 문서, 필기, 목간

설명 ▶ '札'은 '문서, 서판'(牒: 첩; dié)이란 뜻으로, '木'(나무 목; mù)部에 'ㄴ'(乙: 새 을; yǐ)을 따른다. 形聲文字(형성문자)이다. '기록용의 작은 목판'이 본뜻이다. '札'의 聲符(성부) 'ㄴ'은 '乙'의 변형이다.

참고 ▶ '剳'은 '刂'(刀: 칼 도; dāo)部에 '荅'(좀콩 답; dá, dā)을 따르는 형성문자이다. 多音字(다음자)로서 '낫 답(dá)', '찌를/공문서 차(zhā)'의 훈음(訓音)을 지닌다. '箚'은 '竹'(대 죽; zhú)部에 '劄'(빠질 갑, 벨 할; qià)을 따르는 형성문자로, '찌르다, 기록하다, 공문서' 등의 뜻을 갖는다.

단어 ▶ 札記[zhájì] 찰기, 간략한 기록(물)

---

532 | **扎 [紥, 紮] zā, zhā 뺄 찰 [묶을 찰]**
[뜻] (zā) 묶다; (zhā) 찌르다, 파고들다, 주둔하다

설명 ▶ '扎'은 '扌'(手:손 수; shǒu)部에 'ㄴ'(乙: 새 을; yǐ)을 따른다. 形聲文字(형성문자)이다. '찌르다'가 본뜻이다. 이체자 '紥'은 또 '紮'의 俗字(속자)이다.(≪玉篇≫) '紥'과 '紮'은 각각 '糸' 部에

'札'(편지 찰; zhá)과 '扎'을 따르며, '묶다'가 본뜻이다. '扎, 紮, 紮'이 이체자로 쓰인 것은 동음관계에서 비롯된 것으로 보인다.

참고 '扎'은 多音字(다음자)이다. '묶다'(zā), '찌르다, 파고들다'(zhā), '뽑다'(zhá) 외에 또 '札'(편지 찰; zhá)의 俗字(속자)로도 사용되었다.(≪中華大字典≫)

단어 扎裹[zāguǒ] 단단히 묶다; 扎手[zhāshǒu] 손에 찔리다; 扎眼[zhāyǎn] 눈이 부시다

---

533 **占 [佔] zhàn 차지할 점**
[뜻] (zhàn) 차지하다, 점거하다, 보유하다, 놓이다; (zhān) 점치다

설명 '占'은 '卜'(점 복; bǔ)部에 '口'(입 구; kǒu)를 따른다. 會意文字(회의문자)이다. '점(卜)을 쳐서 묻다(口)'(zhān)는 뜻이다. '길흉을 점치다, 예측하다'는 뜻에서, 또 引伸(인신)하여 '점유하다, 차지하다'(zhàn)는 뜻을 지닌다.

참고 이체자 '佔'은 '亻'(人: 사람 인; rén)部에 '占'을 따르며, 形聲文字(형성문자)이다. 多音字(다음자)로서, '엿보다'(chān), '경박하다, 처지다'(diān), '서다, 차지하다'(zhàn; 站과 同字)는 뜻을 지닌다.

단어 占領[zhànlǐng] 점령하다; 占据[zhànjù] 점거하다

---

534 **周 [週] zhōu 두루 주**
[뜻] 주일, 주위, 돌다, 두루, 완비하다, 나라이름

설명 '周'는 '口'(입 구; kǒu)部에 '用'(쓸 용; yòng)을 따른다. '조밀하다'가 본뜻이다. 갑골문은 鐘(종)을 본뜬 象形文字(상형

문자)였으나, 金文(금문)에 이르러 '口'를 더하였다.

참고 ▶ 이체자 '週'는 'ⵏ'(辵: 갈 착; chuò)部에 '周'를 따른다. 形聲文字(형성문자)이다. '돌다'(迥)는 뜻이다. 俗字(속자)로 '周'를 쓰면서(≪正字通≫) 이체자가 되었다.

단어 ▶ 周圍[zhōuwéi] 주위; 四周[sìzhōu] 주위

---

535 ┃ 注 [註] zhù 뜻풀 주
       [뜻] 주입하다, 붓다, 집중하다, 해석하다

설명 ▶ '注'는 'ⵏ'(水: 물 수; shuǐ)部에 '主'(주인 주; zhǔ)를 따른다. 형성문자이다. '물을 대다'(灌)가 본뜻이나, 물이 고인 곳에 둑을 터 물길을 내 듯, 난해한 것에 설명을 붙여 알게 하다는 뜻에서, 引伸(인신)하여 '주해하다, 해석하다'란 뜻을 지닌다. '註'는 '言'(말씀 언; yán)部에 '主'를 따른다. 형성문자이다. 글(문자)로써 모르는 것을 알게 한다는 뜻에서, '注'와 동의사가 되었다.

단어 ▶ 注意[zhùyì] 주의하다; 注視[zhùshì] 주목하다

기타 : 《 簡化字總表 》의 누락 글자(1자)

編者註 '眞'은 간화용 규범자로 '真'을 채용하면서도, ≪簡化字總表≫ 및 <부록: 異體字(이체자)>에는 모두 누락되어 있다. 이 글자는 성격상 "第二表 간화편방용으로 쓸 수 있는 간화자"에 속한다. 편자가 따로 덧붙인다.

---

536 真 [眞] zhēn 참 진

[뜻] 진실, 본질, 진짜, 정말, 참되다, 확실하다, 명백하다

설명 번체자 '眞'의 俗字(속자)이다.(≪正字通≫) '眞'의 행서체를 正字化(정자화)한 것으로, 획수는 같다. '真'은 '目'(눈 목; mù)部에 '十'(열 십; shí)과 '一, 八(여덟 팔; bā)'을 따른다.

참고 번체자 '眞'은 '目'(눈 목; mù)部에 '匕(비수 비; bǐ), ㄴ, 八'을 따르며, 본뜻은 '珍味(진미)'이다. 참고로 ≪漢語大字典≫에는 '真'과 '眞'이 모두 '八部'를 따른다고 하였다. ≪說文≫에서 '眞'은 본래 '신선의 변형으로 하늘로 오르다'는 뜻으로, '眞'은 곧 '眞人'이며 '신선'을 의미한다고 하였다. 그러나 갑골문을 보면, '眞'은 '鼎'(솥 정; dǐng)과 '人'(사람 인; rén)을 따르는 會意(회의) 겸 形聲文字(형성문자)로, 本義(본의)는 '사람이 솥으로 다가가 맛있는 음식을 취하다'는 뜻이라고 하였다.(≪漢字源流字典≫) 楷書(해서)로 넘어가면서 '眞'의 형태를 취하였다. '珍味(진미)의 원바탕'이 본뜻으로, '본질, 진실, 참' 등의 개념으로 引伸(인신)되었다.

단어 认真 [rènzhēn] 진지하다, 성실하다: 真正[zhēnzhèng] 진정한, 참된; 传真[chuánzhēn] 팩스

簡化字總表

（영인, 부분）

第 一 表

不作简化偏旁用的简化字

本表共收简化字 350 个，按读音的拼音字母顺序排列。本表的简化字都不得作简化偏旁使用。

A		C		D	
	标〔標〕		忏〔懺〕	辞〔辭〕	电〔電〕
	表〔錶〕		偿〔償〕	聪〔聰〕	冬〔鼕〕
碍〔礙〕	别〔彆〕		厂〔廠〕	丛〔叢〕	斗〔鬥〕
肮〔骯〕	卜〔蔔〕		彻〔徹〕	**D**	独〔獨〕
袄〔襖〕	补〔補〕		尘〔塵〕		吨〔噸〕
B	**C**		衬〔襯〕	担〔擔〕	夺〔奪〕
			称〔稱〕	胆〔膽〕	堕〔墮〕
坝〔壩〕	才〔纔〕		惩〔懲〕	导〔導〕	**E**
板〔闆〕	蚕〔蠶〕①		迟〔遲〕	灯〔燈〕	
办〔辦〕	灿〔燦〕		冲〔衝〕	邓〔鄧〕	儿〔兒〕
帮〔幫〕	层〔層〕		丑〔醜〕	敌〔敵〕	**F**
宝〔寶〕	搀〔攙〕		出〔齣〕	籴〔糴〕	
报〔報〕	谗〔讒〕		础〔礎〕	递〔遞〕	矾〔礬〕
币〔幣〕	馋〔饞〕		处〔處〕	点〔點〕	范〔範〕
毙〔斃〕	缠〔纏〕②		触〔觸〕	淀〔澱〕	

① 蚕：上从天，不从夭。　② 缠：右从厘，不从厘。

飞〔飛〕	购〔購〕	坏〔壞〕②	茧〔繭〕	据〔據〕
坟〔墳〕	谷〔穀〕	欢〔歡〕	拣〔揀〕	惧〔懼〕
奋〔奮〕	顾〔顧〕	环〔環〕	硷〔鹼〕	卷〔捲〕
粪〔糞〕	刮〔颳〕	还〔還〕	舰〔艦〕	
凤〔鳳〕	关〔關〕	回〔迴〕	姜〔薑〕	**K**
肤〔膚〕	观〔觀〕	伙〔夥〕③	浆〔漿〕④	
妇〔婦〕	柜〔櫃〕	获〔獲〕	桨〔槳〕	开〔開〕
复〔復〕		〔穫〕	奖〔獎〕	克〔剋〕
〔複〕	**H**		讲〔講〕	垦〔墾〕
		J	酱〔醬〕	恳〔懇〕
G	汉〔漢〕		胶〔膠〕	夸〔誇〕
	号〔號〕	击〔擊〕	阶〔階〕	块〔塊〕
	合〔閤〕	鸡〔鷄〕	疖〔癤〕	亏〔虧〕
盖〔蓋〕	轰〔轟〕	积〔積〕	洁〔潔〕	困〔睏〕
干〔乾〕①	后〔後〕	极〔極〕	借〔藉〕⑤	
〔幹〕	胡〔鬍〕	际〔際〕	仅〔僅〕	**L**
赶〔趕〕	壶〔壺〕	继〔繼〕	惊〔驚〕	
个〔個〕	沪〔滬〕	家〔傢〕	竞〔競〕	腊〔臘〕
巩〔鞏〕	护〔護〕	价〔價〕	旧〔舊〕	蜡〔蠟〕
沟〔溝〕	划〔劃〕	艰〔艱〕	剧〔劇〕	兰〔蘭〕
构〔構〕	怀〔懷〕	歼〔殲〕		拦〔攔〕
				栏〔欄〕

---

① 乾坤、乾隆的乾读qián（前），不简化。　②不作坏。坏是砖坯的坯，读 pī（批），坏坯二字不可互混。　③作多解的夥不简化。　④浆、桨、奖、酱：右上角从夕，不从夕或歹。　⑤藉口、凭藉的藉简化作借，慰藉、狼藉等的藉仍用藉。

烂[爛]	岭[嶺]④	亩[畝]	千[韆]	认[認]
累[纍]	庐[廬]	**N**	牵[牽]	
垒[壘]	芦[蘆]	恼[惱]	纤[縴]	**S**
类[類]①	炉[爐]	脑[腦]	[纖]⑦	洒[灑]
里[裏]	陆[陸]	拟[擬]	窍[竅]	伞[傘]
礼[禮]	驴[驢]	酿[釀]	窃[竊]	丧[喪]
隶[隸]	乱[亂]	疟[瘧]	寝[寢]	扫[掃]
帘[簾]			庆[慶]⑧	涩[澀]
联[聯]	**M**	**P**	琼[瓊]	晒[曬]
怜[憐]	么[麼]⑤	盘[盤]	秋[鞦]	伤[傷]
炼[煉]	霉[黴]	辟[闢]	曲[麴]	舍[捨]
练[練]	蒙[矇]	苹[蘋]	权[權]	沈[瀋]
粮[糧]	[濛]	凭[憑]	劝[勸]	声[聲]
疗[療]	[懞]	扑[撲]	确[確]	胜[勝]
辽[遼]	梦[夢]	仆[僕]⑥		湿[濕]
了[瞭]②	面[麵]	朴[樸]	**R**	实[實]
猎[獵]	庙[廟]	**Q**	让[讓]	适[適]⑨
临[臨]③	灭[滅]	启[啟]	扰[擾]	势[勢]
邻[鄰]	蔑[衊]	签[籤]	热[熱]	兽[獸]

① 类: 下从大, 不从犬。　② 瞭: 读 liǎo(了解)时, 仍简作了, 读 liào(瞭望)时作瞭, 不简作了。　③ 临: 左从一短竖一长竖, 不从刂。　④ 岭: 不作岑, 免与岑混。　⑤ 读 me 轻声。读 yāo(夭)的么应作幺(幺本字)。吆应作吆。麽读 mó(摩)时不简化, 如幺麽小丑。　⑥ 前仆后继的仆读 pū(扑)。　⑦ 纤维的纤读 xiān(先)。　⑧ 庆: 从大, 不从犬。　⑨ 古人南宫适、洪适的适(古字罕用)读 kuò(括)。此适字本作适, 为了避免混淆, 可恢复本字适。

书[書]	体[體]	雾[霧]	亵[褻]	医[醫]
术[術]①	枭[梟]		衅[釁]	亿[億]
树[樹]	铁[鐵]	**X**	兴[興]	忆[憶]
帅[帥]	听[聽]		须[鬚]	应[應]
松[鬆]	厅[廳]②	牺[犧]	悬[懸]	痈[癰]
苏[蘇]	头[頭]	习[習]	选[選]	拥[擁]
[囌]	图[圖]	系[係]	旋[鏇]	佣[傭]
虽[雖]	涂[塗]	[繫]④		踊[踴]
随[隨]	团[團]	戏[戲]	**Y**	忧[憂]
	[糰]	虾[蝦]		优[優]
T	椭[橢]	吓[嚇]⑤	压[壓]⑦	邮[郵]
		咸[鹹]	盐[鹽]	余[餘]⑨
台[臺]	**W**	显[顯]	阳[陽]	御[禦]
[檯]		宪[憲]	养[養]	吁[籲]⑩
[颱]	洼[窪]	县[縣]⑥	痒[癢]	郁[鬱]
态[態]	袜[襪]③	响[響]	样[樣]	誉[譽]
坛[壇]	网[網]	向[嚮]	钥[鑰]	渊[淵]
[罎]	卫[衛]	协[協]	药[藥]	园[園]
叹[嘆]	稳[穩]	胁[脅]	爷[爺]	远[遠]
誊[謄]	务[務]		叶[葉]⑧	

① 中药苍术、白术的术读 zhú（竹）。　② 厅：从厂，不从广。
③ 袜：从末，不从未。　④ 系带子的系读 jì（计）。　⑤ 恐吓的吓读 hè（赫）。　⑥ 县：七笔。上从且。　⑦ 压：六笔。土的右旁有一点。　⑧ 叶韵的叶读 xié（协）。　⑨ 在余和馀意义可能混淆时，仍用馀。如文言句"馀年无多"。　⑩ 喘吁吁，长吁短叹的吁读 xū（虚）。

愿〔願〕　凿〔鑿〕　征〔徵〕②　肿〔腫〕　妆〔妝〕
跃〔躍〕　枣〔棗〕　症〔癥〕　种〔種〕　装〔裝〕
运〔運〕　灶〔竈〕　证〔證〕　众〔衆〕　壮〔壯〕
酝〔醞〕　斋〔齋〕　只〔隻〕　昼〔晝〕　状〔狀〕
Z　　毡〔氈〕　　〔祇〕　朱〔硃〕　准〔準〕
杂〔雜〕　战〔戰〕　致〔緻〕　烛〔燭〕　浊〔濁〕
赃〔贓〕　赵〔趙〕　制〔製〕　筑〔築〕　总〔總〕
脏〔臟〕　折〔摺〕①　钟〔鐘〕　庄〔莊〕③　钻〔鑽〕
　〔髒〕　这〔這〕　　〔鍾〕　桩〔樁〕

第 二 表

可作简化偏旁用的简化字和简化偏旁

　　本表共收简化字 132 个和简化偏旁 14 个。简化字按读音的拼音字母顺序排列，简化偏旁按笔数排列。

A	备〔備〕	C	尝〔嘗〕⑤	窜〔竄〕
	贝〔貝〕		车〔車〕	**D**
爱〔愛〕	笔〔筆〕	参〔參〕	齿〔齒〕	
	毕〔畢〕	仓〔倉〕	虫〔蟲〕	达〔達〕
B	边〔邊〕	产〔産〕	刍〔芻〕	带〔帶〕
罢〔罷〕	宾〔賓〕	长〔長〕④	从〔從〕	单〔單〕

---

① 在折和摺意义可能混淆时，摺仍用摺。　② 宫商角徵羽的徵读 zhi（止），不简化。　③ 庄：六笔。土的右旁无点。　④ 长：四笔。笔顺是：ノ一长长。　⑤ 尝：不是赏的简化字。赏的简化字是赏（见第三表）。

当〔當〕	**G**	夹〔夾〕	乐〔樂〕	罗〔羅〕
〔噹〕	冈〔岡〕	戋〔戔〕	离〔離〕	
党〔黨〕	广〔廣〕	监〔監〕	历〔歷〕	**M**
东〔東〕	归〔歸〕	见〔見〕	〔曆〕	
动〔動〕	龟〔龜〕	荐〔薦〕	丽〔麗〕④	马〔馬〕⑤
断〔斷〕	国〔國〕	将〔將〕②	两〔兩〕	买〔買〕
对〔對〕	过〔過〕	节〔節〕	灵〔靈〕	卖〔賣〕⑤
队〔隊〕		尽〔盡〕	刘〔劉〕	麦〔麥〕
	H	〔儘〕	龙〔龍〕	门〔門〕
E	华〔華〕	进〔進〕	娄〔婁〕	黾〔黽〕⑦
尔〔爾〕	画〔畫〕	举〔舉〕	卢〔盧〕	
	汇〔匯〕		虏〔虜〕	**N**
F	〔彙〕	**K**	卤〔鹵〕	难〔難〕
发〔發〕	会〔會〕	壳〔殻〕③	〔滷〕	鸟〔鳥〕⑧
〔髮〕			录〔錄〕	聂〔聶〕
丰〔豐〕①	**J**	**L**	虑〔慮〕	宁〔寧〕⑨
风〔風〕	几〔幾〕	来〔來〕	仑〔侖〕	农〔農〕

① 四川省酆都县已改丰都县。姓酆的酆不简化作邦。 ② 将：右上角从夕，不从夕或⺈。 ③ 壳：几上没有一小横。 ④ 丽七笔。上边一横，不作两小横。 ⑤ 马：三笔。笔顺是：乛马马。上部向左稍斜，左上角开口，末笔作左偏旁时改作平挑。 ⑥卖：从十从买，上不从士或土。 ⑦黾：从口从电。 ⑧ 鸟：五笔。 ⑨ 作门屏之间解的宁（古字罕用）读 zhù（柱）。为避免此宁字与宁的简化字混淆，原读 zhù 的宁作㝉。

Q	圣〔聖〕	为〔爲〕	业〔業〕	简化偏旁
	师〔師〕	韦〔韋〕	页〔頁〕	
齐〔齊〕	时〔時〕	乌〔烏〕④	义〔義〕⑧	讠〔言〕⑨
岂〔豈〕	寿〔壽〕	无〔無〕⑤	艺〔藝〕	饣〔食〕⑩
气〔氣〕	属〔屬〕		阴〔陰〕	昜〔昜〕⑪
迁〔遷〕	双〔雙〕	X	隐〔隱〕	纟〔糸〕
佥〔僉〕	肃〔肅〕②	献〔獻〕	犹〔猶〕	収〔取〕
乔〔喬〕	岁〔歲〕	乡〔鄉〕	鱼〔魚〕	艹〔艸〕
亲〔親〕	孙〔孫〕	写〔寫〕⑥	与〔與〕	临〔臨〕
穷〔窮〕。		寻〔尋〕	云〔雲〕	只〔戠〕
区〔區〕①	T			钅〔金〕⑫
	条〔條〕③	Y	Z	兴〔與〕
S		亚〔亞〕	郑〔鄭〕	罕〔睪〕⑬
啬〔嗇〕	W	严〔嚴〕	执〔執〕	圣〔巠〕
杀〔殺〕		厌〔厭〕	质〔質〕	亦〔䜌〕
审〔審〕	万〔萬〕	尧〔堯〕⑦	专〔專〕	呙〔咼〕

---

① 区：不作区。 ② 肃：中间一竖下面的两边从八，下半中间不从米。 ③ 条：上从夂，三笔，不从夂。 ④ 乌：四笔。 ⑤ 无：四笔。上从二，不可误作旡。 ⑥ 写：上从冖，不从宀。 ⑦ 尧：六笔。右上角无点，不可误作尧。 ⑧ 义：从乂（读 yì）加点，不可误作叉（读 chā）。 ⑨ 讠：二笔。不作ì。 ⑩ 饣：三笔。中一横折作一，不作ì，或点。 ⑪ 昜：三笔。 ⑫ 钅：第二笔是一短横，中两横，竖折不出头。 ⑬ 睾丸的睾读 gāo（高），不简化。

第 三 表

应用第二表所列简化字和简化偏旁得出来的简化字

本表共收简化字 1,753 个（不包含重见的字。例如"缆"分见"纟、𰃤、见"三部，只算一字），以第二表中的简化字和简化偏旁作部首，按第二表的顺序排列。同一部首中的简化字，按笔数排列。

爱	呗〔唄〕	测〔測〕	贺〔賀〕	债〔債〕
嗳〔噯〕	员〔員〕	浈〔湞〕	陨〔隕〕	赁〔賃〕
媛〔嬡〕	财〔財〕	恻〔惻〕	滇〔湏〕	渍〔漬〕
瑷〔璦〕	狈〔狽〕	贰〔貳〕	资〔資〕	惯〔慣〕
暖〔曖〕	责〔責〕	贲〔賁〕	祯〔禎〕	琐〔瑣〕
罢	厕〔厠〕	蒉〔蕢〕	贾〔賈〕	赉〔賚〕
摆〔擺〕	贤〔賢〕	费〔費〕	损〔損〕	匮〔匱〕
〔襬〕	账〔賬〕	郧〔鄖〕	赘〔贅〕	掼〔摜〕
罴〔羆〕	贩〔販〕	勋〔勛〕	填〔填〕	殒〔殞〕
耀〔耀〕	贬〔貶〕	帧〔幀〕	桢〔楨〕	勚〔勩〕
备	败〔敗〕	贴〔貼〕	唝〔嗊〕	赈〔賑〕
惫〔憊〕	贮〔貯〕	觇〔覘〕	唢〔嗩〕	婴〔嬰〕
贝	贪〔貪〕	贻〔貽〕	赅〔賅〕	喷〔噴〕
贞〔貞〕	贫〔貧〕	贱〔賤〕	圆〔圓〕	赊〔賒〕
则〔則〕	侦〔偵〕	贵〔貴〕	贼〔賊〕	帻〔幘〕
负〔負〕	侧〔側〕	钡〔鋇〕	贿〔賄〕	偾〔僨〕
贡〔貢〕	货〔貨〕	贷〔貸〕	赆〔贐〕	铡〔鍘〕
	贯〔貫〕	贸〔貿〕	赂〔賂〕	绩〔績〕

········ 중 략 ········

誉〔譽〕	撵〔攆〕	轻〔輕〕	娈〔孌〕	涡〔渦〕
鲎〔鱟〕	释〔釋〕	氢〔氫〕	恋〔戀〕	埚〔堝〕
黉〔黌〕	箨〔籜〕	胫〔脛〕	栾〔欒〕	喎〔喎〕
睾	**圣**	痉〔痙〕	挛〔攣〕	莴〔萵〕
译〔譯〕	劲〔勁〕	羟〔羥〕	鸾〔鸞〕	娲〔媧〕
泽〔澤〕	到〔到〕	颈〔頸〕	湾〔灣〕	祸〔禍〕
怿〔懌〕	陉〔陘〕	疏〔疏〕	蛮〔蠻〕	腡〔膧〕
择〔擇〕	泾〔涇〕	**亦**	脔〔臠〕	窝〔窩〕
峄〔嶧〕	茎〔莖〕	变〔變〕	滦〔灤〕	锅〔鍋〕
绎〔繹〕	径〔徑〕	弯〔彎〕	銮〔鑾〕	蜗〔蝸〕
驿〔驛〕	烃〔烴〕	挛〔攣〕	**冎**	
铎〔鐸〕		峦〔巒〕	剐〔剮〕	

附　录

　　以下 39 个字是从《第一批异体字整理表》摘录出来的。这些字习惯被看作简化字，附此以便检查。括弧里的字是停止使用的异体字。

呆〔獃騃〕	迹〔跡蹟〕	麻〔蔴〕	席〔蓆〕	韵〔韻〕
布〔佈〕	秸〔稭〕	脉〔脈〕	凶〔兇〕	灾〔災〕
痴〔癡〕	杰〔傑〕①	猫〔貓〕	绣〔繡〕	札〔剳劄〕
床〔牀〕	巨〔鉅〕	栖〔棲〕	锈〔鏽〕	扎〔紥紮〕
唇〔脣〕	昆〔崑崐〕	弃〔棄〕	岩〔巖〕	占〔佔〕
雇〔僱〕	捆〔綑〕	升〔陞昇〕	异〔異〕	周〔週〕
挂〔掛〕	泪〔淚〕	笋〔筍〕	涌〔湧〕	注〔註〕
哄〔閧鬨〕	厘〔釐〕	它〔牠〕	岳〔嶽〕	

　　下列地名用字，因为生僻难认，已经国务院批准更改，录后以备检查。

黑龙江	铁骊县改铁力县		治县
	瑷珲县改爱辉县	**新　疆**	和阗专区改和田
青　海	亹源回族自治县		专区
	改门源回族自		和阗县改和田县

---

① 杰：从木，不从术。

‥‥‥‥ 후　략 ‥‥‥‥

후 기

간화자(簡化字)는 오늘날 우리 사회의 중국학계가 보편적으로 사용하는 한자의 기본자형이다. 그러나 이 보편화된 간화자도 이렇게 되기까지는 우여곡절이 있었다. 1990년대 초반까지만 해도 국내 중국학계는 간화자 사용에 대하여 그리 탐탁하게 여기지 않았다. 간화자의 사용은 바로 우리가 가지고 있던 기존의 인식, 곧 번체자에 대한 정통성을 부정하는 것이었기 때문이다. 간화자의 유입은 분명 우리에게 신구 문물에 대한 수용과 거부라는 양자택일의 결단을 요구하였다. 그러나 당시 우리는 그것에 대해 생각할 겨를조차 갖지 못하였고, 그러한 정황에서 간화자는 마치 거대한 파도처럼 우리의 중국학계를 덮쳐왔다. 간화자를 채택할 것이냐 말 것이냐는 결코 우리가 임의적으로 결정할 수 있는 선택사항이 아니었다. 그것은 시대의 흐름이었고, 역사의 필연이었다.

돌이켜보면, 당시 국내에서 중국어 교재를 발행할 때 간화자를 쓸 것이냐 번체자를 쓸 것이냐는 심각한 고민거리였다. 간화자를 채택하자는 주장은 중국어를 공부하면서 대륙에서 사용하는 간화자를 익히지 않는 것은 아무런 의미를 갖지 못한다는 것이었고, 번체자를 고수하자는 주장은 국내에서 사용하는 한자가 번체자인 데다, 중국어를 처음 배우는 사람들에게 번체자와 간체자를 함께 익히게 한다면 학습효율을 저하시킬 수 있다는 것이었다. 적어도 1990년대 이전까지 전혀 문제의식 없이 번체자만을 사용하던 중국학계로서는 간체자의 수용 여부가 뜨거운 감자가 되었다. 1990년대 중반까지도 중국에서 출판된 간화자로 된 중국어교재를 국내에서 재발행할 때조차 간혹 번체자를 사용한 것을 보면, 처음에는 간화자의 수용이 그리 쉬운 일만은 아니었던 것이다. 그러나 대륙과의 교류가 활발해지면서 간화자를 모르는 중국어는 무의미한 공부라는 인식으로 발전하였고, 1990년대 초중반으로 접어들면서 중국어교재만큼은 간화자를 채택해야 한다는 견해가 강세를 띠기 시작하였다. 실재 교재 발행 상황에서도 이러한 경향이 두드러졌다. 간화자는 이제 중국어를 공부하는 사람들이라면 반드시 알아야 할 시대적 문물이 되었다.

그러나 중국어를 떠나 우리 사회의 전체 관점에서 보면, 간화자의 수용을 어떻게 해야 할 것인가는 여전히 심각한 고민이 될 수 있다. 아직은 시대적 분위기가 사회적으로 간화자를 수용할 단계에 도달한 것 같지 않으나, 중국과의 왕래가 더욱 빈번하고 문물교류가 다방면에서 활발한 오늘날의 정황을 감안하면, 중국어를 공부하는 사람들이야 말할 필요가 없겠지만, 사회적으로 언제까지 간화자를 외면할 수 있을지는 장담하기 어렵다. 우리가 쓰기 위해서가 아니라, 간화자를 기록문자로 사용하는 중국과의 교류를 생각하면, 어떤 식이든 그것에 대한 이해는 있어야 할 것으로 생각된다.

간화자를 어떻게 인식해야 할 것인지와 관련하여, 우리가 분명히 단언할 수 있는 것은, 그것은 일종의 문자개혁이며, 한자의 변천사에 있어서 큰 변혁의 한 매듭이라는 사실이다. 간화자는 이제 한자(漢字)의 역사에서 20세기 중후반부터 언제까지일지 모를 먼 훗날까지 중국어를 기록할 새로운 자형이다. 그것은 한자변천사에 있어서 갑골문(甲骨文), 금문(金文)에 이어, 주(周)대의 대전(大篆), 통일 진(秦)대의 소전(小篆), 한(漢)대의 예서(隸書), 그리고 위진남북조(魏晉南北朝)를 거처 당(唐)대에 확립된, 오늘날 정자(正字)로 말해지는 해서(楷書) – 곧 번체자의 뒤를 이은 표준 자형으로, 해서의 흘림 정도에서 변형된 행서(行書)나 초서(草書)와는 근본적으로 다르다. 간화자는 이제 이 시대 중국학도들이 반드시 알아야 할 규범한자(規範漢字)가 되었다.

한자로 말하면, 중국은 역시 종주국이다. 주변국들의 위상이 아무리 높아지고 강해진다고 해도, 한자에 대한 중국의 영향력은 무시되지 않을 듯하다. 이러한 상황을 감안하면, 우리 사회는, 지난날의 중국학계처럼, 간화자의 유입에 따른 진통을 겪을 가능성도 배제하지 못한다. 우리가 오직 번체자만을 고집한다고 하여도, 간화자를 아는 사람들이 하나둘 늘어나서 자신도 모르게 번체자보다 많이 간략해진 간화자를 쓰는 경향이 나타나고, 또 기우(杞憂)이기는 하나, 간화자를 아는 것이 모르는 것보다 유식하다는 무식한 사고방식으로 간화자를 함부로 사용하는 사람들이 늘어나서, 우리 사회에서 그것을 속자(俗字)로 인정해야 하는 상황이 도래한다면, 그렇다면 우리는 또다시 그것들을 수용하지 않으면 안 되는 상황에 처할 것이다. 오늘날 우리의 전통 한자음을 무시하고, 현지음 중시라는 미명 하에 중국 한자음을 함부로 쓰는 것을 보면, 더욱 그러한 생각을 지울 수가 없다.

그렇다고 해서 이 책의 편찬이 그러한 상황을 염두에 둔 것은 아니다. 이 책은 단지 한자를 잘 알고 있으면서도 중국어에 사용하는 간화자를 잘 알지 못하여, 그것에 대한 효율적인 학습을 필요로 하는 사람들에게 도움을 주고자 한 것일 뿐이다. 이러한 측면에서, 이 책은 당초 개별 글자에 대한 설명 부분과 활용단어의 제시없이 간화자와 번체자의 대조를 통해 간화자를 효율적으로 인지하는데 도움을 주려는 <편람> 형식의 소책자를 만드는 것으로 시작하였으나, 작업을 진행하면서 간화자의 연원, 간화자와 번체자의 구성요소의 변천과 제자원리까지 언급하면서 자전의 형식을 취한 조금은 번거로운 책자가 되고 말았다. 한자의 제자원리와 변천상황을 이해하는데 일말이나마 도움이 되기를 기대하며, 원고를 쓰면서 가진 단상들을 후기로 남긴다.

2014년 가을, 한학중

찾아보기

(간체자 번체자 병기 가나다순, 앞의 숫자는 일련번호)

간화편방

483 讠[言] [언] yán
484 饣[食] [식] shí
485 旸[昜] [양] yáng
486 纟[糸] [사] sī
487 收[臤] [간(현)] qiān
488 艹[茻] [힘쓸로머리]
489 卝[臨] [감] jiān
490 只[戠] [지/직] zhǐ, zhī
491 钅[金] [금] jīn
492 兴[舁] [배울학머리]
493 圣[睪] [역] yì, dù, zé
494 조[巠] [경] jīng
495 亦[䜌] [련] luàn
496 呙[咼] [괘] guō

간체자·번체자

110 价[價] [가] jià, jiè, jiè
109 家[傢] [가] jiā

405 壳[殼] [각] qiào, ké
072 干[幹] [간] gàn
073 赶[趕] [간] gǎn
111 艰[艱] [간] jiān
114 拣[揀] [간] jiǎn
138 垦[墾] [간] kěn
139 恳[懇] [간] kěn
072 干[乾] [간/건] gān
506 秸[稭] [갈] jiē
115 硷[鹼] [감] jiǎn
397 监[監] [감] jiān
384 冈[岡] [강] gāng
117 姜[薑] [강] jiāng
121 讲[講] [강] jiǎng
071 盖[蓋] [개] gài
074 个[個] [개] gè, gě
136 开[開] [개] kāi
508 巨[鉅] [거] jù
133 据[據] [거] jù, jū
404 举[擧] [거] jǔ
364 车[車] [거(차)] chē

128 仅[僅] [근] jǐn, jìn

436 气[氣] [기] qì

517 弃[棄] [기] qì

435 岂[豈] [기] qǐ

394 几[幾] [궤/기] jǐ, jī

330 只[衹] [지/기] zhǐ

429 难[難] [난] nán, nàn

432 宁[寧] [녕] níng, nìng

433 农[農] [농] nóng

184 恼[惱] [뇌] nǎo

185 脑[腦] [뇌] nǎo

241 坛[罎] [단/담]

377 断[斷] [단] duàn

372 单[單] [단] dān, chán

252 团[糰] [단] tuán

252 团[團] [단] tuán

241 坛[壇] [단] tán

043 担[擔] [단/담] dān, dàn

370 达[達] [달] dá

043 担[擔] [단/담] dān, dàn

044 胆[膽] [담] dǎn

241 坛[罎] [단/담]

531 札[劄] [찰/답] zhá

373 当[噹] [당] dāng

373 当[當] [당] dāng, dàng

374 党[黨] [당] dǎng

379 队[隊] [대] duì

378 对[對] [대] duì

371 带[帶] [대] dài

239 台[檯] [대] tái

239 台[臺] [대(태)] tái

045 导[導] [도] dǎo

250 图[圖] [도] tú

251 涂[塗] [도] tú

056 独[獨] [독] dú

376 动[動] [동] dòng

375 东[東] [동] dōng

054 冬[鼕] [동] dōng

055 斗[鬥] [두/각(투)] dòu

249 头[頭] [두] tóu

047 邓[鄧] [등] dèng

046 灯[燈] [등] dēng

243 誊[謄] [등] téng

422 罗[羅] [라] luó

407 乐[樂] [락] lè, yuè

174 乱[亂] [란]]luàn

149 烂[爛] [란] làn

146 兰[蘭] [란] lán

147 拦[攔] [란] lán

148 栏[欄] [란] lán

145 蜡[蠟] [랍] là

144 腊[臘] [랍] là

406 来[來] [래] lái

161 粮[糧] [량] liáng

411 两[兩] [량] liǎng

410 丽[麗] [려] lì

173 驴[驢] [려] lǘ

409 历[歷] [력] lì

409 历[曆] [력] lì

160 炼[練] [련] liàn

176 霉[黴] [미] méi
428 黾[黽] [민(맹)] mǐn, miǎn
193 扑[撲] [박] pū
195 朴[樸] [박] pǔ, piáo
061 矾[礬] [반] fán
189 盘[盤] [반] pán
005 板[闆] [판/반] bǎn
381 发[髮] [발] fà
381 发[發] [발] fā
007 帮[幫] [방] bāng
062 范[範] [범] fàn
190 辟[闢] [벽] pì, bì
357 边[邊] [변] biān
014 别[彆] [별] bié, biè
009 报[報] [보] bào
008 宝[寶] [보] bǎo
016 补[補] [보] bǔ
070 复[復] [복(부)] fù
015 卜[蔔] [복] bó, bǔ
070 复[複] [복] fù
194 仆[僕] [복] pú, pū
067 凤[鳳] [봉] fèng
069 妇[婦] [부] fù
068 肤[膚] [부] fū
070 复[復] [복(부)] fù
065 奋[奮] [분] fèn
066 粪[糞] [분] fèn
064 坟[墳] [분] fén
353 备[備] [비] bèi
063 飞[飛] [비] fēi

358 宾[賓] [빈] bīn
191 苹[蘋] [평/빈] píng
192 凭[憑] [빙] píng
040 辞[辭] [사] cí
223 舍[捨] [사] shě, shè
447 师[師] [사] shī
463 写[寫] [사] xiě
361 产[産] [산] chǎn
216 伞[傘] [산] sǎn
444 杀[殺] [살] shā
359 参[參] [삼(참)] cān, shēn
219 涩[澀] [삽] sè
500 床[牀] [상] chuáng
363 尝[嘗] [상] cháng
026 偿[償] [상] cháng
221 伤[傷] [상] shāng
217 丧[喪] [상] sāng, sàng
443 啬[嗇] [색] sè
516 栖[棲] [서] qī, xī
231 书[書] [서] shū
521 席[蓆] [석] xí
281 旋[鏇] [선] xuán
280 选[選] [선] xuǎn
275 亵[褻] [설] xiè
112 歼[殲] [섬] jiān
200 纤[纖] [섬] xiān, qiàn
431 聂[聶] [섭] niè
446 圣[聖] [성] shèng
224 声[聲] [성] shēng
229 势[勢] [세] shì

303 余[餘] [여] yú	478 云[雲] [운] yún
477 与[與] [여] yǔ	306 郁[鬱] [욱/울] yù
308 渊[淵] [연] yuān	311 愿[願] [원] yuàn
213 热[熱] [열] rè	309 园[園] [원] yuán
467 厌[厭] [염] yàn	310 远[遠] [원] yuǎn
283 盐[鹽] [염] yán	257 卫[衛] [위] wèi
291 叶[葉] [협/엽] yè, xié	458 韦[韋] [위] wéi
155 隶[隸] [예(례)] lì	457 为[爲] [위] wéi, wèi
472 艺[藝] [예] yì	475 犹[猶] [유] yóu
307 誉[譽] [예] yù	305 吁[籲] [우/유] yù
459 乌[烏] [오] wū	474 隐[隱] [은] yǐn
003 袄[襖] [오] ǎo	473 阴[陰] [음] yīn
258 稳[穩] [온] wěn	295 应[應] [응] yīng
314 酝[醞] [온] yùn	186 拟[擬] [의] nǐ
296 痈[癰] [옹] yōng	471 义[義] [의] yì
297 拥[擁] [옹] yōng	292 医[醫] [의] yī
254 洼[窪] [와] wā	526 异[異] [이] yì
175 么[麽] [요/마] me	380 尔[爾] [이] ěr
212 扰[擾] [요] rǎo	214 认[認] [인] rèn
468 尧[堯] [요] yáo	127 借[藉] [자] jiè, jí
298 佣[傭] [용] yōng	018 蚕[蠶] [잠] cán
299 踊[踴] [용] yǒng	315 杂[雜] [잡] zá
527 涌[湧] [용] yǒng	362 长[長] [장] cháng, zhǎng
305 吁[籲] [우/유] yù	122 酱[醬] [장] jiàng
302 邮[郵] [우] yóu	118 浆[漿] [장] jiāng
300 忧[憂] [우] yōu	400 将[將] [장] jiāng, jiàng
301 优[優] [우] yōu	120 奖[奬] [장] jiǎng
306 郁[鬱] [욱/울] yù	119 桨[槳] [장] jiǎng
313 运[運] [운] yùn	345 壮[壯] [장] zhuàng
529 韵[韻] [운] yùn	346 状[狀] [장] zhuàng

029 尘[塵] [진] chén
402 尽[盡] [진] jìn
402 尽[儘] [진] jǐn
403 进[進] [진] jìn
536 真[眞] [진] zhēn
481 质[質] [질] zhì
480 执[執] [집] zhí
032 惩[懲] [징] chéng
327 征[徵] [정/징] zhēng, zhǐ
328 症[癥] [증/징] zhēng
364 车[車] [차(거)] chē
531 札[箚] [찰/차] zhá
318 凿[鑿] [착] záo
369 窜[竄] [찬] cuàn
019 灿[燦] [찬] càn
350 钻[鑽] [찬] zuān, zuàn
531 札[劄] [찰/답] zhá
531 札[箚] [찰/차] zhá
532 扎[紮] [찰] zā, zhā
532 扎[紮] [찰] zā, zhā
359 参[參] [참(삼)] cān, shēn
025 忏[懺] [참] chàn
023 馋[饞] [참] chán
022 谗[讒] [참] chán
021 搀[攙] [참] chān
027 厂[廠] [창] chǎng
360 仓[倉] [창] cāng
038 处[處] [처] chù, chǔ
330 只[隻] [지/척] zhī
036 出[齣] [출/척] chū

399 荐[薦] [천] jiàn
437 迁[遷] [천] qiān
198 千[韆] [천] qiān
028 彻[徹] [철] chè
246 铁[鐵] [철] tiě
438 佥[僉] [첨] qiān
197 签[籤] [첨] qiān
247 听[聽] [청] tīng
248 厅[廳] [청] tīng
050 递[遞] [체] dì
244 体[體] [체] tǐ
037 础[礎] [초] chǔ
039 触[觸] [촉] chù
339 烛[燭] [촉] zhú
042 丛[叢] [총] cóng
041 聪[聰] [총] cōng
349 总[總] [총] zǒng,
367 刍[芻] [추] chú
206 秋[鞦] [추] qiū
035 丑[醜] [축/추] chǒu
340 筑[築] [축] zhù
036 出[齣] [출/척] chū
113 茧[繭] [충/견] jiǎn
366 虫[蟲] [충] chóng
034 冲[衝] [충] chōng, chòng
020 层[層] [층] céng
499 痴[癡] [치] chī
365 齿[齒] [치] chǐ
331 致[緻] [치] zhì
030 衬[襯] [친] chèn

094 划[劃] [화/획] huà, huá
391 **画**[畫] [화] huà
390 华[華] [화] huá, huà
102 获[穫] [확] huò
210 确[確] [확] què
098 环[環] [환] huán
097 欢[歡] [환] huān
099 还[還] [환] hái, huán
095 怀[懷] [회] huái
392 汇[匯] [회] huì
393 会[會] [회] huì, kuài

100 回[迴] [회] huí
102 获[獲] [획] huò
094 划[劃] [화/획] huà, huá
089 后[後] [후] hòu
142 亏[虧] [휴] kuī
522 凶[兇] [흉] xiōng
276 衅[釁] [흔] xìn
277 兴[興] [흥] xīng, xìng
264 戏[戲] [희] xì
261 牺[犧] [희] xī

역사문화란 문명이 시작된 이래
수천 년 인간의 삶과 사상이
축적된 결과물이다.
이 책은 고대 중국으로부터
현대 공산중국에 이르기까지
역사의 여울이 흘러가며
켜켜이 남긴 위대한 중국의
문화유산들을 미학적으로
해설한다.

명 나라 뒷골목 60일간 헤매기

• 황봉구 지음
• 값 19,000원

학민사
Hakmin Publishers

www.hakminsa.co.kr   전화 02-3143-3326~7   팩스 02-3143-3328

남녀노소 모두의

천자문 쉽게 읽기

'千字文'은 중국의 언어(古代中國語)로 당시 사람 누구나 읽을 수 있도록 펴낸 책이다. 漢字도 한글이나 기타 言語를 기록하는 文字와 마찬가지로 말소리를 기록하는 記號이다. 그러므로 한문을 배울 때는 **고대중국어의 모습대로 배우고 번역하는 데서 시작**해야 한다. 千字文은 거기에 담겨진 뜻이 무엇이든 간에, 8글자로 된 각 문장들은 당시 중국인들에게 통용되는 중국어의 규칙을 갖추고 있으므로, 그 언어 자체의 표현대로 이해해야 한다. 8글자 125마디의 내용은 자연현상, 옛날의 정치, 수양의 덕목, 윤리도덕, 군신관계와 영웅적 행위, 보신과 평온한 삶, 잡사와 경계할 일 등이 정연하게 배열되어 있다. 千字文은 이처럼 **배우기 쉬운 언어교재**이자, **훌륭한 교양서적**이다.

• 안기섭 역해
• 값 12,000원

학민사
Hakmin Publishers

www.hakminsa.co.kr   전화 02-3143-3326~7   팩스 02-3143-3328